나의 소명, 나의 사명

나는 무엇을 위하여 부름을 받았는가?

나의 소명, 나의 사명

Copyright ⓒ 머릿돌 2013

1쇄 발행   2013년 3월 28일

지은이   유도순
펴낸이   유효성
펴낸곳   머릿돌

등록번호   제17-240호
등록일자   1997년 5월 20일
     주소   서울 동작구 노량진1동 205-7
              TEL. (02) 888-0012
              http://edendongsan.onmam.com
   E-mail   yoodosun@hanmail.net

     총판   기독교출판유통
              경기도 고양시 일산동구 장항동 585-12
              (031) 906-9191

   디자인   참디자인(02-3216-1085)

ISBN 978-89-87600-69-7 03230

이 책의 내용은 저작권법에 의해 보호를 받는 저작물이므로
출판사 또는 저자와의 협의 없이 무단 전재와 복제를 엄격히 금합니다.

책값은 뒤표지에 있습니다.
잘못된 책은 교환하여 드립니다.

나는 무엇을 위하여 부름받았는가?

나의 소명 나의 사명

Mission Calling

유도순 지음

머릿돌

머리말

　제가 이 책을 쓰게 된 동기(動機)는 십자가를 앞에 놓으신 주님께서, "지금 내 마음이 괴로우니 무슨 말을 하리요 아버지여 나를 구원하여 이 때를 면하게 하여 주옵소서 그러나 내가 이를 위하여 이때에 왔나이다"(요 12:27) 하신 말씀을 대하면서, 그렇다면 "나는 무엇을 위하여 이때에 부름을 받았는가" 하고 자문(自問)하면서 각성(覺醒)과 도전(挑戰)을 받게 되었기 때문입니다.

　그리하여 "나의 소명, 나의 사명"에 대한 각성을 위해서 성경에 등장하는 인물(人物)들은 무엇을 위하여 그 시대에 세움을 입었는가 하고 새롭게 바라보게 되었습니다. 하늘의 해와 달과 별들이 임의로 그 자리에 있게 된 것이 아니라, "하늘이 하나님의 영광을 선포하고 궁창이 그의 손으로 하신 일을 나타내는도다"(시 19:1) 하고 말씀한다면, 성경에 등장하는 모든 인물들은 더욱 하나님의 하시는 일을 나타내고, 하나님의 영광을 선포하기 위하여 세움을 입은 자들인 것입니다.

  사람들만이 아니라, "뿔이 수풀에 걸려 있던 산양(창 22장), 울면서 벳세메스로 직행한 암소들(삼상 6장), 요나를 삼켜 니느웨로 인도한 큰 물고기와, 심지어 박 넝쿨, 벌레까지, 그리고 말씀에 순종한 바람과 파도, 주님을 태우고 입성한 나귀 새끼(요 12장)까지도 하나님의 구원계획을 이루시는데 쓰임을 받기 위해서 그 때에 그곳에 있게 하셨던 것을 생각하게 되었습니다. 그렇다면 "나는 무엇을 위하여 이때에 부름을 받았는가?" 하고 각성(覺醒)하게 되고 도전(挑戰)받게 되었다는 것은 필연적인 귀결입니다.

  이점에서 확고해야할 점은 하나님께서는, "내가 너를 모태에 짓기 전에 너를 알았고 네가 배에서 나오기 전에 너를 성별하였고 너를 여러 나라의 선지자로 세웠노라"(렘 1:5) 말씀하시고, 다윗은 "내 형질이 이루어지기 전에 주의 눈이 보셨으며 나를 위하여 정한 날이 하루도 되기 전에 주의 책에 다 기록(記錄)이 되었나이다"(시 139:17), 고백하고 있다는 점입니다.

  이렇게 고백하는 자들이 하나님 곧 하나님의 주권을 믿는 자들이요, 불신자들은 이를 인정하지 않고, 결코 이렇게 고백하고 있지 않다는 점입니다.

이런 맥락에서 "나는 무엇을 위하여 이때에 부름을 받았는가?" 하고 묻고 있는 이 책은, 성경에 등장하는 인물들의 책임(責任)보다 하나님의 주권(主權)을 앞세우는 관점으로 고찰한 책입니다. 왜냐하면 구원계획이란 사람이 하나님을 위해서가 아니라, 하나님께서 우리를 위하여 주권적으로 이루어 오신 하나님의 행사(行事)이기 때문입니다.

그러므로 성경에 등장하는 모든 인물들은 스스로 등장한 것도 아니요 자신이 등장하고 싶다고 등장한 것도 아니라, 하나님께서 그리스도를 통하여 이루시려는 구원계획에 담당해야할 역할이 있기 때문에 하나님께서 세우신 인물들이었던 것입니다.

오늘날의 인기 있는 책들은 "우리가 어떻게 행해야 할 것인가" 하고, 초점이 사람에게 맞춰져 있습니다. 이렇게 하는 것이 적실성이 있고 감화력도 있기 때문입니다. 그런데 이렇게 직행(直行)하는 것은 하나님을 알고자 하는 "신학"(神學)이 아니라 인간학이라는 점입니다. 이점이 계시(啓示)의존적인 기독교와 다른 종교의 다른 점이기도 합니다.

주님께서는 "우리가 어떻게 하여야 하나님의 일을 하오리까" 하고 묻는 자들에게, "하나님께서 보내신 이를 믿는 것이 하나님의 일이니라" (요 6:28-29) 하고 대답하십니다. 하나님의 보내신 자를 알아야만 나를 알게 되고, 하나님께서 우리를 위하여 무엇을 행해주셨는가를 알아야만 자신의 사명(使命)을 깨달을 수가 있기 때문입니다. 조금 알면 조금 깨닫게 되고, 많이 알게 되면 확고하게 됩니다.

바울 사도는, "예수 그리스도의 종 바울은 사도로 부르심을 받아(召命) 하나님의 복음을 위하여 택정함을(使命) 입었으니"(롬 1:1) 하고, 자신의 소명과 사명을 분명하게 선언하고 있습니다. 성경에 등장하는 인물들은 무엇을 위하여 세움을 입었는가를 통해서 "나의 소명, 나의 사명"에 대한 각성을 하자는 것이 이 책이 지향하는 목표입니다.

"나는 무엇을 위하여 부름을 받았는가?" 하는 물음에 우리도, "내가 이를 위하여 이때에 왔나이다" 하고 응답하게 된다면 이 책의 임무는 다한 것이 됩니다.

우리교회 원로목사 유 도순

목차

머리 말 ·················· 5
들어가는 말 ··············· 11

아담 ················· 27
하와 ················· 35
아벨 ················· 43
가인 ················· 52
에녹 ················· 58
노아 ················· 63
아브라함 ·············· 73
사라 ················· 88
이삭 ················· 94
리브가 ··············· 98
야곱과 에서 ··········· 104
유다 ················ 116
요셉 ················ 125
이스라엘의 영광과 고난 ··· 132
아므람과 요게벳 ········ 139

모세 ················ 143
바로 ················ 150
아론 ················ 154
거짓선지자 발람 ········ 161
여호수아 ············· 171
여리고의 기생 라합 ····· 178
사사들 ·············· 184
룻과 보아스 ·········· 192
사울 왕 ············· 201
나발과 아비가일 ······· 207
다윗의 세 용사 ······· 213
다윗 ················ 218
나단 선지자 ·········· 235
솔로몬 ·············· 241
르호보암 ············· 252

무명전사의 묘 ·············· 253
아비야 ······················ 267
처음은 좋았던 아사 왕 ······ 274
여호사밧과 아합 ··········· 280
선한 왕과 악한 왕의 잣대 ··· 288
엘이야 ······················ 291
엘리사 ······················ 303
아달랴 ······················ 311
아합집 심판의 몽둥이 예후 ··· 317
네 명의 나병환자 ··········· 322
스룹바벨 ···················· 326
16명의 문서 선지자들 ······ 330
이사야 선지자 ·············· 336
예레미야 선지자 ············ 345
에스겔 선지자 ·············· 350

다니엘 선지자 ·············· 357
호세아 선지자 ·············· 365
요엘 선지자 ················ 369
아모스 선지자 ·············· 372
오바댜 선지자 ·············· 376
요나 선지자 ················ 378
미가 선지자 ················ 382
나훔 선지자 ················ 385
하박국 선지자 ·············· 388
스바냐 선지자 ·············· 394
학개 선지자 ················ 400
스가랴 선지자 ·············· 404
말라기 선지자 ·············· 410

나의 소명, 나의 사명 ········ 415

들어가는말

누가 주의 마음을 알아서 주를 가르치겠느냐 그러나 우리가 그리스도의 마음을 가졌느니라(고전2:16)

"나의 소명, 나의 사명"에 대한 각성을 하기 위해서는 먼저 물어야할 일이 있는데 그것은, "하나님의 선하시고 기뻐하시고 온전하신 뜻이 무엇인지 분별"(롬 12:2)하는 일입니다. 하나님의 기뻐하시는 뜻을 알기 위해서 5가지 질문을 드리도록 하겠습니다.

① 주님께서는 "내 아버지께서 이제까지 일하시니 나도 일 한다"(요 5:17) 하고 말씀하셨는데, 그러면 하나님 아버지께서 이제까지 하시는 일이 무엇인가?

② "나도 일한다" 하신, 예수 그리스도께서는 무엇을 위하여 육신을 입으시고 이 땅에 오셨는가?

③ 오순절에 강림하신 성령께서는 무엇을 위하여 강림하셨는가?

④ 우리에게 주어진 성경의 저자와, 기록목적은 무엇인가?

⑤ 그렇다면 나는 무엇을 위하여 이때에 부름을 받았는가?

다섯 가지 질문

㉠ 이상 다섯 가지 질문은 불가분(不可分)의 관계입니다. "나는 무엇을 위하여 이때에 부름을 받았는가"에 대한 각성이 있기 위해서는,

㉮ "성부 하나님"은 무슨 일을 하고 계시는가? "성자 그리스도"께서는 무엇을 위하여 오셨는가? "성령"께서는 무엇을 위하여 강림하셨는가? 우리에게 주어진 성경의 기록목적은 무엇인가에 대한 확고한 대답을 가지고 있는 자라야만 가능하기 때문입니다.

㉯ 반면, 하나님은 무슨 일을 하고 계시는가? 주님은 무엇을 위하여 오셨는가? 성령께서는 무엇을 위하여 강림하셨는가? 성경의 기록목적이 무엇인가에 대한 확고한 대답을 가지고 있지 못하다면 필연적(必然的)으로 "나는 무엇을 위하여 이때에 부름을 받았는가" 하는 사명감에 확고할 수가 없게 되는 것입니다.

이점에서 중요한 요점은 바울이 사울 때와 같은 잘못된 확신입니다. 그것은 하나님의 뜻을 모르고 자기 뜻을 세우려고 하는 도리어 해로운 열심(熱心)이 될 수가 있다는 점입니다. 그래서 "내 아버지께서 이제까지 일하시니 나도 일 한다"(요 5:17) 하신, "하나님의 일"을 깨닫는 것이 중요합니다.

하나님께서 하시는 일

① 첫째로 "내 아버지께서 이제까지 일하신다" 하신, 하나님께서 하시는 일이 무엇인가 하는 점부터 생각해 보겠습니다. 이를 인식해야만 하나님의 뜻을 바로 받들 수가 있기 때문입니다.

㉠ 하나님께서는 인류의 시조가 타락한 현장에서, "내가 너로 여자와 원수가 되게 하고 네 후손도 여자의 후손과 원수가 되게 하리니 여자의 후손은 네 머리를 상하게 할 것이요 너는 그의 발꿈치를 상하게 할 것이니라"(창 3:15) 하고 선언하셨습니다. 이를 "원 복음"이라 말하는데, "내가――하리라" 하는 구조(構造)로 되어 있습니다.

　㉮ 원 복음의 핵심은, "여자의 후손"인데, 여자의 후손을 보내서서 사탄을 정복하게 하시겠다는 선언입니다. 그러면 이를 어떤 방도로 이루셨는가? "자녀들은 혈과 육에 속하였으매 그도 또한 같은 모양으로 혈과 육을 함께 지니심은", 즉 자기 아들을 사람으로 보내셔서, "죽음을 통하여 죽음의 세력을 잡은 자 곧 마귀를 멸하시며"(히 2:14) 합니다. 이것이 "오직 은밀한 가운데 있는 하나님의 지혜"(고전 2:7)였던 것입니다.

　㉯ 이렇게 하심으로 "또 죽기를 무서워하므로 한평생 매여 종노릇 하는 모든 자들을 놓아 주려"(15) 하셨습니다.

㉡ 인류를 구원하시려고 "여자의 후손"을, 아브라함과 다윗의 자손으로 보내시려고 이루어 오신 것이 하나님께서 구약시대(舊約時代)에 행하신 일입니다.

　㉮ 성경은 약속의 책입니다. 구약성경의 분량이 많다 하여도 크게 두 가지 약속으로 집약이 되는데 첫째는, "여자의 후손", 즉 그리스도를 보

내주실 것을 약속하셨고,

㉯ 둘째는 "그 후에 내가 내 영을 만민에게 부어 주리니" (욜 2:28) 하신 성령을 보내주시겠다는 약속입니다. 그래서 승천하시는 주님께서는 "예루살렘을 떠나지 말고 내게서 들은 바 아버지께서 약속하신 것을 기다리라" (행 1:4) 말씀하셨던 것입니다.

언약하신 대로 그리스도를 보내주셨고, 약속하신 대로 성령을 보내주신 것이 하나님께서 하신 일입니다.

ⓒ 이처럼 "내가――하리라" 하고 창세기에서 시작하신 하나님의 일은 성경 마지막 책인 계시록에서, "보좌에 앉으신 이가 이르시되 보라 내가 만물을 새롭게 하노라 하시고 또 이르시되 이 말은 신실하고 참되니 기록하라 하시고 또 내게 말씀하시되 이루었도다 나는 알파와 오메가요 처음과 마지막이라"(계 21:5-6) 하고, 완성(完成)하시려는 것이 이제도 하나님께서 하고 계시는 일입니다.

출애굽이나, 출 바벨론이 아니다

㉠ 하나님께서 구약교회에 행해주신 행사(行事)중 크게 두 가지 사건이 있는데 그것은 "출애굽과, 출 바벨론" 행사입니다. 그렇다고 하나님께서 하시는 일이, "출애굽이나, 출 바벨론" 의 일이 아니라는 점입니다. 하나님께서 이루시려는 구원계획을 이해하기 쉽도록 두 가지 사건을 예표로 하여 계시하셨는데 그것이 출애굽의 해방과 바벨론의 포로를 돌아오게 하신 일입니다.

㉮ "출애굽" 사건을 예표로 하여서는, "우리의 유월절 양 곧 그리스도께서 희생이 되셨느니라"(고전 5:7) 한, 영적 출애굽을 예시하셨고,

㉯ 바벨론의 포로를 돌아오게 하신 예표를 통해서는, "주의 성령이 내게 임하셨으니 이는 가난한 자에게 복음을 전하게 하시려고 내게 기름을 부으시고 나를 보내사 포로 된 자에게 자유를, 눈 먼 자에게 다시 보게 함을 전파하며 눌린 자를 자유롭게 하고 주의 은혜의 해를 전파하게 하려 하심이라"(눅 4:18-19) 하신, 사탄의 포로로부터 자유하게 하시려는 바를 예시하셨던 것입니다.

그리스도께서 오신 목적

② 그러면 둘째로 그리스도는 무엇을 위하여 육신을 입고 오셨는가 하는 점입니다. 이점에서 먼저 확고해야할 점은, 예수님이 누구신가 하는 선재(先在)성입니다.

㉠ 요한복음은 증언하기를, "태초에 말씀이 계시니라 이 말씀이 하나님과 함께 계셨으니 이 말씀은 곧 하나님이시니라"(요 1:1) 합니다.

㉮ 그런 분이 "말씀이 육신이 되어 우리 가운데 거하시매 우리가 그의 영광을 보니 아버지의 독생자의 영광이요 은혜와 진리가 충만하더라"(요 1:14) 한 것이, 임마누엘 사건입니다. 이는 천지창조보다도 더욱 중대하고도 놀라운 사건이었던 것입니다.

㉯ "본래 하나님을 본 사람이 없으되 아버지 품속에 있는 독생하신 하나님이 나타내셨느니라"(요 1:18), 즉 볼 수 없는 하나님이 볼 수 있는 육

신을 입고 오셨다는 것입니다. 이는 인간의 이성으로는 감당할 수 없는 불가사의한 일입니다. 이점에 먼저 확고하게 서서, 그런 성자 하나님께서 무엇을 위하여 육신을 입으시고 이 땅에 오셨는가로 나아가야만 합니다.

ⓒ 주님께서는, "인자가 온 것은" 하고, 자신이 오신 목적(目的)을 분명하게 밝히셨습니다.

㉮ "인자가 온 것은 잃어버린 자를 찾아 구원하려 함이니라"(눅 19:10),

㉯ "인자가 온 것은 섬김을 받으려 함이 아니라 도리어 섬기려 하고 자기 목숨을 많은 사람의 대속물로 주려 함이니라"(마 20:28) 하십니다.

ⓒ "잃어버린 자를 찾아 구원하려" 오셨다고 말씀하시는데, 언제 잃어버리셨는지 아십니까? 하나님의 형상대로 지음을 받은 자들이 죄 값에 팔리어 에덴에서 추방을 당했을 때에 "잃어버린 자"가 된 것입니다. 아담의 후예들은 잃어버린 상태에서 태어나는 것입니다.

㉮ 그러므로 이들을 찾기 위해서는 구속이 필요했던 것입니다. 그래서 "대속물"로 주려 함이니라 하시는 것입니다. 주님은 이를 위해서 영광을 비우시고 낮고 천한 이 땅에 오셨으며, 십자가상에서 비로소 "다 이루었다"(요 19:30) 하고 선언하셨던 것입니다.

ⓔ 이점에서 분명히 확증해야할 점은 "다 이루었다" 하신 주님께서 "이루심"의 핵심이 무엇인가 하는 점입니다. 첫째는 죽으심을 통해서 우리의 죄를 대속하신 일입니다. 왜냐하면 죄 값은 사망이기 때문입니다.

㉮ 둘째는 육신을 입고 오셔서, "죽으시고 다시 사심을 통하여 죽음의 세력

을 잡은 자 곧 마귀를 멸하시며"(히 2:14) 한 사탄을 정복하신 일입니다.

㉯ 이점을 사도 바울은, "이제는 우리 구주 그리스도 예수의 나타나심으로 말미암아 나타났으니", 즉 육신을 입으시고 나타나시어, "그는 사망(死亡)을 폐하시고 복음(福音)으로써 생명과 썩지 아니할 것을 드러내신지라"(딤후 1:10), 즉 사망을 폐하시고 영원한 생명을 드러내셨는데 이것이 "복음"이라고 말씀합니다. 전도자가 증언해야할 복음이 무엇인가에 확고하시기를 바랍니다.

성령께서 오신 목적

③ 셋째로, "성령께서는 무엇을 위하여 오셨는가" 하는 점입니다. 주님께서 "다 이루었다" 하신 구속사역을 인간의 지혜(智慧)로 알 수가 있단 말인가? 그래서 주님께서는, "내가 아버지께로부터 너희에게 보낼 보혜사 곧 아버지께로부터 나오시는 진리의 성령이 오실 때에 그가 나를 증언하실 것이요"(요 15:26) 하고, "그리스도"를 증언하기 위하여 성령(聖靈)을 보내주시겠다고 말씀하셨던 것입니다.

㉠ 다시 상기시키면서 강조합니다만 성령께서 증언하실 내용, 즉 복음(福音)이 무엇인가 하는 점입니다. 왜냐하면 현대교회가 복음의 핵심(核心)은 망각(妄覺)하고 있으면서도, 자신은 복음(福音)을 전하고 있는 것으로 착각하고 있기 때문입니다. 과연 성령께서는 오늘날 유행하고 있는 그런 설교 내용을 증언하기 위해서 오셨는가?

㉡ 주님은 말씀하십니다. "내가 너희에게 실상(實狀)을 말하노니 내가 떠나가는

것이 너희에게 유익이라 내가 떠나가지 아니하면 보혜사가 너희에게로 오시지 아니할 것이요 가면 내가 그를 너희에게로 보내리니"(요 16:6-7) 하십니다.

㉮ "내가 떠나가는 것이 너희에게 유익(有益)이라" 하심은, 주님께서 십자가를 지시는 것이 우리에게 유익이라는 뜻입니다. 만일 십자가를 지시지 않으신다면 "보혜사가 너희에게로 오시지 아니할 것이요" 하십니다. 엄밀히 말한다면 오실 이유(理由)가 없다는 것입니다.

㉯ 왜냐하면 성령께서는 주님께서 "다 이루었다" 하신, 이루어 놓으신 복음(福音)을 증언하러 오시기 때문입니다. 그러므로 떠나가지 아니하면, 즉 죽으시고 다시 사심을 통해서 복음을 이루어 놓지를 않으신다면 성령은 오실 이유가 없으신 것입니다.

㉰ 이점을 우리에게 적용을 시킨다면 십자가 복음이 빠진 설교는 듣는 자들에게 유익(有益), 즉 구원을 주지 못한다는 것이 됩니다. 그러므로 주님께서는, "진실로 진실로 너희에게 이르노니 인자의 살을 먹지 아니하고 인자의 피를 마시지 아니하면 너희 속에 생명(生命)이 없느니라" (요 6:53) 하고 말씀하셨던 것입니다.

주님 당시의 설교자들이 사람들 앞에 "천국 문을 닫는 자들"이라는 책망을 받은 것이 교훈적으로 유익이 되지 못한 설교를 했기 때문이 아니라, "내가 문이요, 내가 길이다" 하신 구원의 "길과 문"을 전해주지 못했기 때문이라는 점을 명심해야만 합니다.

그리스도 + 십자가 = 구원

㉠ 이점이 얼마나 중요하고도 심각한 문제인가를 보십시오. 주님께서는 "주는 그리스도시요 살아 계신 하나님의 아들이시니이다"(마 16:16) 하는 신앙고백을 들으신 후에 경계하시기를, "이에 제자들에게 경고하사 자기가 그리스도인 것을 아무에게도 이르지 말라"(20) 하십니다.

   ㉮ 이 말씀은 우리를 당황하게 하고 놀라게 합니다. 예수님이 "그리스도"시라는 점도 말하지 말라 하시다니, 그러면 무엇을 증언하라는 말씀인가? "예수가 누구신가?" 주는 그리스도시오 살아계신 하나님의 아들이시다. "그 분이 왜 오셨는가?" 우리 죄를 인하여 죽으시고 다시 살아나신 대속제물이 되시기 위해서 오셨다는 이 두 주제를 떼어놓지를 말고 함께 전하라는 것이 주님의 분부이십니다.

   ㉯ 이점이 "경고하시되 인자가 죽은 자 가운데서 살아날 때까지는 본 것을 아무에게도 이르지 말라"(막 9:9) 하신 경계에 나타납니다. 왜냐하면 이 두 주제가 합하여 하나의 복음이요, 여기에 구원이 있기 때문입니다. 이것이 증인들이 힘 있게 증언해야할 복음인 것입니다. 그런데 현대교회는 반쪽 복음만을 전하고 있는 것이 아닌가?

㉡ 그러므로 복음서의 기록목적은 크게 두 가지 주제를 증언하는데 맞춰져 있습니다.

   ㉮ 첫째는 "예수가 누군가" 하는 주제고,

   ㉯ 둘째는 "그런 분이 왜 오셨는가" 하는 주제입니다.

㉢ 그 분기점이 "너희는 나를 누구라 하느냐"(마 16:15) 하신 질문입니다. 주님은

베드로의 신앙고백을 들으신 후에야, 즉 "예수가 누구신가"에 대한 고백을 들으신 후에, "이때로부터 예수 그리스도께서 자기가 예루살렘에 올라가 장로들과 대제사장들과 서기관들에게 많은 고난을 받고 죽임을 당하고 제 삼일에 살아나야 할 것을 제자들에게 비로소 나타내셨다"(마 16:21), 즉 오신 목적을 밝히셨던 것입니다.

㉮ "그리스도"에게만은 구원이 없습니다. 왜냐하면 "한 알의 밀이 땅에 떨어져 죽지 아니하면 한 알 그대로 있기"(요 12:24) 때문입니다. "십자가"만도 구원이 없습니다. 십자가는 사형틀이기 때문입니다. "예수는 우리가 범죄한 것 때문에 내줌이 되고 또한 우리를 의롭다 하시기 위하여 살아나셨느니라"(롬 4:25), 이것이 복음이요, 여기에 구원이 있는 것입니다.

㉯ 그러므로 사도행전이나 서신서들에는, 5병2어의 그리스도, 병을 고쳐주신 그리스도, 죽은 자를 살리신 그리스도에 대한 증언은 한마디도 없습니다. 이는 "예수가 누군가"에 대한 표적이었던 것입니다.

㉰ 그러면 사도들은 무엇을 증언했는가? "유대인은 표적을 구하고 헬라인은 지혜를 찾으나 우리는 십자가에 못 박힌 그리스도를 전하니 유대인에게는 거리끼는 것이요 이방인에게는 미련한 것이로되"(고전 1:22-23) 하고, "십자가에 못 박히신 그리스도"를 증언(證言)하였던 것입니다.

㉮ 왜냐하면 성령께서는 "십자가 복음"을 증언하기 위하여 강림하셨기 때문입니다. 주님께서도 "내가 이를 위하여 이때에 왔나이다" 말씀하셨음을 상기하시기 바랍니다. 성령께서도 "이를 위하여 이때에 오신"

것입니다. 그러므로 십자가를 제외시킨 그리스도는 마치 심장(心臟)을 떼어놓은 그리스도를 전하는 것과 같은 것인데, 현대교회가 그렇게 하고 있는 실정입니다.

성경의 기록목적

④ 그러면 넷째로, 우리에게 주어진 성경의 저자와 중심주제, 즉 성경의 기록(記錄)목적이 무엇인가 하는 점입니다.

㉠ 먼저 성경의 저자는 누군가 하는 점인데, "먼저 알 것은 성경의 모든 예언은 사사로이 풀 것이 아니니 예언은 언제든지 사람의 뜻으로 낸 것이 아니요 오직 성령(聖靈)의 감동하심을 받은 사람들이 하나님께 받아 말한 것임이라"(벧후 1:20-21) 하고, 성령이시라고 대답합니다.

㉮ 그러면 성령께서 성경을 기록하게 하신 목적이 무엇인가? 주님께서는, "너희가 성경(聖經)에서 영생을 얻는 줄 생각하고 성경을 연구하거니와 이 성경이 곧 내게 대하여 증언하는 것이니라"(요 5:39) 하고 답변하십니다.

㉡ 그러므로 성경의 저자와 기록목적을, 성령의 사역과 결부시켜서 생각해보시기 바랍니다. 성령께서는 어떤 방도로 증언하시는가? 그리스도의 제자들 속에 내주하셔서, 그리스도를 증언하기 위하여 미리 기록해놓으신 성경을 들어서, 예수님이 그리스도시오, 우리의 구주이심을 증언한다는 것입니다.

㉮ 예를 들면, 오순절 성령강림 후 베드로는 자신의 간증을 한 것이 아니라, 다윗이 성령의 감동으로 기록한, "이는 내 영혼을 음부에 버리지 아

니하시며 주의 거룩한 자로 썩음을 당하지 않게 하실 것임이로다"(시 16:8) 한 기록된 시편(詩篇)을 주님의 부활의 증거로 제시했습니다.

㈏ 그리고 입증하기를, "형제들아 내가 조상 다윗에 대하여 담대히 말할 수 있노니 다윗이 죽어 장사되어 그 묘가 오늘까지 우리 중에 있도다"(행 2:29) 합니다. 그러므로 다윗이 "주의 거룩한 자로 썩음을 당하지 않게 하실 것임이로다" 한 것이 자신을 가리킨 것이 아니라, "그는 선지자라 하나님이 이미 맹세하사 그 자손 중에서 한 사람을 그 위에 앉게 하리라 하심을 알고 미리 본 고로 그리스도의 부활을 말하되 그가 음부에 버림이 되지 않고 그의 육신이 썩음을 당하지 아니하시리라 하더니 이 예수를 하나님이 살리신지라 우리가 다 이 일에 증인이로다"(30-32) 합니다.

㈐ 이렇게 성경을 들어 입증(立證)을 하자, "그들이 이 말을 듣고 마음에 찔려 베드로와 다른 사도들에게 물어 이르되 형제들아 우리가 어찌할꼬"(37) 하고, 회개하기에 이르렀던 것입니다.

ⓒ 또한 "바울이 자기의 관례대로 그들에게로 들어가서 세 안식일에 성경(聖經)을 가지고 강론하며 뜻을 풀어 그리스도가 해를 받고 죽은 자 가운데서 다시 살아야 할 것을 증언하고 이르되 내가 너희에게 전하는 이 예수가 곧 그리스도라"(행 17:2-3) 하고, 성경을 들어서 입증(立證)을 했던 것입니다.

㈎ 이것이 강림하신 성령께서 증언하시는 방도요, 그리스도의 증인들이 증언 해야할 내용입니다. 그래서 사도 바울은 "이를 위하여 나도 내 속에서 능력으로 역사하시는 이의 역사를 따라 힘을 다하여 수고하노라

(골 1:29) 하고 말씀했던 것입니다.

나는 무엇을 위하여 세움을 입었는가?

⑤ 그러면 필연적으로, "나는 무엇을 위하여 이때에 세움을 입었는가" 하고 묻지 않을 수가 없는데, 이에 대한 대답은 이제 자명(自明)해진 것입니다.

㉠ 우리가 증언해야 할 그리스도가 누구신가에 확고한 자만이 그 분의 사신(使臣)으로 부름을 받은 자신의 소명에 확고하게 되고, 그리스도께서 이루어놓으신 것이 무엇이며, 성령께서 무엇을 증언하기 위하여 강림하셨는가에 확고한 자만이 "나는 무엇을 위하여 이때에 세움을 입었는가" 하는 자신의 사명에 확고할 수가 있기 때문입니다.

"오직 성령이 너희에게 임하시면 너희가 권능을 받고 예루살렘과 온 유대와 사마리아와 땅 끝까지 이르러 내 증인이 되리라"(행 1:8) 하십니다. 왜냐하면 복음전도는 사람의 일이 아니라 성령님의 사역이기 때문입니다.

㉮ 다시 강조합니다만 성령께서는 증인(證人)으로 세움을 받은 자들에게 내주(內住)하셔서,

㉯ 미리 준비해놓은 성경(聖經)을 들어서 증언하게 하신다는 점입니다.

㉡ 그러므로 사도 바울은, "성령(聖靈)으로 아니하고는 누구든지 예수를 주시라 할 수 없느니라"(고전 12:3) 합니다. 이를 알았기에 바울 사도는, "내 말과 내 전도함이 설득력 있는 지혜의 말로 하지 아니하고 다만 성령의 나타나심과 능력

으로 하였다"(고전 2:4) 하고 말씀합니다.

㉮ 사도들은 자기 사명을 완수하고 구속사의 무대에서 퇴장을 했습니다. 이제 구속사의 무대에는 형제가 세움을 입은 것입니다. 바울과 함께 하셨던 주님은 형제와 함께 하십니다.

저는 목회자 세미나에서 안타까운 마음으로 현대교회 설교자들이 두 가지를 잊고 있거나, 믿지 않는 것 같다는 말을 했습니다. 첫째는 "예수님이 누구신가" 하는 점이고, 둘째는 그 분이 우리를 위해서 무엇을 행해 주셨는가 하는 점을 망각하고 있거나, 아니면 믿지 않는 것 같다는 것입니다.

왜냐하면 이를 진심으로 믿는 설교자라면 사도 바울의 고백처럼, "내가 너희 중에서 예수 그리스도와 그가 십자가에 못 박히신 것 외에는 아무 것도 알지 아니하기로 작정하였음이라"(고전 2:2) 하게 될 것이기 때문입니다. 왜냐하면 우리는 주의 증인으로 세움을 입은 자들이요, 여기에 성도들의 사활(死活)이 걸려 있기 때문입니다.

우선하는 하나님의 주권

㉠ 다시 말씀드립니다만 이 책은 인간의 책임(責任)보다 하나님의 주권(主權)에 초점을 맞추어 증언하고 있다는 점입니다. 기존에 발간된 "성경 인물"(人物)에 관한 책들은 그 초점이 사람에게 맞춰져 있습니다. 그렇게 하는 것이 설교하는 것이나, 듣는 것이나, 적용하는 것도 쉽습니다. 그리고 감화력도 있는 것이 사실입니다.

㉮ 그러나 그렇게 되면 첫째는 하나님의 구원계획을 세우는 것이 아니라, 해체(解體)하는 것이 되고, 둘째는 성경의 기사가 위인전기(偉人傳記) 같이 인본주의적(人本主義的)이 되고 맙니다. 사람은 타락하여 자기 중심적(自己中心的)이 되었기 때문에 이렇게 하는 것을 좋아 합니다.

㉯ 사탄은 금단의 과실을 먹으면 "네가 내 종이 되리라" 한 것이 아니라, "네가 하나님같이 되리라" 하고 저들을 추켜세웠습니다. 그런데 오늘의 사상도 "꿈은 이루어진다, 긍정의 힘, 적극적인 사고방식" 등 사람을 추켜세우는데 열을 올리고 있습니다. 교회 안에서도 하나님의 주권은 굳게 세워져 있지 아니합니다.

ⓛ 물론 인간은 지정의(知情意)적인 인격(人格)체입니다. 인격적인 존재라는 것은 자신이 행한 행위에는 책임(責任)이 따른다는 뜻입니다. 그러므로 교훈은 중요합니다. 그런데 여기에는 해답(解答)이 없다는 것입니다. 즉 구원을 주지 못한다는 점을 명심해야만 합니다. 왜냐하면 "인간의 행위로는 의롭다함"을 얻을 육체가 없기 때문입니다.

㉮ 이점을 우리보다 하나님께서 더 잘 아십니다. 그래서 인류의 시조가 타락한 현장에서 선언하신 원 복음은, "내가―하리니" 하는 구조(構造)로 되어 있다는 점을 찬양해야만 합니다. 왜냐하면 하나님께서 주권적으로 이루어주시지 않으셨다면 구원을 얻을 자는 한 사람도 없었을 것이기 때문입니다.

ⓒ "율법이 육신으로 말미암아 연약하여 할 수 없는 그것을 하나님은 하시나니", 즉 율법이 할 수 없는 것, 다시 말하면 인간의 행위로 할 수 없는 것을 "하나님

은 하시나니" 합니다. 어떻게 행해주셨는가?

㉮ "곧 죄로 말미암아 자기 아들을 죄 있는 육신의 모양으로 보내어 육신에 죄를 정하사"(롬 8:3) 행해주셨다고 말씀합니다. 이것은 하나님께서 자기 아들의 구속을 통해서 행해주신 일입니다.

㉯ "내가 이 복음(福音)을 위하여 선포자와 사도와 교사로 세우심을 입었노라"(딤후 1:10-11) 한, 이것은 그리스도의 증인들이 할 일입니다.

나의 소명, 나의 사명

㉠ 이제 "나는 누구며, 무엇을 위하여 부름을 받았는가" 하는 대답은 분명해졌습니다.

㉮ 형제 안에는 성령께서 내주하고 계십니다.

㉯ 또한 형제의 손에는, 주 예수 그리스도께서 이루어 놓으신 복음을 증언하기 위하여 성령의 감동으로 기록하게 하신 성경(聖經)이 주어졌습니다.

㉡ 형제여, 사도 바울이, "내가 너희 중에서 예수 그리스도와 그가 십자가에 못 박히신 것 외에는 아무 것도 알지 아니하기로 작정하였음이라"(고전 2:2) 함과 같이 고백하지 않으시렵니까? 이 성구는 복음전도자 마틴 로이드 죤스의 묘비명이기도 합니다.

㉮ 이 책을 통해서 "나는 무엇을 위하여 이때에 세움을 입었는가" 하는 자신의 사명을 각성하여 "내가 이를 위하여 이때에 왔나이다" 하고 헌신하는 복음전도자들이 한 사람, 또 한사람 세워지기를 간절히 바랄 뿐입니다.

아담

"여호와 하나님이 땅의 흙으로 사람을 지으시고 생기를 그 코에 불어넣으시니 사람이 생령이 되니라"(창 2:7).

오실 자의 예표

㉠ 이렇게 해서 아담은 인류의 시조(始祖)로 지음을 받았고, 하나님의 구원계획의 무대에 등장하게 됩니다. 그렇다면 아담은 무엇을 위하여 세움을 받았는가 하는 점입니다. "아담" 하면, 대번에 인류의 시조로 죄를 범한 "원죄"(原罪)만을 색각합니다. 그렇게 생각하는 것은 첫째는 하나님의 하나님 되심을 모르기 때문이요, 둘째는 성경을 모르기 때문입니다.

㉮ 사도 바울은 하나님의 구원계획을, "영원(永遠)부터 만물을 창조하신 하나님 속에 감추어졌던 비밀(秘密)의 경륜(엡 3:9), 곧 감추어졌던 것인데 하나님이 우리의 영광을 위하여 만세(萬歲) 전에 미리 정하신 것이라"(고전 2:7) 합니다. 즉 "하나님의 구원계획"은 죄가 세상에 들어오자 임기응변으로 세워진 것이 아니라는 말씀입니다.

왜냐하면 사고(事故)가 발생하자 임기응변(臨機應變)으로 세워진 것이 구원계획이라면, "하나님의 하나님 되심"에 손상을 입게 되기 때문입니다. 이런 맥락으로 아담을 보게 되면 어떻게 되는가?

ⓛ "그러나 아담으로부터 모세까지 아담의 범죄와 같은 죄를 짓지 아니한 자들까지도 사망이 왕 노릇하였나니 아담은 오실 자의 모형(模型)이라"(롬 5:14) 하고 말씀하게 되는 것입니다.

㉮ 아담을 가리켜 "오실 자의 모형이라" 하고 말씀한다는 점은 중요한 요점이 됩니다. 왜냐하면 "오실 자"란 그리스도를 가리키는 말인데, "원죄"(原罪)를 모르면 그리스도께서 성취하신 "대속"(代贖)교리도 모르게 되기 때문입니다. 그리고 이것은 우려가 아니라 창세기 1장-11장을 신화(神話)로 취급을 하면서 구속교리를, "도살장의 신학"이라고 비웃는 현대교회 자유주의 신학자들의 실상이기도 합니다.

유사성과 상이성

㉠ 그러면 아담은 어떤 면에서 "오실 자"의 모형인가? "그러므로 한 사람으로 말미암아 죄가 세상에 들어오고 죄로 말미암아 사망이 들어왔나니 이와 같이 모든 사람이 죄를 지었으므로 사망이 모든 사람에게 이르렀느니라"(롬 5:12) 하는 말씀에서 드러납니다.

㉮ 로마서 5:12-19절 안에는 "한 사람"이라는 말이 12번이나 등장합니다. "한 사람으로 말미암아 죄가 세상에 들어오고" 한, "한 사람"은 아담을 가리킵니다. 그러면 "아담"이라 하지 않고 어찌하여 "한 사람"이라고

말씀하는가?

ⓒ 아담은 개인의 신분으로 범죄(犯罪)한 것이 아니라 인류의 "시조, 대표자"의 신분으로 죄를 범했다는 점을 드러내기 위해서인 것입니다. 그래서 "이와 같이 모든 사람이 죄를 지었으므로 사망이 모든 사람에게 이르렀느니라" 하는 것입니다.

㉮ "한 사람과, 모든 사람"의 대조(對照)를 주목하시기를 바랍니다. 이런 원리를 히브리서 7:10절에서는, "이미 자기 조상의 허리에 있었음이라" 하고 표현하고 있는데, 아담이 죄를 범할 때에 모든 인류는 아담의 허리, 즉 아담 안에 있었다는 논리입니다.

ⓒ 그런데 성경의 증거는 첫 사람 아담으로 말미암아 "죄"가 들어왔다고만 말씀하는 것이 아니라, "한 사람의 범죄를 인하여 많은 사람이 죽었은즉 더욱 하나님의 은혜와 한 사람 예수 그리스도의 은혜로 말미암은 선물은 많은 사람에게 넘쳤느니라"(롬 5:15) 하고, "은혜"가 들어왔다고 증언합니다.

㉮ 그런데 주목할 점은 "죄"는 하나가 들어왔는데 은혜는, "하나님의 은혜와, 예수 그리스도의 은혜", 둘이 들어왔다고 말씀한다는 점입니다. 죄가 들어오자 하나님께서 "내가 너로 여자와 원수가 되게 하고–여자의 후손은 네 머리를 상하게 할 것이요"(창 3:15) 하고 선언하신 원 복음 안에는 "내가" 하신 "하나님의 은혜"와,

㉯ "여자의 후손은 네 머리를 상하게 할 것이요" 한, "예수 그리스도의 은혜", 두 보따리가 들어있었던 것입니다.

ⓔ 아담은 무엇을 위하여 세움을 받았는가? 그리스도의 예표(豫表)로 세움을 입

었다는 놀라운 논리가 성립이 되는 것입니다. 만일 아담의 "범죄"에서 멈췄다면 문제만 있고 해답이 없는 것이 되고, 구원의 가망은 없는 것이 됩니다.

㉮ 아담이 그리스도의 예표 됨에는 유사성(類似性)과 상이성(相異性)이 있습니다. 인류의 시조(始祖), 대표자(代表者)라는 점은 유사성입니다. 예수 그리스도께서는 인류의 새로운 대표자, 거듭난 자의 새로운 조상(祖上)으로 오셨기 때문입니다.

㉯ "그러나 이 은사는 그 범죄와 같지 아니하니" 하고, 아담과, 그리스도가 인류에게 끼친 영향(影響)은 "같지 아니하다", 즉 상이(相異)하다는 말씀입니다.

상이성, 정죄와 의롭다함

㉠ 그렇다면 어떤 면에서 "상이"(相異)한가? "곧 한 사람의 범죄를 인하여 많은 사람이 죽었은즉 더욱 하나님의 은혜와 또한 한 사람 예수 그리스도의 은혜로 말미암은 선물은 많은 사람에게 넘쳤느니라"(롬 5:15) 합니다.

㉮ "또 이 선물은 범죄한 한 사람으로 말미암은 것과 같지 아니하니 심판은 한 사람으로 말미암아 정죄에 이르렀으나 은사는 많은 범죄로 말미암아 의롭다 하심에 이름이니라"(16),

㉯ "한 사람의 범죄로 말미암아 사망이 그 한 사람을 통하여 왕 노릇 하였은즉 더욱 은혜와 의의 선물을 넘치게 받는 자들은 한 분 예수 그리스도를 통하여 생명 안에서 왕 노릇 하리로다"(17),

㉰ "그런즉 한 범죄로 많은 사람이 정죄에 이른 것 같이 한 의로운 행위로

말미암아 많은 사람이 의롭다 하심을 받아 생명에 이르렀느니라"(18),
㉣ "한 사람이 순종하지 아니함으로 많은 사람이 죄인 된 것 같이 한 사람이 순종하심으로 많은 사람이 의인이 되리라"(19) 합니다.

㉤ "사망이 한 사람으로 말미암았으니 죽은 자의 부활도 한 사람으로 말미암는도다 아담 안에서 모든 사람이 죽은 것같이 그리스도 안에서 모든 사람이 삶을 얻으리라"(고전 15:21-22) 합니다. 이것이 상이성인데, 두 대표자가 인류에게 끼친 영향력이 다르다는 말씀입니다.

㉡ 이 원리가 중요한 것은 "죄"가 들어오지 않았다면 "구속"도 필요가 없고, "원죄"(原罪)교리가 아니면, "대속"(代贖)교리를 세울 수가 없기 때문입니다. 한 사람이 죄를 범한 그 죄 값으로 모든 사람이 정죄를 받아 죄인이 되었다는 원죄(原罪)를 들어서, 한 사람 예수 그리스도의 대속적인 죽으심으로 말미암아 많은 사람이 의롭다함을 얻어 의인이 될 수가 있다는 복음(福音)을 증언하고 있는 것입니다.

㉮ 그래서 아담은 "오실 자의 모형"이 되었다고 말씀한 것입니다. 이는 기독교의 근간(根幹)이 되는 교리입니다. 만일 기독교에서 이를 제거하고 난다면 기독교는 다른 종교들 같이 도덕이나 철학이 되고 마는 것입니다. 그런데 종교 다원주의자들, 자유주의 신학자들이 공격하는 목표가 기독교의 근간, 보루(堡壘)가 되는 구속교리를 무너뜨리려는데 있다는 점입니다.

㉢ 그리하여 복음주의자로 자처하는 자들까지도 어리석은 자요, 원리주의자요, 시대에 뒤떨어진 자라는 말을 듣게 될 것을 두려워하여 복음의 핵심은 옆으로 밀

어놓고, "교훈과, 축복"에 열을 올리고 있는 실정입니다. 그리하여 현대교회가 "허물과 죄로 죽었던 너희를 살리셨도다" 한 복음의 능력은 상실한 채 "복을 받고, 선한 사람이 되라" 하는 종교의 한 종파(宗派)로 전락을 하고 있는 것이 현대교회의 실정인 것입니다.

최초로 원 복음을 들은 사람

㉠ 아담은 하나님께서, "여자의 후손은 네 머리를 상하게 할 것이요 너는 그의 발꿈치를 상하게 할 것이니라"(창 3:15) 하시는 말씀을 듣자, "아담이 그의 아내의 이름을 하와라 불렀다"고 말씀합니다. "하와"란 뜻은 "그는 모든 산 자의 어머니"(창 3:20)라는 뜻인데, 이는 아담이 하나님께서 말씀하신 "원 복음"의 뜻을 인식했음을 나타냅니다. 인식한 것만이 아니라 기쁨의 환성이었던 것입니다. 이런 맥락에서 아담은 무엇을 위하여 세움을 입었는가?

㉡ 최초로 죄를 범한 것만이 아니라, 오실 자의 표상으로 최초로 "복음"(福音)을 들은 사람이요, 이해를 한 사람이요, 전해준 사람이요, 기뻐한 사람으로 세움을 받았던 것입니다.

최초로 죄를 고백하고 가림을 받은 사람

㉠ 뿐만 아니라 "이르되 내가 동산에서 하나님의 소리를 듣고 내가 벗었으므로 두려워하여 숨었나이다"(창 3:10) 하고, 최초로 죄를 깨달은(벗었음) 사람이요,

㉡ "여호와 하나님이 아담과 그의 아내를 위하여 가죽옷을 지어 입히시니라"(창 3:21) 한, 최초로 "그 죄의 가림을 받은 사람"이기도 합니다.

㈏ "아담이 그의 아내 하와와 동침하매 하와가 임신하여 가인을 낳고 이르되 내가 여호와로 말미암아 득남하였다"(창 4:1), 즉 획득했다고 말했는데 이는 "여자의 후손"이 될 후사를 얻은 것으로 여겼다는 뜻입니다. 아담은 준수한 외모를 보고 가인에게 기대를 걸었으나 하나님의 뜻은 "아벨", 즉 보잘 것 없어 보이는 동생에게 있었던 것입니다.

㈐ 또한 가인이 아벨을 쳐 죽인 후에, "아담이 다시 자기 아내와 동침하매 그가 아들을 낳아 그의 이름을 셋이라 하였다"고 말씀합니다. "셋"이란 "대신"이란 뜻인데, "이는 하나님이 내게 가인이 죽인 아벨 대신에 (여자의 후손이 태어날) 다른 씨를 주셨다"(창 4:25)는 고백적인 말이었던 것입니다.

이상의 말씀들은 무엇을 말해주고 있느냐 하면 아담은 하나님께서, "여자의 후손은 네 머리를 상하게 할 것이요" 하신 선언(宣言)을 알고, 믿고, 마음에 간직하고 있었다는 증거요, 또한 하나님께서 선언하신 바를 이루실 것을 확신하고 있었음을 드러내는 것입니다.

㈁ 이처럼 아담이 원 복음을 인식하고 계승하였다는 점이 첫째로, "아벨은 자기도 양의 첫 새끼와 그 기름으로 드렸더니"(창 4:4) 한 희생제사와, "셋도 아들을 낳고 그의 이름을 에노스라 하였으며 그 때에 사람들이 비로소 여호와의 이름을 불렀더라"(창 4:26) 한 말씀에 나타납니다.

㉮ 그리하여 "여자의 후손"의 계보가 "아담—셋—에노스"로 이어져 내려왔음을 말씀해주고, 이것이 신약성경에 등장하는 "그 위는 에노스요 그 위는 셋이요 그 위는 아담이요 그 위는 하나님이시니라"(눅 3:38)

한, 그리스도의 족보와 일치하고 있는 것입니다.

ⓒ 하나님께서는 아담이 인류의 시조요, 대표자로써 죄를 범하여 그 죄 값으로 모든 사람이 정죄에 이르고 사망 아래 있게 된 "원죄"를 들어서까지도, 또 "한 사람"인 예수 그리스도를 통해서 천하 만민을 구원하시려는 "원 복음", 즉 "대속 교리"를 계시하셨던 것입니다.

㉮ 그래서 "아담은 오실 자의 모형이라" 하는 것입니다. 그렇다면 나는 무엇을 위하여 세움을 입었는가 하고 자문하게 됩니다. 형제는 "아담은 오실 자의 모형(模型)이라"는 점을 증언하기 위하여 세움을 받았다는 것이 됩니다.

하와

"여호와 하나님이 이르시되 사람이 혼자 사는 것이 좋지 아니하니 내가 그를 위하여 돕는 배필을 지으리라 하시니라"(창 2:18).

아담을 돕는 배필

㉠ 이렇게 해서 하와는 하나님의 구원계획의 무대에 등장하게 됩니다. 그러면 하와는 무엇을 위하여 세움을 입었는가? 우선적으로 생각하게 되는 것은 "사람이 혼자 사는 것이 좋지 아니하니" 하신 말씀입니다. 창세기 1장에는 "하나님이 보시기에 좋았더라" 하는 말이 7번(4, 10, 12, 18, 21, 25, 31)이나 등장하고, 마지막은 "보시기에 심히 좋았더라"(31) 하고 말씀합니다.

㉡ 그런 하나님께서 "사람이 혼자 사는 것이 좋지 아니하니" 하시다니, 그렇다면 하나님께서는 이를 미처 모르셨단 말인가 하는 점입니다. 아닙니다. 이는 아담에게 배필을 지어주시는 행사(行事)를 통해서 계시하시려는 중요한 의도가 있으셨기 때문이라는 것이 됩니다. 그러면 신부(新婦)를 지으시는 행사를 통해서 계시하시려는 바가 무엇인가?

ⓛ "여호와 하나님이 아담을 깊이 잠들게 하시니 잠들매 그가 그 갈빗대 하나를 취하고 살로 대신 채우시고 여호와 하나님이 아담에게서 취하신 그 갈빗대로 여자를 만드시고 그를 아담에게로 이끌어 오시니"(2:21-22) 합니다.

㉮ 하나님께서 아담을 위하여 "돕는 배필을 지으리라" 하셨을 때에 의례 생각하게 되는 것은, "여호와 하나님이 땅의 흙으로 사람을 지으시고 생기를 그 코에 불어넣으시니 사람이 생령이 되니라"(7) 한 방법으로 지으실 것으로 예상(豫想)하기 마련입니다.

㉯ 그런데 우리의 상상을 뛰어 넘어 "아담의 갈빗대로 여자를 만드시는", 특이한 방법으로 지으신 의도가 무엇이란 말인가? 바로 여기에 바울이 "이 비밀이 크도다"(엡 5:32) 한 하나님의 오묘한 진리가 숨어 있었던 것입니다.

아담의 분신

㉠ 아담이 자신의 갈빗대로 만드신 여자를 보고, "이는 내 뼈 중의 뼈요 살 중의 살이라" 한 것은 기쁨이 폭발하듯 한 환희(歡喜)의 탄성입니다. "이는" 한 것은, "이번이야 말로" 라는 뜻입니다. 왜냐하면 그 이전에 배필 될 자를 찾는 일, 즉 선을 본 일이 있었기 때문입니다.

㉮ "여호와 하나님이 흙으로 각종 들짐승과 공중의 각종 새를 지으시고 아담이 무엇이라고 부르나 보시려고 그것들을 그에게로 이끌어 가시니" 합니다. 이중에 배필이 될 자가 있는가 살펴보라는 뜻입니다. "아담이 각 생물을 부르는 것이 곧 그 이름이 되었더라 아담이 모든 가축과

공중의 새와 들의 모든 짐승에게 이름을 주니라 아담이 돕는 배필이 없으므로"(창 2:18-20), 즉 찾아보았으나 그들 중에는 없었다는 것입니다.

㉡ 그래서 "여호와 하나님이 아담을 깊이 잠들게 하시고 갈빗대 하나를 취하여" (2:21) 만드셨다는 문맥(文脈)입니다. 아담이 "내 뼈 중의 뼈요 살 중의 살이라" 한 것은 정확한 표현이 못 됩니다. 이를 문자적으로 표현을 한다면 "이는 내 갈빗대구나" 했어야 옳은 것입니다.

㉮ 그런데 "내 뼈 중의 뼈요" 한 것만이 아니라 취하지 아니한, "살 중의 살이라" 한 것은, "이는 내 분신(分身)이다", 즉 내 "몸" 이라는 뜻입니다. 그렇습니다. 하나님께서는 "아담" 한 사람을 머리와 몸, 둘로 나누신 셈입니다.

㉯ 그런데 나누신 데서 끝이신 것이 아니라, "이러므로 남자가 부모를 떠나 그의 아내와 합(合)하여 둘이 한 몸을 이룰 지로다"(창 2:24) 하고, "합하여 한 몸"을 이루라고 명하셨습니다. 아담의 배필을 이와 같은 방법으로 지으심으로 그들 관계는 나눌려야 나눌 수 없고, 떼어놓으여야 떼어놓을 수 없는 "이는 내 뼈 중의 뼈요 살 중의 살이라", 즉 "머리와 몸" 이라는 불가분(不可分)의 관계가 되었던 것입니다.

이 비밀이 크도다

㉠ 이점을 신약성경은 해설(解兌)해주기를, "그러므로 사람이 부모를 떠나 그의 아내와 합하여 그 둘이 한 육체가 될지니 이 비밀이 크도다 나는 그리스도와

교회에 대하여 말하노라"(엡 5:31-32) 하고 말씀합니다. "그리스도와 교회에 대하여 말하노라"는 뜻이 무엇인가?

아담과 하와의 관계라는 예표를 통해서, "그리스도와 교회"의 관계를 계시하셨다는 말씀입니다.

ⓒ 이점을 "그는 몸인 교회의 머리시라 그가 근본이시요 죽은 자들 가운데서 먼저 나신 이시니 이는 친히 만물의 으뜸이 되려 하심이요"(골 1:18) 하고, 그리스도와 교회의 관계가 "머리와, 몸"의 관계라는 것입니다. 그러므로 〈머리+몸=한 몸〉, 이 등식이 "합하여 둘이 한 몸을 이룰 지로다" 하신 뜻입니다. 이를 연합(聯合)교리라 말하는데 성경은 이를 가리켜, "큰 비밀"이라고 말씀합니다.

㉮ 만일 하와를 별개(別個)로 지으셨다면 아담과 하와의 관계는 남남이 되었을 것이요, 우리와 그리스도의 관계도 계시하실 수가 없었을 것입니다.

ⓒ 그러니까 아담은 "오실 자" 곧 그리스도의 모형이 되고, 하와는 장차 세워질 "교회" 곧 그리스도의 "신부"의 모형으로 세움을 받은 것이 됩니다. 그래서 "이와 같이 남편들도 자기 아내 사랑하기를 자기 자신과 같이 할지니 자기 아내를 사랑하는 자는 자기를 사랑하는 것이라 누구든지 언제나 자기 육체를 미워하지 않고 오직 양육하여 보호하기를 그리스도께서 교회에게 함과 같이 하나니 우리는 그 몸의 지체임이라"(엡 5:28-30) 하는 것입니다.

㉮ 머리되는 남편이 몸 된 아내를 사랑하는 것은 자기(自己) 자신을 사랑하는 것이요, 이와 같이 그리스도께서 교회를 자기 몸과 같이 사랑하시고 보호하신다는 말씀입니다.

  ㋵ 또한 "합하여 둘이 한 몸을 이루어" 불가분의 관계가 되었다는 것은, 머리가 있는 곳에는 몸도 함께 있다는 것이 되기 때문에, "함께 일으키사 함께 하늘에 앉으셨다"(엡 2:6) 하는 논리(論理)가 성립이 되는 것입니다.

깊이 잠들게 하시고

㉠ 이점에서 중요한 요점은 그리스도와 교회와의 관계가 "머리와 몸"과 같은 관계가 된 것이 어떤 방도로 가능하여졌는가 하는 점을 인식하는 것입니다. 하나님께서, "아담을 깊이 잠들게 하시니" 한 것은, "죽음"과 같은 표현입니다. 생각해 보십시오. 아무리 깊이 잠이 들었다 해도 "갈빗대"를 취하는 고통을 모를 수가 있단 말인가?

  ㋑ 이 예표를 통해서 하나님께서는 자기 아들을 십자가상에 깊이 잠들게 하시고 그의 신부인 교회를 탄생케 하실 것을 예시(豫示)하셨던 것입니다. 이점을, "그는 몸인 교회의 머리시라 그가 근본이시요 죽은 자들 가운데서 먼저 나신이시니"(골 1:18) 하고, 죽으시고 다시 사심을 통해서 가능하여졌다고 말씀합니다.

㉡ 이점에서 명심해야할 점은 하나님께서 아담에게 이와 같은 오묘한 방법으로 배필을 지어주신 행사는 아담과 하와가 타락하기 이전에 행해주신 행사라는 점입니다. 이것은 무엇을 말씀해주고 있는가? 하나님의 구원계획은 문제가 발생(죄가 들어온)한 후에 임기응변으로 세워진 계획이 아님을 말씀해 줍니다.

  ㋑ 만일 사고가 터지자 부랴부랴 임기응변(臨機應變)으로 세우신 계획이

라면 하나님이 하나님 되시지를 못한 것이 되는 것입니다. 아닙니다. 하나님의 구원계획은, "영원부터 만물을 창조하신 하나님 속에 감추어졌던 비밀의 경륜"(엡 3:9)이었다고 말씀합니다.

기쁨을 이기지 못하시며

㉠ 아담이 깨어나 하와를 처음 보았을 때의 감격이 어떠했을 것인가? 이를 통해서 그리스도께서 신부인 교회를 보시는 감격을 미루어 짐작하게 되는 것입니다. 이점을 구약성경 두 곳을 들어서 말씀을 드린다면 먼저는 이사야서입니다.

㉮ "여호와께서 그에게 상함을 받게 하시기를 원하사 질고를 당하게 하셨은즉 그의 영혼을 속건제물로 드리기에 이르면 그가 씨를 보게 되며 그의 날은 길 것이요 또 그의 손으로 여호와께서 기뻐하시는 뜻을 성취하리로다 그가 자기 영혼의 수고한 것을 보고 〈만족하게 여길 것이라〉 나의 의로운 종이 자기 지식으로 많은 사람을 의롭게 하며 또 그들의 죄악을 친히 담당하리로다"(사 53:10-11) 합니다.

㉯ "그가 자기 영혼의 수고한 것을 보고 만족(滿足)하게 여길 것이라" 합니다. 아담이 "이는 내 뼈 중의 뼈요 살 중의 살이라" 함과 같이, 주님께서도 죽으시고 다시 사심을 통하여 태어나게 된 신부(新婦) 곧 교회를 보시고 만족(滿足)히 여기신다, 즉 기뻐하신다는 말씀입니다.

㉡ 또 한 곳은 스바냐 3:17절을 통해서 엿볼 수가 있습니다.

너의 하나님 여호와가 너의 가운데에 계시니
그는 구원을 베푸실 전능자이시라

그가 너로 말미암아 기쁨을 이기지 못하시며

　　　너를 잠잠히 사랑하시며

　　　너로 말미암아 즐거이 부르며 기뻐하시리라.

ⓒ 이런 기쁨이 아담이 하와를 바라보았을 때의 기쁨이요, 또한 신랑 되시는 그리스도께서 신부인 형제를 바라보시는 기쁨이십니다.

　㉮ 이점을 아가서에서는, "내 신부야 네 입술에서는 꿀방울이 떨어지고 네 혀 밑에는 꿀과 젖이 있고 네 의복의 향기는 레바논의 향기 같구나 내 누이 나의 신부는 잠근 동산이요 덮은 우물이요 봉한 샘이로구나" (아 4:11-12) 합니다.

ⓔ 이점에서 인간의 책임(責任)이라는 면에서 한 말씀 부언해야하겠습니다. 이러한 축복과 기쁨 속에 지음을 받은 "여자가 그 나무를 본즉 먹음직도 하고 보암직도 하고 지혜롭게 할 만큼 탐스럽기도 한 나무인지라 여자가 그 열매를 따 먹고 자기와 함께 있는 남편에게도 주매 그도 먹은지라"(3:6) 하고, 아담의 괴로움이 되었다는 점은, 우리 자신을 돌아보게 하는 경계가 되기 때문입니다.

　㉮ 그러므로 사도 바울은, "내가 하나님의 열심으로 너희를 위하여 열심을 내노니 내가 너희를 정결한 처녀로 한 남편인 그리스도께 드리려고 중매함이로다 그러나 나는 뱀이 그 간계로 하와를 미혹한 것 같이 너희 마음이 그리스도를 향하는 진실함과 깨끗함에서 떠나 부패할까 두려워하노라" (고후 11:2-3) 하고 권면하고 있는 것입니다.

ⓜ 이처럼 배은망덕함에도 불구하고 하나님께서는 "여자의 후손은 네 머리를 상하게 할 것이요" 하고, 원복음을 주심으로 "모든 죽은 자의 어미"로 전락한 자

를 "하와", 즉 "산 자의 어미"가 되게 하셨던 것입니다.

그렇다면 "나는 무엇을 위하여 세움을 받았는가?" 하고, 자문하지 않을 수가 없습니다. 그리스도의 신부로써 정절(貞節)을 지키면서, "이 비밀이 크도다 나는 그리스도와 교회에 대하여 말하노라" 한, 이 연합교리를 증언하기 위하여 세움을 입은 것입니다.

아벨

"아담이 그의 아내 하와와 동침하매 하와가 임신하여 가인을 낳고 이르되 내가 여호와로 말미암아 득남하였다 하니라 그가 또 가인의 아우 아벨을 낳았는데 아벨은 양 치는 자였고 가인은 농사하는 자였더라"(창 2:1-2).

성경에 등장하는 최초의 제사

㉠ 이렇게 해서 "아벨"은 구속사의 무대에 등장하게 됩니다. 그러면 아벨은 무엇을 위하여 세움을 받았는가? 이점에서 염두에 두어야할 점은 가인과 아벨은 아담 하와가 하나님 존전에서 추방을 당한 이후, 즉 원죄 하에서 태어난 자들이라는 점입니다.

㉮ "가인"은 획득했다는 뜻이고, "아벨"은 하찮다는 뜻이 있습니다. 이로 보건대 아담 하와는 "가인"이 여자의 후손이 되리라고 기대했던 것으로 여겨집니다.

㉡ "세월이 지난 후에 가인은 땅의 소산으로 제물을 삼아 여호와께 드렸고 아벨은 자기도 양의 첫 새끼와 그 기름으로 드렸더니 여호와께서 아벨과 그의 제물 받으셨으나 가인과 그의 제물은 받지 아니하신지라 가인이 몹시 분하여

안색이 변하니"(창 4:3-5) 합니다.

㉮ 이럴 경우 우선적으로 형제는 이상하다는 생각이 들지 않습니까? 왜냐하면 창조주 하나님께 우상을 숭배하듯 짐승을 잡아 "제사" 하는 것이 합당한 것이냐 하는 점 때문입니다. 그런데, 성경은 이를 받아주셨다 하고 말씀하고 있는 것입니다.

㉢ 아벨이 드린 제사가 성경에 등장하는 최초의 제사(祭祀)인데, 먼저 제기해야할 물음은 죄(罪)가 세상에 들어오지 않았다 하여도 짐승을 잡아 하나님께 제사(祭祀) 드리는 것이 용납이 되고, 합당(合當)한 예배인가 하는 점입니다. 아닙니다.

㉮ 우리는 우상에게 제사하는 문화에 익숙해 있기 때문에 이런 일을 당연시(當然視)하는 경향이 있으나 우리가 섬기는 하나님은 창조주(創造主) 하나님이시라는 점을 망각하지 말아야만 합니다.

대속제물이신 그리스도의 예표

㉠ 아담이 오실 자의 예표가 됨과 같이, 아벨이 양의 첫 새끼로 드린 제물은 대속제물이신 그리스도의 예표였던 것입니다. 이런 맥락에서 성경에 등장하는 제사제도란, "여자의 후손"이 인류를 구원하기 위한 대속제물이 될 것에 대한 예표라는 뜻에서만 의미가 있는 것입니다.

㉮ 이를 떠나서라면 그것은 예배가 아니라 하나님을 우상시하는 모독이 된다는 점에 확고해야만 합니다. 다시 강조합니다만 성경에 등장하는 "제사"(祭祀)란 "보라 세상 죄를 지고 가는 하나님의 어린양이로다" 에 대한 예표인 것입니다.

ⓛ 그러므로 하나님은 말씀하십니다. "나는 네 제물 때문에 너를 책망하지는 아니하리니 네 번제가 항상 내 앞에 있음이로다 내가 네 집에서 수소나 네 우리에서 숫염소를 가져가지 아니하리니 이는 삼림의 짐승들과 뭇 산의 가축이 다 내 것이며 산의 모든 새들도 내가 아는 것이며 들의 짐승도 내 것임이로다 내가 가령 주려도 네게 이르지 아니할 것은 세계와 거기에 충만한 것이 내 것임이로다 내가 수소의 고기를 먹으며 염소의 피를 마시겠느냐"(시 50:8-13) 하고 반문하십니다.

㉮ 이스라엘 백성들은 하나님께 부지런히 "제물"을 드렸습니다. 그러면 된 것이 아닌가? 무엇이 잘못되었단 말인가? 아닙니다. 저들은 메시아언약은 망각한 채 제물만 부지런히 드렸던 것입니다. 이점이 "내가 수소의 고기를 먹으며 염소의 피를 마시겠느냐" 하시는 말씀에 나타납니다.

㉯ 이점을 이사야 선지자는 지적하기를, "소를 잡아 드리는 것은 살인함과 다름이 없이 하고 어린양으로 제사 드리는 것은 개의 목을 꺾음과 다름이 없이 하며 드리는 예물은 돼지의 피와 다름이 없이 하고 분향하는 것은 우상을 찬송함과 다름이 없이 행하는"(사 66:3) 것이라고 책망합니다. 이점은 현대교회에 경종이 됩니다.

아벨을 받아주신 하나님

㉠ 이런 맥락에서 본문은, 여호와께서 아벨과 그의 제물은 받으셨다" 하고 말씀하는 것입니다. 이점에서 우선적으로 염두에 두어야 할 점은 가인과 아벨이 제사를 드린 시점(時點)이 하나님 존전에서 추방(追放)을 당한 이후에 드려진 제

사라는 점입니다.

㉮ 그런데 "아벨과 그의 제물은 받으셨다"는 말씀을 대할 때에 형제는 놀라워하고 있지 않습니까? 왜냐하면 지금 아벨은 죄로 말미암아 하나님 존전에서 추방을 당한, 다시 말하면, "오직 너희 죄악이 너희와 너희 하나님 사이를 갈라놓았고 너희 죄가 그의 얼굴을 가리어서 너희에게서 듣지 않으시게 함이니라"(사 59:2) 한 상태에서 예배를 드리고 있기 때문입니다.

㉯ 신약성경에서도, "의와 불법이 어찌 함께 하며 빛과 어둠이 어찌 사귀며"(고후 6:14) 하고 불가함을 말씀합니다. 그런데 "아벨을 받아주셨다"는 것은 단절이 아니라 화목(和睦)이 되었음을 가리키는 것입니다.

㉰ 그렇다면 아벨이 하나님과 화목하는 것이 어떻게 가능하여졌는가 하고 물어야 마땅한 것입니다. 왜냐하면 여기에 우리의 구원이 있고, 아담의 후예들이 안고 있는 문제에 대한 해답(解答)이 있기 때문입니다. 그리고 이것이 하나님의 말씀을 연구하는 태도입니다.

ⓒ 창세기 3장에는 인류의 시조의 범죄로 말미암아 하나님 존전에서 추방을 당한 기사가 있는데, 이어지는 4장에서는 "아벨과 그의 제물은 받으셨다"는 자비롭고 은혜로운 말씀이 주어졌다는 점에 대해서 놀라지 않을 수가 없습니다. 그리고 찬양을 드리는 바입니다. 왜냐하면 본문에는 "죄, 사망, 추방"이라는 인류가 안고 있는 문제(問題)에 대한 해답(解答)이 들어 있기 때문입니다.

㉮ 그런데 우리를 긴장하게 하는 것은 모두를 받아주신 것이 아니라, "받으심과, 받지 않으심"으로 갈라지고 있기 때문입니다. 이는 3:15절에

서, "여자의 후손과 뱀의 후손" 두 부류로 갈라지리라 하신 선언이 성취되고 있음을 나타냅니다. 그러면 "받으심과, 받지 않으심"이 무엇에 근거하여 갈라지게 되는가?

믿음으로 드린 아벨의 제사

㉠ 이점을 신약성경은 해설해주기를, "믿음으로 아벨은 가인보다 더 나은 제사를 하나님께 드림으로 의로운 자라 하시는 증거를 얻었으니 하나님이 그 예물에 대하여 증언하심이라 그가 죽었으나 그 믿음으로써 지금도 말하느니라"(히 11:4) 합니다.

㉮ 두 가지 요점이 등장하는데 첫째는 "믿음으로" 드렸다는 점이고, 둘째는 "의로운 자"라 하시는 증거를 얻었다는 점입니다.

㉡ 먼저 "믿음으로"라는 점입니다. 그러면 아벨의 믿음은 무엇을 믿은 "믿음"인가 하는 점입니다. 성경이 말씀하는 믿음은 신념(信念)과는 다른 것입니다. 신념은 자기 자신을 믿는 것이지만 성경이 말씀하는 "믿음"은 하나님의 언약을 믿는 것을 가리킵니다.

㉮ 문맥적으로 보면 아벨은 아버지 아담으로부터 "원 복음"을 듣고 믿었다는 것이 되는 것입니다. 히브리서 11장을 "믿음 장"이라고 말하는데 "믿음으로"라는 말이 20번이나 등장합니다. 아벨만을 "믿음으로" 하는 것이 아니라, "에녹, 노아, 아브라함, 사라" 등도 "믿음으로" 행했다고 말씀합니다.

㉢ 무엇을 믿었는가? 하나님께서 족장들에게 세워주신 약속은, "땅을 주리라, 자

손을 주리라, 네 자손으로 말미암아 천하 만민이 복을 받으리라" 하신 세 가지입니다. 핵심은 "자손"인데, "여럿을 가리켜 그 자손들이라 하지 아니하시고 오직 한 사람을 가리켜 네 자손이라 하셨으니 곧 그리스도라"(갈 3:16) 합니다.

㉮ 그렇다면 "믿음 장"에 등장하는 믿음으로 산 사람들의 믿음이란, "이 사람들은 다 믿음을 따라 죽었으며 약속을 받지 못하였으되"(히 11:13) 한 "약속", 즉 그리스도를 믿은 것이 되는 것입니다. 아벨도 "여자의 후손"으로 지칭이 된 그리스도를 믿음으로 제물을 드린 것이 됩니다.

의롭다함을 얻은 아벨

㉠ 둘째로 "의로운 자라 하시는 증거"인데, "믿음으로 아벨은 가인보다 더 나은 제사를 하나님께 드림으로 의로운 자라 하시는 증거를 얻었으니" 하고, "의롭다함을 얻었다"는 놀라운 말씀을 대하게 됩니다.

㉮ 형제는 하나님의 구원계획에 있어서 최대의 난제(難題)가 무엇인지 알고 있습니까? 그것은 죄인이 하나님 앞에 의롭다함을 얻는 일입니다. 이 문제만 해결이 되면 하나님께로 돌아갈 수가 있고, 화목할 수가 있기 때문입니다.

㉯ 그런데 창세기 본문에는 아벨이 의롭다함을 얻었다는 언급은 없고, "여호와께서 아벨과 그의 제물은 받으셨다" 하고 말씀하고 있을 뿐입니다. 그런데 의로우신 하나님께서 원죄 하에 있는 아벨을 받아주셨다는 것은 "의롭다함"을 얻었다는 것과 같은 의미의 다른 표현인 것입니다. 왜냐하면 의로우신 하나님은 죄를 묵과하실 수가 없으시기 때문입

니다. 그러면 아벨은 어떻게 해서 의롭다함을 얻었는가?

ⓛ 첫째는 "믿음으로 아벨은" 하고, 앞에서 상고한 "믿음"으로 의롭다함을 얻었다는 것입니다. 행위(行爲)로서가 아닙니다. 신약성경은, "일을 아니할지라도 경건하지 아니한 자를 의롭다 하시는 이를 믿는 자에게는 그의 믿음을 의로 여기시나니"(롬 4:5) 하고 말씀합니다. 아벨은 아버지 아담이 듣고, 인식하고, 전해준 "여자의 후손", 즉 원 복음을 믿음으로 의롭다함을 얻었다는 것이 됩니다.

ⓒ 둘째로 아벨은 "양의 첫 새끼"를 드림으로 의롭다함을 얻었다고 말씀합니다. 이점이 "하나님이 그 예물에 대하여 증언하심이라"(히 11:4) 한 말씀에 나타납니다. "양의 첫 새끼+믿음으로= 받아주심"이라는 등식(等式)은 무엇을 증언해주고 있는가? 아벨은 "여자의 후손"만을 믿은 것이 아니라, 그 분이 "대속제물"로 드려주실 것도 믿었다는 것이 되는 것입니다. 왜냐하면 아벨이 드린 제물에는 "피 흘림과, 죽음"이 있었기 때문입니다.

의롭다함을 얻는 유일한 방도

㉠ 그렇다면 아벨도 "원 복음" 속에 함의 되어 있는 그리스도의 대속을 믿음으로, "의로운 자라 하시는 증거를 얻었다"는 놀라운 논리가 성립이 되는 것입니다. 신구약을 막론하고 "사람이 의롭게 되는 것은 율법의 행위로 말미암음이 아니요 오직 예수 그리스도를 믿음으로 말미암는 줄 알므로 우리도 그리스도 예수를 믿나니"(갈 2:16) 한, 오직 예수 그리스도의 대속을 믿음으로만이 가능하여 진다는 점에 확고해야만 합니다.

㉮ 만일 아벨이 다른 방법에 의하여 의롭다함을 얻었다고 주장을 한다면, "내가 하나님의 은혜를 폐하지 아니하노니 만일 의롭게 되는 것이 율법으로 말미암으면 그리스도께서 헛되이 죽으셨느니라"(갈 2:21), 즉 첫째는 하나님의 은혜를 폐하는 것이 되고, 둘째는 그리스도의 죽으심을 헛된 죽음으로 만드는 것이 된다는 것입니다.

㉡ 다시 강조합니다만 하나님께서 아벨과 그의 제물을 받아주심을 가능하게 한 것은 아벨 자신이 의롭기 때문이 아니라, "양의 첫 새끼의 죽음과 피 흘림"이라는 예표를 그리스도의 대속(代贖)으로 여겨주셨기 때문이라는 점입니다.

㉮ 시편에서는, "자기의 재물을 의지하고 부유함을 자랑하는 자는 아무도 자기의 형제를 구원하지 못하며 그를 위한 속전(贖錢)을 하나님께 바치지도 못할 것은 그들의 생명을 속량하는 값이 너무나 엄청나서 영원히 마련하지 못할 것임이니라" 하면서

㉯ "그러나 하나님은 나를 영접(迎接)하시리니 이러므로 내 영혼을 스올의 권세에서 건져내시리로다"(시 49:6-8, 15) 하고 진술합니다.

지금 우리는 아벨의 이야기를 하고 있는 것이 아니라, 나 같은 죄인을 하나님께서 받아주시고 영접하여주심이 어떻게 가능하여졌는가 하는 우리들의 이야기인 것입니다.

㉢ 그러므로 "그가 죽었으나 그 믿음으로써 지금도 말하느니라"(히 11:4하) 하고, 지금도 아벨은 증언(證言)하고 있다고 말씀합니다. 무엇이라고 증언할 것인가? "의롭다함을 얻는 길은 오직 예수 그리스도의 대속을 믿는 믿음뿐입니다" 하고 증언할 것이 아니겠는가?

㉔ 아벨은 이를 위하여 세움을 입은 것입니다. 그렇다면 나는 관연 무엇을 위하여 세움을 받았는가? 아벨도 "믿음으로 의롭다함을 얻고 하나님과 화목했다"는 칭의교리를 증언하라고 세움을 입은 것이 됩니다.

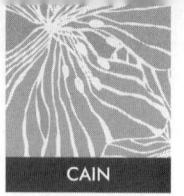

가인

"아담이 그의 아내 하와와 동침하매 하와가 임신하여 가인을 낳고 이르되 내가 여호와로 말미암아 득남하였다 하니라"(창 4:1).

아벨을 쳐 죽인 가인

㉠ 이처럼 가인은 부모의 기대 속에 구속사의 무대에 등장하게 되는데 그러면, 가인은 무엇을 위하여 세움을 받았는가 하는 점입니다. 앞에서 말씀드린 대로 "가인"이라는 뜻은 "획득(獲得)했다"는 뜻으로 부모님의 축복과 기대를 받으면서 태어난 아들이 가인이었습니다.

㉮ 그런데 하나님께서는 "가인과 그의 제물은 받지 아니하신지라" (4:5) 합니다. 이점에서 "받으심과 받지 아니하심"으로 갈라지고 있는 것을 대하게 됩니다. 이런 맥락에서 가인은, "여자의 후손과, 뱀의 후손"으로 갈라짐을 드러내기 위한 자로 세움을 받게 됩니다.

㉯ 예를 들어, "땅이 혼돈하고 공허하며 흑암(黑暗)이 깊음 위에 있는" 중에, 하나님께서는 "빛이 있으라 하시니 빛이 있었고" (1:2-3) 합니다. 그

런데 빛만 있었던 것이 아니라 어둠도 있었듯이, "받으심만 있었던 것이 아니라 받지 아니하심"도 있었다는 점을 증언하기 위해서 세움을 입었다는 말씀입니다.

그리하여 "하나님이 빛과 어둠을 나누심"(3)과 같이, "여자의 후손과 뱀의 후손"으로 갈라지게 되고, 두 부류 사이에는 적대감이 있었고, 그런 중에서도 하나님께서는 구원계획을 묵묵히 성취해 나오셨음을 드러내기 위해서 가인은 세움을 입었던 것입니다. 어둠이 없으면 빛이 드러나지 못하기 때문입니다.

ⓛ 하나님께서 "가인과 그의 제물은 받지 아니하신지라" 한 것은, 하나님과의 관계가 끊어진 상태임을 의미하는데, 이는 가인이 "원 복음"을 믿지 않았다는 증거입니다. 그러니까 가인이 "뱀의 후손"의 줄기로 전락하게 된 것은 가인 자신의 책임이라는 것입니다.

㉮ "받지 아니하심"을 당한 가인은 안색이 변하는 것으로 그친 것이 아니라, "그들이 들에 있을 때에 가인이 그의 아우 아벨을 쳐 죽이니라"(8) 하는 지경에까지 이르게 됩니다. 이는 도덕적인 문제가 아니라 신학적(神學的)인 문제임을 인식해야만 합니다.

㉯ 왜냐하면 두 부류 사이에 "원수가 되리니" 하신 적대감의 표출이었기 때문입니다. 이는 마치 "마귀가 벌써 시몬의 아들 가룟 유다의 마음에 예수를 팔려는 생각을 넣었더라"(요 13:2) 한 것과 동일한 맥락이었던 것입니다.

사탄은 자신이 "여자의 후손"에 의하여 멸망을 당하리라는 것을 3:15

절에서 선고를 받은 자이기 때문입니다. 이런 맥락에서 가인이 아벨을 쳐 죽였다는 것은 사탄의 궤계로 볼 수밖에 없는 것입니다. 가인은 동생을 죽여야 할 하등의 이유가 없었던 것입니다.

가인에게 표를 주신 하나님

㉠ 가인은 하나님께서, "나를 쫓아내시온즉, 나를 만나는 자마다 나를 죽이겠나이다" 하고 호소합니다. "여호와께서 그에게 이르시되 그렇지 아니하다 가인을 죽이는 자는 벌을 칠 배나 받으리라 하시고 가인에게 표를 주사 그를 만나는 모든 사람에게서 죽임을 면하게 하시니라 가인이 여호와 앞을 떠나서 에덴 동쪽 놋 땅에 거주하더니"(창 4:15-16) 합니다.

㉮ 이점에서 "가인을 죽이려는 자가 누구인가" 하고 묻는 것은 성경이 말씀하려는 것보다 "지나쳐"(요이 1:9), 즉 앞질러 가려는 처사로 온당한 관심이 아닙니다. 우리가 궁구(窮究)해야 할 점은 아벨을 죽인 가인을 심판하시지 않으시고, "가인에게 표를 주사 그를 만나는 모든 사람에게서 죽임을 면하게" 하신 하나님의 의도가 무엇인가 하는 점입니다.

㉯ 이는 가인 한 사람을 보존(保存)하여주셨다는 차원이 아니라 가인의 후손, 즉 "뱀의 후손"의 번성을 허용(許容)하셨다는 뜻이 되기 때문입니다. 그렇다면 가인과 그의 후손들은 무엇을 위하여 세움을 받았는가 하는 물음이 제기됩니다.

㉡ 그 의도를, "가인이 여호와 앞을 떠나서", 어떻게 행했는가를 통해서 깨달을 수가 있는데, 우선적으로 한 일이 "성(城)을 쌓은"(4:17) 일입니다. 그리고 그 자손

중 두발가인은 "그는 구리와 쇠로 여러 가지 기구(각양 날카로운 기계)를 만드는 자요"(4:22) 합니다.

㉮ 그리고 가인의 자손 중 라멕은, "나의 상처로 말미암아 내가 사람을 죽였고 나의 상함으로 말미암아 소년을 죽였도다 가인을 위하여는 벌이 칠 배일진대 라멕을 위하여는 벌이 칠십칠 배이리로다"(4:23-24) 하고, 하나님께서 "가인을 죽이는 자는 벌을 칠 배나 받으리라" 하신 말씀을 비웃듯이 살기등등한 말을 합니다. 하나님께서는 가인의 후예가 이렇게 될 것을 모르셨단 말인가? 아닙니다.

㉡ 이점에서, "내가 너로 여자와 원수가 되게 하고 네 후손도 여자의 후손과 원수가 되게 하리니"(창 3:15) 하고, 두 부류로 갈라지리라 하신 말씀을 상기해야만 합니다. 리브가의 태중에 "두 나라 두 국민"이 있음과 같이, 이 지구상에 "여자의 후손과, 뱀의 후손"으로 지칭된 두 부류를 공존(共存)하게 하시려는 것이 하나님의 의도입니다.

㉮ 이점이 주님께서 "둘 다 추수 때까지 함께 자라게 두라 추수 때에 내가 추수꾼들에게 말하기를 가라지는 먼저 거두어 불사르게 단으로 묶고 곡식은 모아 내 곳간에 넣으라 하리라"(마 13:30) 하신 말씀에서도 나타납니다.

어둠을 통해 빛이 드러나게 하심

㉠ 이렇게 하시는 의도가 무엇인가? 다시 상가시킵니다만 하나님께서 "빛이 있으라" 하셨을 때에 "빛"만 있었던 것이 아니라 어둠도 있었고, "빛과 어둠을 나

누사" 하고 말씀하셨다는 점입니다. 왜냐하면 "빛"은 어둠 가운데서 비로소 그 빛이 더욱 찬란하게 드러나기 때문입니다.

㉮ 죄를 모르면 은혜를 모릅니다. 그러니까 "죄"라는 어둠은 "은혜"라는 빛을 드러내는 역할을 한다는 것입니다. 다시 말하면 하나님의 넘치는 은혜, 영광의 복음의 광채가 어둠 가운데서 찬란하게 비춰게 하기 위해서 어둠을 허용하셨다는 말씀입니다.

주님께서는 나사로가 병들었다는 전갈을 받으시고는, "이 병은 죽을 병이 아니라 하나님의 영광을 위함이요 하나님의 아들이 이로 말미암아 영광을 받게 하려 함이라"(요 11:4) 하고 말씀하셨습니다. "죽음"을 통해서도 하나님의 영광을 드러내시고, 영광을 받으시게 한 것입니다. 그렇습니다. 하나님의 영광을 나타내는데 쓰임을 받지 못할 것이라고는 아무것도 없습니다.

잠언에서는 "여호와께서 온갖 것을 그 쓰임에 적당하게 지으셨나니 악인도 악한 날에 적당하게 하셨느니라"(잠 16:4) 하고 말씀하는데, 가인은 이를 위하여 세움을 입은 것이 됩니다.

㉡ 주님께서 다시 오시는 그날까지 이 지구상에는 "빛과 어둠"이 공존(共存)하면서 나누어지는 역사가 계속이 될 것입니다.

㉮ 주님께서는 "너희는 세상의 빛이라" 말씀하셨습니다. 이렇게 말씀하심은 세상은, "땅이 혼돈하고 공허하며 흑암이 깊음 위에 있는" 것과 같기 때문입니다. 그러므로 그리스도인들이란 어둔 세상을 살아가는 동안 주어지는 환경과 상황 속에서 하나님의 영광을 드러내는 "세상의 빛"으로

살아가라고 부름을 받은 자들이라는 각성이 있어야 하겠습니다.

이제 "나는 무엇을 위하여 부름을 받았는가" 하고, 자문하게 합니다. 그리스도인들은 어둔 세상을 향하여, "빛이 있으라" 하고, 복음의 빛을 비춰라고 세움을 받은 자입니다.

에녹

"야렛은 백 육십 이세에 에녹을 낳았고(5:18), 에녹은 육십 오세에 므두셀라를 낳았고 므두셀라를 낳은 후 삼백 년을 하나님과 동행하며 자녀들을 낳았으며 그는 삼백 육십 오세를 살았더라"(5:21-23).

하나님이 데려가심

㉠ 이렇게 해서 "에녹"은 가인이 죽인 아벨 대신에 다른 씨로 주신 셋의 5대손으로 구속사의 무대에 등장하게 됩니다. 그러면 에녹은 무엇을 위하여 세움을 받았는가? 에녹은 하나님의 백성들에게 위로와 소망과 용기를 주는 자로 등장합니다.

㉮ 왜냐하면 5장에서, "에녹이 하나님과 동행하더니 하나님이 그를 데려가시므로 세상에 있지 아니 하였더라" (24) 말씀한 후에 6장의 "홍수심판" 으로 이어지고 있기 때문입니다.

㉡ 이점을 "믿음 장"에서는, "믿음으로 에녹은 죽음을 보지 않고 옮겨졌으니 하나님이 그를 옮기심으로 다시 보이지 아니 하였느니라 그는 옮겨지기 전에 하나님을 기쁘시게 하는 자라 하는 증거를 받았느니라 믿음이 없이는 하나님을 기

쁘시게 하지 못하나니 하나님께 나아가는 자는 반드시 그가 계신 것과 또한 그가 자기를 찾는 자들에게 상 주시는 이심을 믿어야 할지니라"(히 11:5-6) 하고, 해설해주고 있습니다.

㉮ 첫째로 "믿음으로 에녹은" 하는데, 형제도 한번, "믿음으로 ○○○"는 하고 말해 보십시오. 그러면 에녹은 무엇을 믿었다는 것인가? 에녹이 "여자의 후손"의 줄기인 셋의 계보에 속했다는 것은 "원 복음"을 믿었다는 증거입니다.

㉯ 둘째로 "하나님과 동해했다, 기쁘시게 하는 자"라 말씀하는데, 이는 하나님과 화목했음을 나타냅니다. 그렇다면 에녹도 원 복음을 믿음으로 "의롭다함"을 얻었다는 것이 됩니다.

㉰ 그런 에녹을 "하나님이 그를 데려가시므로 세상에 있지 아니 하였더라"(24) 한 것은, 죄악 세상에서 하나님 나라로 옮기셨다는 뜻이요, 문맥적으로 본다면 홍수심판(6장) 전에 옮기셨다는 것이 되는 것입니다.

심판을 경고하는 자

㉠ 이점을 유다서를 통해서 빛을 받게 되는데, "아담의 칠대 손 에녹이 이 사람들에 대하여도 예언하여 이르되 보라 주께서 그 수만의 거룩한 자와 함께 임하셨나니 이는 뭇 사람을 심판하사 모든 경건하지 않은 자가 경건하지 않게 행한 모든 경건하지 않은 일과 또 경건하지 않은 죄인들이 주를 거슬러 한 모든 완악한 말로 말미암아 그들을 정죄하려 하심이라"(유 1:14-15) 하고 말씀합니다.

㉮ 에녹이 경건치 아니한 자들에게 심판(審判)을 경고했다는 말씀을 창세기의 문맥으로 본다면 불원간 임하게 될 홍수심판을 예언한 것이 되는 것입니다. 그리고 주님께서는 인자의 임함은 노아의 때와 같으니라 하셨습니다. 그렇다면 에녹은 홍수심판을 예표로 한 최후심판을 경고하기 위하여 세움을 받은 것이 됩니다.

ⓒ 5장 안에는 "죽었더라" 하는 말이 8번이나 등장하는데 이는, "한 사람으로 말미암아 죄가 세상에 들어오고 죄로 말미암아 사망이 들어왔음"을 말해주는 엄숙한 선언입니다. 그런데 이와는 대조적으로 에녹은 "죽음을 보지 않고 옮겨졌다"(히 11:5) 하고 말씀하는 것이 아닌가!

㉮ 에녹은 "죽음을 보지 않고 옮겨졌다" 하고 말씀하는데, 영적 논리로 말한다면 모든 하나님의 백성들은 죽음을 보지 않고 옮겨지는 것입니다. 왜냐하면 주님께서, "하나님은 죽은 자의 하나님이 아니요 산 자의 하나님이시라" (마 22:32) 하고 말씀하시기 때문입니다. 그러므로 그리스도인들이란 죽는 것이 아니라 이 세상에서 하나님의 나라로, "옮겨지는" 것에 불과하다는 것이 됩니다. 에녹은 이에 대한 예표의 인물로 세움을 받은 자라 할 수가 있습니다.

ⓒ 그러므로 중요한 점은 에녹의 옮겨짐이 육체적인 것이냐? 영적인 것이냐에 있는 것이 아니라 옮겨지기 전에, "하나님을 기쁘시게 하는 자라 하는 증거를 받았다"는데 있다는 점을 유념해야만 합니다. 우리가 "하나님을 기쁘시게 하는 자라는 증거"를 받기만 한다면 무엇을 더 바랄 것이 있겠는가?

㉮ 그렇다면 어떤 사람이 하나님을 기쁘시게 할 수가 있단 말인가? 이점

에서 명심할 점은, "육신(肉身)에 있는 자(者)들은 하나님을 기쁘시게 할 수 없느니라"(롬 8:8), 즉 불신자들은 기쁘시게 할 수가 없다는 점입니다.

㉡ 그러므로 하나님을 기쁘시게 하는 유일한 방도는 첫째로 "믿음이 없이는 하나님을 기쁘시게 하지 못하고", 둘째로 그 믿음은 그리스도의 대속을 믿는 믿음이라는 점입니다. 그리스도의 구속을 믿음으로 말미암아 의롭다함을 얻어 하나님과 화목한 자만이 기쁘시게 할 수가 있는 것입니다. 만일 하나님을 기쁘시게 하는 다른 방도가 있는 양 말한다면 주님의 죽으심을 헛된 것으로 여기는 것이 됩니다.

㉮ 이처럼 하나님과 화목한 사람은 죽어도 죽은 것이 아니라 다만 옮겨질 뿐입니다. 주님께서는 "나는 부활이요 생명이니 나를 믿는 자는 죽어도 살겠고 무릇 살아서 나를 믿는 자는 영원히 죽지 아니하리니 이를 네가 믿느냐" 하십니다. 형제도 믿으십니까? 에녹은 이런 사람들의 예표로 세움을 받은 사람이라 할 수가 있습니다.

셈할 가치가 어디 있느냐

㉠ 이점에서 부언할 점은, 4장(16-24)에는 "가인"의 계보가 나오고, 5장에는 "이것은 아담의 계보를 적은 책이니라"(1) 하고 아담의 계보가 등장을 합니다. 그런데 두 계보에는 확연한 특징이 나타나는데 가인의 계보에는 나이에 대한 언급이 전연 없는데 반해, 아담의 계보에는 "몇 세에 누구를 낳고, 몇 년을 지내며 자녀를 낳고, 몇 세를 향수하고 죽었더라" 하고, 일일이 "연수"(年數)를 말

씀하고 있다는 점입니다.

㉮ 예를 들어 "에녹은 육십 오세에 므두셀라를 낳았고 므두셀라를 낳은 후 삼백 년을 하나님과 동행하며 자녀들을 낳았으며"(21-22) 하는 반면 가인의 계보는, "에녹이 이랏을 낳고 이랏은 므후야엘을 낳고 므후야엘은 므드사엘을 낳고 므드사엘은 라멕을 낳았더라"(4:18) 하고 말할 뿐 연수가 없다는 점입니다.

㉯ 이는 하나님과 분리되어 살아가는 연수(年數)는 수에 칠 가치가 없다는 것이 아니겠는가? 이사야 선지자는, "너희는 인생을 의지하지 말라 그의 호흡은 코에 있나니 셈할 가치가 어디 있느냐"(사 2:22) 하고 말씀합니다. 깊이 새겨야할 대목입니다.

그렇다면 나는 무엇을 위하여 세움을 받았는가 하고 각성하게 합니다. 복음을 증언하면서 주의 임하심과 심판이 있을 것을 경고하는 자로 세움을 입은 것입니다.

노아

"라멕은 백 팔십 이세에 아들을 낳고 이름을 노아라 하여 이르되 여호와께서 땅을 저주하시므로 수고롭게 일하는 우리를 이 아들이 안위하리라 하였더라(창 5:28-29).

의의 상속자 노아

㉠ 이렇게 해서 노아는 구속사의 무대에 등장을 하게 되는데 그러면, 노아는 무엇을 위하여 세움을 입었는가? 아버지 라멕이 이름을 "노아"라 한 것은 노아가 태어날 당시의 시대상이 얼마나 암담한 시대였는가를 말해줍니다. 또한 노아 이 사명을 암시해주는 이름이기도 합니다.

㉮ 왜냐하면 노아라는 뜻이 "이 아들이 우리를 안위하리라" 한, "위로"라는 뜻이기 때문입니다. 형제도 "너는 이것을 알라 말세에 고통하는 때가 이르리니"(딤후 3:1) 한, 노아의 때와 같은 고통하는 때에 "내 백성을 위로하라"는 사명을 받고 세움을 받았다는 점을 명심하시기를 바랍니다.

㉯ 노아 당시의 타락상이, "하나님의 아들들이 사람의 딸들의 아름다움을 보고 자기들이 좋아하는 모든 여자를 아내로 삼는지라"(6:2) 한 말씀에

나타나는데, 이는 성(性)을 통해서 두 부류(部類)가 하나로 합쳐지고 있는 세속(世俗)화를 의미하는데, 오늘의 시대가 더욱 그러합니다.

ⓒ "하나님이 노아에게 이르시되 모든 혈육 있는 자의 포악함이 땅에 가득하므로 그 끝 날이 내 앞에 이르렀으니 내가 그들을 땅과 함께 멸하리라 너는 고페르 나무로 너를 위하여 방주를 만들되 그 안에 칸들을 막고 역청을 그 안팎에 칠하라"(창 6:13-14) 하고 명하십니다. 두 마디로 요약할 수가 있는데,

㉮ "그 끝 날이 이르렀으니 멸하리라", 즉 심판하시리라는 것과,

㉯ 그러나 "너는 방주를 만들라" 는 말씀입니다. 그렇다면 노아는 방주를 지어 그의 가족(家族)을 구원하기 위해서 세움을 입었다는 것인가? 1차적으로는 그렇다고 말할 수가 있습니다.

ⓒ 그런데 신약성경에서는, "믿음으로 노아는 아직 보이지 않는 일에 경고하심을 받아 경외함으로 방주를 준비하여 그 집을 구원하였으니 이로 말미암아 세상을 정죄하고 믿음을 따르는 의의 상속자가 되었느니라"(히 11:7) 하고 해설해줍니다.

㉮ 노아의 사명 중 핵심은 "의의 상속자(相續者)에 있는데 이는 엄청난 뜻을 내포하는 말씀입니다. 이는 아벨이 "의로운 자라 하시는 증거를 얻었다" (히 11:4)는 것과 맥을 같이 하는 것으로 홍수심판 중에서도, "여자의 후손" 이 오실 계보가 끊어짐이 없이 노아를 통해서 계승(繼承)되게 하셨다는 뜻입니다.

㉯ 그러므로 이는 아벨이 의롭다함을 얻었다는 것보다 더욱 광의적인 것으로, 노아는 자신만이 "의롭다함" 을 얻은 것이 아니라, 천하 만민으로

하여금 하나님 앞에 "의롭다함을 얻는" 방도, 즉 구원을 얻는 길을 상속시키는 자가 되었다는 말씀이기 때문입니다. 노아는 누가복음 3장에 등장하는 주님의 족보에 등장하는 자로 이 사명을 위해서 세움을 입었던 것입니다.

의를 전파하는 자

㉠ 또한 노아는, "옛 세상을 용서하지 아니하시고 오직 의를 전파하는 노아와 그 일곱 식구를 보존하시고 경건하지 아니한 자들의 세상에 홍수를 내리셨다"(벧후 2:5) 하고, "의를 전파는 자"로 세움을 입었다고 말씀합니다.

㉮ 이는 두 마디로 되어 있는데 첫째로 노아는, "의의 상속자"만이 아니라, "의를 전파하는" 전도자였다고 말씀합니다. 몇 년이나 전파했는가? "그러나 그들의 날은 백 이십년이 되리라"(6:3) 하신, 120년 동안이나 전파한 것입니다. 노아는 이를 위해서 세움을 입었던 것입니다.

㉯ 복음이 무엇인가? "하나님의 의가 나타났다"(롬 1:17) 하고, "의를 전파" 하는 것입니다. 그렇다면 노아가 "의를 전파" 했다는 것은 다름 아닌 복음을 전파했다는 뜻이 됩니다. 노아는 최후심판의 예표인 홍수심판을 앞두고 120년 동안이나 방주를 만들면서 "의를 전파", 즉 이 방주(方舟)에 들어와야만 구원을 얻을 수 있다는 복음전도자로 세움을 받았다는 말씀입니다.

㉡ 둘째로 그리하여 가족을 "보존(保存)하였다"고 말씀하는데, 여덟 명은 노아의

가족일 뿐만이 아니라 지구상에 존재하게 된 유일한 하나님의 교회(敎會)요, "남은 자", 즉 씨를 남겨놓으신 의의 상속자였던 것입니다.

㉮ 이처럼 홍수심판 중에 "의의 후사를 보존" 하여주시지 않으셨다면 어떻게 되었겠는가를 생각해보시기 바랍니다. 이사야는 "만군의 여호와께서 우리를 위하여 생존자를 조금 남겨 두지 아니 하셨더면 우리가 소돔 같고 고모라 같았으리로다"(사 1:11), 즉 멸절되었을 것이라 합니다.

㉰ 구속의 역사는 "상한 갈대와 꺼져가는 등불"과 같은 역사였습니다. 그러나 그때마다 하나님께서는 주권적으로 "의의 상속자"를 보존하여 이를 계승(繼承)시켜 나오셨던 것입니다. 그러므로 노아가 세움을 받은 가장 중대한 사명은 "방주"(方舟)를 지었다는 물리적인 면에 있는 것도 아니요, 자기 가족을 구원했다는 그런 좁은 뜻에 있는 것이 아닙니다.

㉮ 구속사라는 지평으로 바라보면 노아는 "의를 전파하는 자"로 세움을 받았고, 핵심은 "의의 상속자"로 세우심을 받았다는 점에 있는 것입니다.

㉱ "그들은 전에 노아의 날 방주를 준비할 동안 하나님이 오래 참고 기다리실 때에 복종하지 아니하던 자들이라 방주에서 물로 말미암아 구원을 얻은 자가 몇 명뿐이니 겨우 여덟 명이라"(벧전 3:20) 하고 말씀합니다.

㉮ "겨우 여덟 명"! 위기감이 느껴지지 않습니까? 만일 하나님께서 개입하시지 않으셨다면, 그리고 개입하심이 조금만 늦어졌더라면 "여덟 명"도 남지 않았을 것이라는 위기의식이 드러나고 있습니다. 이들이 남은 자요, 여자의 후손의 줄기였던 것입니다.

노아의 번제와 저주

㉠ 홍수 후에 방주에서 나온 "노아가 여호와께 제단을 쌓고 모든 정결한 짐승과 모든 정결한 새 중에서 제물을 취하여 번제로 제단에 드렸더니"(창 8:20) 합니다. 이는 아벨이 양의 첫 새끼로 드렸다 한 말씀에 이은 성경에 등장하는 두 번째 제사(祭祀)입니다. 이는 노아도 "여자의 후손"의 대속(代贖)으로 말미암아 구원을 얻게 되리라는 "원 복음"을 믿었다는 증거가 됩니다.

㉡ "여호와께서 그 향기를 받으시고 그 중심에 이르시되 내가 다시는 사람으로 말미암아 땅을 저주하지 아니하리니 이는 사람의 마음이 계획하는 바가 어려서부터 악함이라 내가 전에 행한 것 같이 모든 생물을 다시 멸하지 아니하리니"(8:21) 하고 말씀하십니다.

㉮ "다시는 사람으로 말미암아 땅을 저주하지 아니하리니" 하시는데, 그렇다면 이제 후로는 다시는 죄악이 관영하지 않게 될 것이라는 말씀인가? 아닙니다. 오히려 반대의 뜻입니다.

㉯ 이점이 "이는 사람의 마음이 계획하는 바가 어려서부터 악함이라"는 말씀에 드러납니다. 전적타락, 전적 부패한 인간은 홍수심판과 같은 징벌을 10번, 100번을 내린다 해도 인간의 행위(行爲)로 구원을 얻는다는 것은 불가능하다는 말씀입니다. 그러면 어떤 방법만이 유일한 구원의 방도인가?

㉢ "여호와께서 그 향기를 받으시고 그 중심에 이르시되" 한 말씀에 암시되어 나타납니다. "번제"란 생축을 태워드리는 제사입니다. 그런데 창조주 하나님께서 짐승이 타는 냄새를 "그 향기(香氣)를 받으시고" 하실 수가 있단 말인가? 그

해답은 번제가 누구의 무엇에 대한 예표인가를 생각하면 자명해집니다.

㉮ 번제란 "여호와께서 그에게 상함을 받게 하시기를 원하사 질고를 당하게 하셨은즉 그의 영혼을 속건제물로 드리기에 이르면 그가 씨를 보게 되며 그의 날은 길 것이요 또 그의 손으로 여호와께서 기뻐하시는 뜻을 성취하리로다"(사 53:10)에 대한 예표였던 것입니다. 그래서 "그 향기를 받으시고" 하는 것입니다.

㉯ "다시는 사람으로 말미암아 땅을 저주하지 아니하리니" 하셨는데, 패역한 인간들에게 쏟으셔야할 "저주"(咀呪)를 자기 아들에게 쏟으심으로 하나님의 공의를 세우시고 인류를 구원하여주시겠다는 말씀임을 잊지를 말아야만 합니다. 노아는 이를 증언하는 자로 세움을 입었던 것입니다.

노아의 벌거벗음

㉠ 하나님께서는 영광스러운 복음을 한 번 슬쩍 말씀하시고 지내치지 않으십니다. 또 다른 계시가 있는데, "노아가 농사를 시작하여 포도나무를 심었더니 포도주를 마시고 취하여 그 장막 안에서 벌거벗은지라"(창 9:20-21) 하는 말씀을 통해서 보여주십니다.

㉮ 노아는 "향년이 950세에 죽었더라"(29) 합니다. 그러면 950년 동안에 이보다 중요한 사건들이 많이 있었을 터인데 그 중에서 기록할 가치가 없어 보이는 술에 취하여 "벌거벗었다"는 장면을 보여주시는 의도가 무엇인가?

㉯ 노아의 벌거벗은 모습이 누구의 모습인가를 상기하시기를 바랍니다. "내가 벗었으므로 두려워하여 숨었나이다" (3:10) 한 아담의 모습입니다. 육적으로 하면 노아만큼 수고한 사람이 달리는 없다 하겠습니다. 그런 노아라도 하나님 앞에서는 "벌거벗은 자"에 불과하다는 것입니다. 이는 자력구원의 불가능성을 나타냅니다.

ⓒ "셈과 야벳이 옷을 가져다가 자기들의 어깨에 메고 뒷걸음쳐 들어가서 그들의 아버지의 하체를 덮었으며"(9:23) 한 행위는, "여호와 하나님이 아담과 그의 아내를 위하여 가죽옷을 지어 입히시니라"(3:21) 한 것과 대칭을 이루고,

㉮ "가나안의 아버지 함이 그의 아버지의 하체를 보고 밖으로 나가서 그의 두 형제에게 알리매" (22) 라는 표현은, "누가 너의 벗었음을 네게 알렸느냐" (3:11) 한 말씀과 결부가 되는 것으로 사탄의 역할을 한 것이 된다는 점을 주목해야만 합니다.

셈의 하나님을 찬송하리로다

㉠ 이 사건을 통해서 노아는 무엇이라 증언했는가? 세 마디로 되어 있는데,

㉮ "가나안은 저주를 받아 그의 형제의 종들의 종이 되기를 원하노라 하고" (25),

㉯ "셈의 하나님 여호와를 찬송하리로다" (26),

㉰ "하나님이 야벳을 창대하게 하사 셈의 장막에 거하게 하시고 가나안은 그의 종이 되게 하시기를 원하노라" (27) 합니다.

이점에서 주목하게 되는 것은 노아는 셈과 야벳을 칭찬한 것이 아니라

하나님을 찬양하고 있다는 점입니다. 그렇다고 "셈과, 야벳의 하나님"을 동시(同時)에 언급한 것이 아니라, 셈의 하나님만을 찬양했습니다. 무슨 뜻인가?

  ⓛ "여자의 후손"을 자신의 세 아들 중 셈의 줄기로 보내셔서 우리의 벌거벗은 수치를 가려주실 것(의롭다고 여겨주심)을 전망(展望)했기 때문입니다. 노아가 "하나님 여호와를 찬송하리로다" 한 것은, 단순한 찬양만이 아니라 기뻐했음을 의미합니다. 노아도 "너희 조상 아브라함은 나의 때 볼 것을 즐거워하다가 보고 기뻐하였느니라"(요 8:56) 하심과 같이, 주님 때에 되어 질 것을 보고 즐거워한 것이 됩니다. 노아는 이를 증언하고, 상속시키기 위해서 세움을 입었던 것입니다.

  ㉮ 혹자는 노아가 이를 바라보았다고 말하는 것은 비약이다 하고 말할 것입니다. 그렇다면 20:7절을 보시기 바랍니다. 하나님께서는 아브라함을 가리켜 "그는 선지자(先知者)라" 하십니다. 당시에는 족장들을 선지자로 들어 쓰셨던 것입니다.

한 방주 안의 두 부류

 ㉠ 이점에서 노아의 예언에 나타난 두 부류의 갈라짐을 주목하시기를 바랍니다. 홍수심판으로 인하여 "뱀의 후손"은 멸절이 되고, 노아의 여덟 식구만 남은 것입니다. 이들은 한 방주 안에 있던 자들입니다.

  ㉮ 그런데 "가나안은 저주를 받아" 하고, 뱀의 후손으로,

  ㉯ "셈의 하나님 여호와를 찬송하리로다" 하고, 여자의 후손의 진영으로

갈라지고 있다는 점을 대하게 된다는 것은 경각심을 갖게 하는 비극적인 일입니다.

㈐ 그러면 야벳은 어느 진영에 속하게 되는가? "야벳은 셈의 장막에 거하게 하시고" 하고, 셈의 줄기로 오실 그리스도를 통하여 여자의 후손의 진영에 속하게 되리라 말씀합니다.

㉡ 홍수심판으로 인하여 "뱀의 후손"은 멸절을 당했는데, 리브가의 복중에 "두 국민, 두 나라"가 있었듯이 노아의 방주 안에도 "두 국민, 두 나라"가 있었다는 놀랍고도 비극적인 말씀을 대하게 됩니다. 이는 악의 세력이 얼마나 사악한가를 보여줄 뿐만이 아니라, 홍수심판과 같은 징벌로는 사탄의 "머리가 상하여지지 않는다"는 점을 드러내는 대목입니다.

㈎ 출애굽 당시도 "중다한 잡족"(출 12:38)이 섞여 있었습니다. 하나님의 교회 안에도 "알곡과 가라지"가 섞여 있다는 경각심을 가지고, 머리수로 만족하려 해서는 아니 될 것입니다.

㈏ 함이 아비의 하체를 보고 "고했다"는 것은 이를 즐겼다는 뜻이 암시되어 있는데, 그 후예들은 가나안 족속이 되어 음란한 우상문화를 발전시키다가 노아의 예언대로 셈의 후손에 의하여 멸망을 당하고 말았던 것입니다.

㉢ 노아는 무엇을 위하여 세움을 받았는가? "의의 후사로, 의를 전파하는 전도자로, 셈의 하나님을 찬양하는 자로", 즉 그리스도를 증언하는 자로 세움을 받았던 것입니다. 그리고 그 사명을 잘 감당했습니다.

그렇다면 "나는 무엇을 위하여 세움을 받았는가" 하고 각성하게 합니다. 그리스도의 증인들은 "의의 전파자, 의의 상속자, 셈의 하나님을 찬양하는 자"로 세움을 받은 것입니다.

아브라함

"데라는 칠십 세에 아브람과 나홀과 하란을 낳았더라"(창 11:26).

아브라함을 부르신 하나님

㉠ 창세기 11:10절 이하에는, "셈의 족보는 이러 하니라" 하고, "셈"의 족보가 나오는데 아브라함은 셈의 9대손으로 구속사의 무대에 등장하게 됩니다. 다시 상기시키면서 강조합니다만 성경에 등장하는 인물들은 자신의 뜻대로, 자신을 위해서 세움을 입은 자들이 아니라, "하늘이 하나님의 영광을 선포하고 궁창이 그의 손으로 하신 일을 나타내는도다"(시 19:1) 한 대로, 하나님의 하시는 일을 나타내고, 하나님의 영광을 위하여 세움을 입은 자들이라는 점입니다.

㉡ 그렇다면 하나님께서는 많은 사람 가운데서 아브라함을 택하셔서, "너는 너의 고향과 친척과 아버지의 집을 떠나 내가 네게 보여 줄 땅으로 가라"(창 12:1) 하고 명하신 의도가 무엇인가 하는 점입니다. 아브라함은 무엇을 위해서 택하심을 받고 부르심을 받았는가?

㉯ 먼저 하나님의 부르심을 받을 경우 우리는 영광스러움만을 생각하는 경향이 있는데, "너의 고향과 친척과 아버지의 집을 떠나"라는 명령은, 모든 것을 포기하고 하나님의 명령에 복종하라는 엄청난 희생을 의미한다는 점도 인식해야만 합니다. 이점을 믿음 장에서는, "믿음으로 아브라함은 부르심을 받았을 때에 순종하여 장래의 유업으로 받을 땅에 나아갈 새 갈 바를 알지 못하고 나아갔으며" (히 11:8) 합니다.

㉡ 이처럼 하나님께서 아브람을 택하셔서 "내가 네게 보여 줄 땅으로 가라" 하심은, 목적(目的)이 있으시기 때문인데 그렇다면 아브라함의 사명이 무엇인가? "내가 너로 큰 민족을 이루고 네게 복을 주어 네 이름을 창대하게 하리니 너는 복이 될지라",

㉮ "너를 축복하는 자에게는 내가 복을 내리고 너를 저주하는 자에게는 내가 저주하리니 땅의 모든 족속이 너로 말미암아 복을 얻을 것이라" (창 12:2-3) 하신, 아브라함의 자손으로 "여자의 후손", 즉 그리스도를 보내시겠다는 메시아언약을 세워주시기 위해서였던 것입니다.

아브라함은 구속사에 있어서 우뚝 솟은 봉우리라 할 수가 있습니다. 왜냐하면 하나님께서 친히 언약을 세워주신 언약의 당사자(當事者)이기 때문입니다.

㉯ 노아를 "의의 상속자"라 하심과 같이, 아브라함은 그의 자손으로 그리스도를 보내시어 천하 만민을 구원하시려는 "메시아언약"의 상속자, 즉 언약을 계승(繼承)시킬 자로 세움을 받은 것입니다. "내가 네게 보여 줄 땅"이란, "여자의 후손" 곧 그리스도께서 탄생하실 땅이었던 것

입니다.

5차에 걸친 메시아언약

㉠하나님께서는 아브라함에게 메시아언약(言約)을 5차에 걸쳐서 세워주셨습니다. 왜 이렇게 하셔야만 했는가? 첫째는 중요하고, 중요한 언약이기 때문이요, 둘째는 거짓된 인간이 하나님의 언약에 대해서 성실하지 못함, 즉 더디 믿기 때문입니다. 그래서 불가능해 보이는 상황이 닥칠 때마다 반복적으로 세워주셨던 것입니다.

㉮ 1차는 "내가 너로 큰 민족을 이루고 네게 복을 주어 네 이름을 창대하게 하리니 너는 복이 될지라"(창 12:2) 하고, 이 언약은 혈혈단신(사 51:2)으로 하란을 떠날 때에 주어졌습니다.

㉯ 2차는 "보이는 땅을 내가 너와 네 자손에게 주리니 영원히 이르리라 내가 네 자손이 땅의 티끌 같게 하리니 사람이 땅의 티끌을 능히 셀 수 있을진대 네 자손도 세리라"(창 13:15-16) 하고, 애굽으로 내려갔다가 아내 사라를 빼앗길 뻔한 위기에서 돌아온 직후에 주어진 약속입니다.

㉰ 3차는 "여호와의 말씀이 그에게 임하여 이르시되 그 사람이 네 상속자가 아니라 네 몸에서 날 자가 네 상속자가 되리라 하시고 그를 이끌고 밖으로 나가 이르시되 하늘을 우러러 뭇별을 셀 수 있나 보라 또 그에게 이르시되 네 자손이 이와 같으리라"(창 15:4-5) 하고, 아브람이 14장에서 기습작전으로 물리친 네 왕의 반격을 두려워하고 있는 중에 주어진 것입니다.

㉱ 4차는 "보라 내 언약이 너와 함께 있으니 너는 여러 민족의 아버지가 될지라 이제 후로는 네 이름을 아브람이라 하지 아니하고 아브라함이라 하리니 이는 내가 너를 여러 민족의 아버지가 되게 함이니라 내가 너로 심히 번성하게 하리니 내가 네게서 민족들이 나게 하며 왕들이 네게로부터 나오리라"(창 17:4-6) 하고, 아브라함이 하나님의 언약을 불신하고 하갈을 첩으로 얻어 이스마엘을 낳은 때에 주어졌습니다.

㉲ 5차는 "내가 네게 큰 복을 주고 네 씨가 크게 번성하여 하늘의 별과 같고 바닷가의 모래와 같게 하리니 네 씨가 그 대적의 성문을 차지하리라 또 네 씨로 말미암아 천하 만민이 복을 받으리니 이는 네가 나의 말을 준행하였음이니라"(창 22:17-18) 하고, 독자 이삭을 번제로 드리라 하신 후에 주어진 것입니다.

㉡ 어째서 이처럼 강조하셨는가? 다시 상기시킵니다만 언약의 중요성 때문입니다. 보다 더 인간의 불신앙 때문입니다. 이점을 시편에서는, "그러나 저희가 입으로 그에게 아첨(阿諂)하며 자기(自己) 혀로 그에게 거짓을 말하였으니 이는 하나님께 향(向)하는 저희 마음이 정(定)함이 없으며 그의 언약(言約)에 성실(誠實)치 아니하였음이로다"(시 78:36-37) 하고 말씀합니다.

그래서 주님께서도 중요한 말씀을 하실 때마다, "진실로 진실로 네게 이르노니" 하고 말씀하셨던 것입니다.

그리스도와 복음을 전하심

㉠ 하나님께서 아브라함에게 세워주신 언약은 세 마디로 되어 있는데, "땅을 주리라, 자손을 주리라, 네 자손으로 말미암아 천하 만민이 복을 얻으리라"는 내용입니다.

㉮ 세 마디 중 핵심은 "자손(子孫)을 주리라" 하신 말씀인데 신약성경은 이를 해설해주기를, "여럿을 가리켜 그 자손들이라 하지 아니하시고 오직 한 사람을 가리켜 네 자손이라 하셨으니 곧 그리스도라"(갈 3:16) 합니다.

㉯ "땅을 주리라" 하심은 그리스도께서 탄생하실 땅을 준비하심이었던 것입니다.

㉡ 그런데 당장 이루어질 것이 아니라, "너는 반드시 알라 네 자손이 이방에서 객이 되어 그들을 섬기겠고 그들은 사백 년 동안 네 자손을 괴롭히리니 그들이 섬기는 나라를 내가 징벌할지며 그 후에 네 자손이 큰 재물을 이끌고 나오리라"(15:13-14) 하고, 출애굽에 대한 언급을 이때에 벌써 말씀하셨던 것입니다.

㉮ 출애굽 사건은 우연히, 또는 임기응변으로 되어진 일이 아니었습니다. 그렇다면 구속사에 있어서 "출애굽" 사건이 예시해주는 바가 무엇인가? 이를 통해서 영적 출애굽을 계시하신 것입니다.

"또 하나님이 이방을 믿음으로 말미암아 의로 정하실 것을 성경이 미리 알고 먼저 아브라함에게 복음을 전하되"(갈 3:8)하고, "복음"을 전했다고 말씀합니다.

의롭다함을 얻은 아브람

㉠ 로마서 4:1절은, "그런즉 육신(肉身)으로 우리 조상(祖上)된 아브라함이 무엇을 얻었다 하리요" 하고 묻고 있습니다. "고향과 친척과 아버지의 집을 떠나", 즉 모든 것을 버리고 하나님의 말씀을 좇아간 아브라함이 무엇을 얻었단 말이냐 묻고 있는 것입니다.

㉮ "아브람이 여호와를 믿으니 여호와께서 이를 그의 의로 여기시고"(창 15:6) 한 "의롭다함"을 얻었다는 것입니다. 아벨이 의롭다함을 얻었다는 것은 신약성경에 의한 증언이고, 구약성경에서 하나님께로부터 "의롭다함"을 얻은 것은 아브라함이 최초입니다.

㉯ 아브라함도 "복음"을 듣고, "그리스도"를 믿어 의롭다함을 얻었다는 것이 되는 것입니다. 그러므로 아브라함을 가리켜서, 그리스도를 믿음으로 의롭다함을 얻을 "믿는 모든 자의 조상"(롬 4:11)이라고 말씀하는 것입니다.

㉡ 그래서 "너희가 그리스도의 것이면 곧 아브라함의 자손이요 약속대로 유업을 이을 자니라"(갈 3:29) 하는 것입니다. 아브라함은 무엇을 위하여 세움을 받았는가? 아브라함의 자손으로 오실 예수 그리스도를 믿으면 의롭다함을 얻는다는, 이를 상속시킨 "믿음의 조상"으로 세움을 입은 것입니다.

㉮ "그에게 의로 여겨졌다 기록된 것은 아브라함만 위한 것이 아니요 의로 여기심을 받을 우리도 위함이니" 합니다. 사람이 어떻게 의롭다함을 얻을 수가 있는가 하는 방도를 보여주기 위해서 아브라함을 "믿음의 조상"으로 세우셨다는 뜻입니다. "곧 예수 우리 주를 죽은 자 가운

데서 살리신 이를 믿는 자니라" (롬 4:23-24) 합니다.

ⓒ 그렇다면 복음 전파자로 세움을 받은 나 자신은 성도들에게 "무엇을 얻게 해 주었는가" 하고 자문하게 합니다. 형제는 예수 그리스도를 믿음으로 무엇을 얻었습니까? 설교자들은 성도들에게 "의롭다함"을 얻었다는 확신을 갖도록 증언했느냐 묻고 있는 셈입니다.

㉮ "만일 아브라함이 행위로써 의롭다 하심을 받았으면 자랑할 것이 있으려니와 하나님 앞에서는 없느니라 성경이 무엇을 말하느냐 아브라함이 하나님을 믿으매 그것이 그에게 의로 여겨진바 되었느니라" (롬 4:1-3) 하고, 행함으로가 아니라 "믿음"으로 의롭다함을 얻었다고 말씀합니다.

㉯ 구속사에 있어서 가장 큰 난제(難題)는 "사람이 어떻게 의롭다함"을 얻을 수 있는가 하는 문제입니다. 의롭다함 만 얻으면 의로우신 하나님 앞으로 돌아갈 수가 있고, 하나님과 화목할 수가 있고, 영원히 함께 거하는 것이 가능하여지기 때문입니다. 그런데 벌써 창세기에서 아브라함이 의롭다함을 얻었다고 문제에 대한 해답을 말씀하고 있는 것입니다.

자신을 담보하신 하나님

㉠ 아브라함이 "주 여호와여 내가 이 땅을 소유로 받을 것을 무엇으로 알리이까" (창 15:8) 하고 무슨 보증(保證) 같은 것을 요구하자, 하나님께서는 소, 양 들을 준비하라 하십니다.

㉮ 그런데 "아브람이 그 모든 것을 가져다가 그 중간을 쪼개고 그 쪼갠 것

을 마주 대하여 놓고"(10) 합니다. 하나님께서는 "쪼개라" 말씀하지 않으셨는데도 이를 쪼개서 마주 대해 놓았다는 것은 아브라함이 하나님의 의도를 이해했다는 것이 됩니다. 왜냐하면 이것이 당시 유목민들이 행하던 언약을 체결하는 방식이었기 때문입니다.

ⓒ "해가 져서 어두울 때에 연기 나는 화로가 보이며 타는 횃불이 쪼갠 고기 사이로 지나더라"(15:16-17) 합니다. 언약을 체결할 때는 쪼갠 사이로 쌍방이 지나가는 법인데 아브라함은 아니었습니다. 왜냐하면 이는 하나님께서 일방적으로 세워주시는 은혜언약이었기 때문입니다.

㉮ 하나님께서는 아브라함에게 세워주신 "언약"에 자신을 담보하신 것입니다. 문자적으로 말한다면 약속을 지키지 아니하면 나를 쪼개도 좋다는 의미가 되는 것입니다.

사랑하는 독자 이삭을 번제로 드리라

㉠ "그 일 후에 하나님이 아브라함을 시험하시려고 그를 부르시되 아브라함아 하시니 그가 이르되 내가 여기 있나이다 여호와께서 이르시되 네 아들 네 사랑하는 독자 이삭을 데리고 모리아 땅으로 가서 내가 네게 일러 준 한 산 거기서 그를 번제로 드리라"(창 22:1-2) 하시는 명령이 떨어집니다. 이는 청천벽력과 같은 명령이 아닐 수가 없습니다.

㉮ 이 본문을 다룰 때에, "아브라함을 시험하시려고" 하는 말로 인하여, 아브라함 개인을 시험하시려 한 것으로 해석하는 경향이 있으나, 이는 성경을 구속사(救贖史)라는 선(線)으로 보지 않고 교훈이라는 점(点)

으로 보기 때문입니다.

　㉮ 만일 아브라함 개인을 시험하실 양이시면 아들을 "번제로 드리라" 하는 우상숭배적인 방법이 아닌 다른 방법을 택하셨을 것이요, 또한 "내가 네게 일러 준 한 산 거기서" 번제로 드리라 하고, 장소(場所)를 지정해주실 이유가 없으셨을 것입니다.

ⓒ 아브라함은 생애 중 두 번의 엄청난 결단에 직면하게 되는데, 첫 번은, "여호와께서 아브람에게 이르시되 너는 너의 고향과 친척과 아버지의 집을 떠나 내가 네게 보여 줄 땅으로 가라"(12:1) 하셨을 때의 결단이요,

　㉮ 두 번째는 "네 아들 네 사랑하는 독자 이삭을 데리고 모리아 땅으로 가서 내가 네게 일러 준 한 산 거기서 그를 번제로 드리라"(22:2) 명하셨을 때의 결단입니다. 이 두 번의 명령에서 첫 번에 말씀하신, "내가 네게 보여줄 땅"이란, 그리스도가 태어날 땅이요, 두 번째로 "내가 네게 일러 준 한 산 거기"란 모리아 산인데 훗날 솔로몬이 성전을 건축한 터였던 것입니다. 그리고 "성전"은 임마누엘의 모형이었던 것입니다.

ⓒ 이삭을 번제로 드리라 하신 시점은 당시 이삭의 나이를 15세로 가정을 했을 때 아브라함이 부름을 받은 지 약 40년이 경과한 후입니다. 이제 그리스도께서 아브라함의 자손으로 오시게 될 것은 확신하게(15:6) 되었습니다.

　㉮ 그런데 그리스도께서 아브라함의 자손으로 오시어 어떤 방법에 의하여 천하 만민이 복을 얻게 되는가 하는 것은 아직까지 계시(啓示)하지 않으셨습니다. 하나님께서는 그 진전(進展)된 구원의 방도를 계시하시려는 것입니다. 아브라함이 과연 그 역할을 감당할 것인가? 이것이

"아브라함을 시험하시려고"의 신학적인 뜻입니다.

㉯ 하나님께서 아브라함에게 세워주신 언약의 핵심은 "자손"에 있는데, 첫 번 명령은 그 자손이 태어날 땅으로 가라 하신 것이고, 두 번째 명령은 대속제물로 세우실 "한 산"으로 가서 번제로 드리라 하고 계시의 초점(焦點)을 한 지점으로 집중(集中)시켜나가셨던 것입니다.

이런 맥락에서 아브라함이 부름을 받은 사명의 절정(絶頂)은, "네 아들 네 사랑하는 독자 이삭을 데리고 모리아 땅으로 가서 내가 네게 일러 준 한 산 거기서 그를 번제로 드리라"(22:2) 하신 역할이라 할 수가 있습니다. 주님께서도 십자가를 앞에 놓고, "그러나 내가 이를 위하여 이때에 왔나이다"(요 12:27) 하고 말씀하셨던 것입니다.

죽은 자를 살리시는 하나님

㉠ 하나님의 명령이 떨어지자 아브라함은 큰 갈등에 직면하게 되었을 것입니다. 그것은 독자 이삭을 번제로 드릴 것인가? 아닌가에 대한 인간적인 갈등이 아닙니다. 중요한 요점은 이삭은 언약(言約)의 씨가 아닌가? 언약을 계승할 씨를 번제로 드리라 하신다면 하나님께서 천하 만민이 복을 얻으리라 하고 세워주신 메시아언약(言約)은 폐하신단 말인가 하는 신학적인 갈등이었던 것입니다.

㉮ 아브라함은 순종하였습니다. 그렇다면 해답을 얻었단 말인가? 그렇습니다. 아브라함이 얻은 해답은, "그에게 이미 말씀하시기를 네 자손이라 칭할 자는 이삭으로 말미암으리라 하셨으니 그가 하나님이 능히 이삭을 죽은 자 가운데서 다시 살리실 줄로 생각한지라"(히 11:18-19) 한,

"죽은 자 가운데서 다시 살리심", 이것이 해답이었던 것입니다.

㉭ 이 해답은 "의로 여기심을 받을 우리도 위함이니 곧 예수 우리 주를 죽은 자 가운데서 살리신 이를 믿는 자니라"(롬 4:24) 하신, 우리가 믿어야할 해답임을 명심하시기를 바랍니다. 이 해답을 믿는 믿음만이 의롭다함을 얻는 믿음이요, 구원에 이르는 믿음인 것입니다.

㉡ 이점에서 중요한 요점은 아브라함의 고뇌가 아니라, 하나님께서 세워주신 "언약"(言約)에 있는 것입니다. 그리고 문제는 어떤 경우, 어떤 상황에서도 하나님께서 세워주신 언약을 믿을 것인가? 아니면 불신할 것인가 하는 "믿음"의 문제로 대두가 되는 것입니다. 그런데 아브라함은 바랄 수 없는 중에서도 세워주신 언약을 이루실 것을 믿었다는 것입니다.

㉮ 이점을 신약성경에서는, "기록된바 내가 너를 많은 민족의 조상으로 세웠다 하심과 같으니(언약), 그가 믿은바 하나님은 죽은 자를 살리시며 없는 것을 있는 것으로 부르시는 이시니라"(롬 4:17) 하고 말씀합니다.

㉯ 인류의 시조(始祖) 아담 하와는 낙원에서 하나님의 사랑의 의심하고 먹으면 반드시 죽으리라 하신 언약을 불신을 했습니다. 그러므로 하나님께서 우리에게 기대하시는 바는 하나님의 언약에 대한 믿음입니다. 아브라함은 하나님께서 왜 이삭을 번제로 드리라 명하시는가 하고 의문을 제기한 것이 아니라, "하나님이 능히 이삭을 죽은 자 가운데서 다시 살리실 줄로 생각한지라", 즉 세워주신 언약을 이루시기 위해서 죽은 자를 살려주실 하나님으로 믿었다는 말씀입니다.

ⓒ 이점을 신약성경은 "우리가 마땅히 빌 바를 알지 못하나", 즉 어찌하여 나에게 이런 시험이 닥치는 것을 허용하시는지 그것은 알지 못하지만, "우리가 알거니와", 즉 이것만은 확신한다는 것입니다. "하나님을 사랑하는 자(者) 곧 그 뜻대로 부르심을 입은 자(者)들에게는 모든 것이 합력(合力)하여 선(善)을 이루실" (롬8:26, 28) 것만은 확신한다는 것입니다. 이것이 하나님께서 기대하시는 믿음입니다.

㉮ "그에게 의로 여겨졌다 기록된 것은 아브라함만 위한 것이 아니요 의로 여기심을 받을 우리도 위함이니 곧 예수 우리 주를 죽은 자 가운데서 살리신 이를 믿는 자니라" 합니다. 우리에게 기대하시는 믿음이 이 믿음이요, 우리가 의롭다함을 얻는 믿음도 이 "믿음" 이라는 점을 명심하십시다.

아브라함의 증언

㉠ 아브라함은 무엇을 위하여 세움을 받았는가? 아브라함은 이삭이, "번제할 어린양은 어디 있나이까" 하고 묻는 말에 응하여, "아들아 번제할 어린양은 하나님이 친히 준비하시리라"(22:8) 하고 대답하는데 이는 영원불변의 증언이었던 것입니다.

㉮ 이 증언은 난처한 질문에 대한 궁색한 변명이 아니라, 선지자적인 예언이었던 것입니다. 이점이, "그러므로 주께서 세상에 임하실 때에 이르시되 하나님이 제사와 예물을 원하지 아니하시고 오직 나를 위하여 한 몸을 예비하셨도다" (히 10:5) 하고 해설하고 있는 신약성경에 의하여

입증이 됩니다.

ⓒ 하나님께서 아브라함에게, "네 씨로 말미암아 천하 만민이 복을 받으리니" 하고 세워주신 언약이 어떻게 가능하여 진단 말인가? 인류의 죄를 대속할 "번제할 어린양을 하나님이 친히 준비하심"으로 가능하여진다는 증언이었던 것입니다. 이점이 뿔이 수풀에 걸려 있는, "숫양을 가져다가 아들을 대신하여 번제로 드렸더라"(22:13) 한, "대신"이라는 말을 통해서도 나타납니다.

㉮ 그래서 "아브라함이 그 땅 이름을 여호와 이레라 하였으므로 오늘날까지 사람들이 이르기를 여호와의 산에서 준비되리라 하더라"(14) 합니다. 이점을 주님께서는, "너희 조상 아브라함은 나의 때 볼 것을 즐거워하다가 보고 기뻐하였느니라"(요 8:56) 하고 말씀하십니다.

㉯ 창세기에 등장하는 아브라함의 기사(記事)를 주목해보시기를 바랍니다. 기사와 이적 같은 것은 등장하지를 않습니다. 심지어 교훈도 없습니다. 왜냐하면 하나님 존전에서 추방을 당한 아담의 후예들이 구원을 얻을 수 있는 방도는 오직 하나님께서 친히 준비하신 "어린양"의 대속을 통해서 "의롭다함"을 얻는 길 외에는 없기 때문입니다.

두 가지 변치 못할 사실

㉠ 하나님께서는 "네 사랑하는 독자 이삭을 번제로 드리라" 하신 사건 후에, "내가 나를 가리켜 맹세하노니" 하시면서, "네 씨로 말미암아 천하 만민이 복을 받으리라"(22:16, 18) 말씀하셨는데 이것이 최종적으로 세워주신 언약입니다.

㉮ 신약성경은 "언약(言約)과, 맹세"를 가리켜 "하나님은 약속을 기업으

로 받는 자들에게 그 뜻이 변하지 아니함을 충분히 나타내시려고 그 일을 맹세로 보증하셨나니 이는 하나님이 거짓말을 하실 수 없는 이 두 가지 변하지 못할 사실"(히 6:17-18)이라고 말씀합니다.

㉯ 그러므로 우리는 "타는 횃불이 쪼갠 고기 사이로 지나더라" 한 표징을 구할 필요가 없는 것입니다. 왜냐하면 "두 가지 변치 못할 사실"을 갖고 있기 때문입니다. 바울 사도는 이렇게 증언합니다.

"미쁘다 이 말이여

우리가 주와 함께 죽었으면 또한 함께 살 것이요

참으면 또한 함께 왕 노릇 할 것이요

우리가 주를 부인하면 주도 우리를 부인하실 것이라

우리는 미쁨이 없을지라도 주는 항상 미쁘시니

자기를 부인하실 수 없으시리라"(딤후 2:11-13),

㉡ "자기를 부인하실 수 없으시리라"는 뜻이 무엇인가? 하나님께서 언약하시고 맹세로 보증하여주신 약속을 지키시지 않으신다면 "거룩하시고, 의로우시고, 진실하시다"는 자기 자신을 부인하는 것이 되는데, 하나님은 이러실 수가 없는 분이시라는 뜻입니다.

아브라함은 무엇을 위하여 세움을 받았는가?

㉮ 첫째는 메시아언약을 세워주신 언약의 상속자로 세움을 받았으며,

㉯ 둘째는 "의롭다함"을 얻음으로 모든 믿는 자의 조상으로 세움을 받았으며,

㉰ 셋째는 독자 이삭을 번제로 드리라 하신 명령에 순종하여 대속교리를

예시해주는 자로,

㉣ 넷째는 죽은 자를 살려주실 하나님으로,

㉤ 다섯째는 밀알 하나와 같은 언약의 씨를 하늘의 별, 바닷가의 모래 같이 번성케 하실, "없는 것을 있는 것으로 부르시는" 하나님으로,

㉥ 마지막으로 "번제할 어린양은 하나님이 친히 준비하시리라"는 복음을 증언할 자로 세움을 받은 것입니다.

ⓒ 그리스도께서 오시기 2000년 전에 세움을 받은 아브라함이 이처럼 영광스러운 복음을 증언할 자로 세움을 받았다면, 그리스도께서 오셔서 "다 이루었다" 하신 이후에 세움을 받은, 나는 무엇을 위하여 이때에 세움을 입었는가 하고 자문하면서 각성하게 합니다.

사라

"아브람과 나홀이 장가들었으니 아브람의 아내의 이름은 사래며 나홀의 아내의 이름은 밀가니 하란의 딸이요 하란은 밀가의 아버지이며 또 이스가의 아버지더라 사래는 임신하지 못하므로 자식이 없었더라"(창 11:29-30).

여러 민족의 어머니

㉠ 이렇게 해서 "사래"는 구속사의 무대에 등장하게 됩니다. "임신하지 못하므로 자식이 없었더라" 한 사래, 그는 과연 무엇을 위하여 세움을 받았는가?

㉮ 결론부터 말씀을 드린다면, "하나님이 또 아브라함에게 이르시되 네 아내 사래는 이름을 사래라 하지 말고 사라라 하라 내가 그에게 복을 주어 그가 네게 아들을 낳아 주게 하며 내가 그에게 복을 주어 그를 여러 민족(民族)의 어머니가 되게 하리니 민족의 여러 왕이 그에게서 나리라"(17:15-16) 하신, "여러 민족의 어머니"로 세움을 받았던 것입니다.

㉯ 사래의 능력으로 이렇게 되리라 하시는 것이 아니라 "내가 되게 하리니", 즉 하나님께서 주권적으로 그렇게 되게 하시겠다는 말씀입니다. 얼마나 놀라운 말씀인가? 믿을 수가 있는가? 실감이 나는가?

ⓒ 그래서 "아브라함이 엎드려 웃으며 마음속으로 이르되 백세 된 사람이 어찌 자식을 낳을까 사라는 구십 세니 어찌 출산하리요"(창 17:17) 했고, "사라가 속으로 웃고 이르되 내가 노쇠하였고 내 주인도 늙었으니 내게 무슨 즐거움이 있으리요"(18:12) 하고 말했던 것입니다.

㉮ 이는 불신앙의 말만은 아니었던 것입니다. "내년 이맘때 내가 반드시 네게로 돌아오리니 네 아내 사라에게 아들이 있으리라"(18:10) 하시는 말씀을 들은 아브라함과 사라는 얼마나 기쁘고 감격스러웠겠는가를 생각해보십시오. 주님의 부활을 목격한 제자들이, "그들이 너무 기쁘므로 아직도 믿지 못하고 놀랍게 여길 때에"(눅 24:41) 한, 그런 실감이 안 되는 중 기쁨의 말이었던 것입니다.

ⓒ 사도 바울은 복음을 변증하는 갈라디아서에서, "사라와, 하갈"을 두 언약에 비유하여, "이것은 비유니 이 여자들은 두 언약(言約)이라 하나는 시내 산으로부터 종을 낳은 자니 곧 하갈이라, 오직 위에 있는 예루살렘은 자유자니 곧 우리 어머니라(갈 4:24, 26) 하고 말씀합니다.

㉮ 특히 사라를 가리켜서 "우리 어머니"라고 말씀한다는 점을 주목하게 됩니다. 왜냐하면 하나님께서 그를 "여러 민족의 어머니가 되게 하리라" 말씀하셨기 때문입니다. 그렇습니다. 아브라함이 믿음의 아버지라면, 사라는 "믿음의 어머니"인 셈입니다.

ⓔ "기록된바 잉태하지 못한 자여 즐거워하라 산고를 모르는 자여 소리 질러 외치라 이는 홀로 사는 자의 자녀가 남편 있는 자의 자녀보다 많음이라 하였으니 형제들아 너희는 이삭과 같이 약속의 자녀라"(갈 4:27-28) 합니다. 우리 하

나님은 얼마나 위대하신가? 복음은 얼마나 기쁘고 즐거운 소식인가!

㉮ "그러나 그 때에 육체를 따라 난 자가 성령을 따라 난 자를 박해한 것 같이 이제도 그러하도다 그러나 성경이 무엇을 말하느냐 여종과 그 아들을 내쫓으라 여종의 아들이 자유 있는 여자의 아들과 더불어 유업을 얻지 못하리라 하였느니라 그런즉 형제들아 우리는 여종의 자녀가 아니요 자유(自由) 있는 여자의 자녀니라" (갈 4:29-31) 합니다.

생명의 어머니

㉠ 구속사의 선상에서 이런 일이 또 있었습니다. 그것은 하나님의 명을 받은 가브리엘 천사가 처녀 마리아에게, "들어가 이르되 은혜를 받은 자여 평안할 지어다 주께서 너와 함께 하시도다" 한 때입니다.

㉮ 마리아는 말했습니다. "나는 남자를 알지 못하니 어찌 이 일이 있으리이까" (34).

㉯ 사래는 말했습니다. "내가 노쇠하였고 내 주인도 늙었으니 내게 무슨 즐거움이 있으리요" (창 18:12).

㉰ 묻습니다. 형제의 말은 무엇입니까? 혹시 "어찌하여 죽은 자 가운데서 부활이 없다 하느냐" (고전 15:12) 한, 그렇게 말하고 있는 것은 아닙니까? 이들에게 하신 공통적인 말씀이 무엇인지 아십니까? "대저 하나님의 모든 말씀은 능하지 못하심이 없느니라 (눅 1:37). 여호와께 능하지 못한 일이 있겠느냐" (창 18:14) 하신 말씀입니다.

㉡ 하나님께서 사래에게 "여러 민족의 어머니가 되게 하리니" 하신 말씀은 원 복

음을 듣고, "아담이 그의 아내의 이름을 하와라 불렀으니 그는 모든 산 자의 어머니가 됨이더라"(1:20) 한 것과 맥을 같이 하는 말씀이었던 것입니다. "하와──사라──마리아"는 "여자의 후손"을 보내시려는 동일 선상에서 세움을 받은 "생명의 어미들"이었던 것입니다.

㉮ 이점을 믿음 장에서는, "믿음으로 사라 자신도 나이가 많아 단산하였으나 잉태할 수 있는 힘을 얻었으니 이는 약속하신 이를 미쁘신 줄 알았음이라 이러므로 죽은 자와 같은 한 사람으로 말미암아 하늘의 허다한 별과 또 해변의 무수한 모래와 같이 많은 후손이 생육(生育)하였느니라"(히 11:11-12) 하고 말씀합니다.

소망을 심은 사람들

㉠ 그런 "사라가 백이십 칠세를 살았으니 이것이 곧 사라가 누린 햇수라 사라가 가나안 땅 헤브론 곧 기럇아르바에서 죽으매 아브라함이 들어가서 사라를 위하여 슬퍼하며 애통하다가"(창 23:1-2),

㉮ 창세기 23장을 상고해보면 평생을 집도 없이 장막에 거했던 아브라함이 가족묘지만은 자기 소유(所有)로 삼고자 집착하는 것을 보게 됩니다. 왜 그랬을까? "이 땅을 네 자손에게 주리라" 하신 하나님의 언약(言約)을 믿었다는 증거입니다.

㉯ 아브라함은 사라의 시신을 묻은 것이 아니라 "믿음"을 심은 것입니다. 때가 되면 싹이 나고 꽃이 피어 열매를 맺게 되리라는 소망(所望)을 심은 것입니다.

ⓒ 그 후에 아브라함이 그 아내 사라를 가나안 땅 마므레 앞 막벨라 밭 굴에 장사하였더라 (마므레는 곧 헤브론이라) 이와 같이 그 밭과 거기에 속한 굴이 헷 족속으로부터 아브라함이 매장할 소유지(所有地)로 확정되었더라"(19-20) 하고 말씀합니다.

한 몸을 이룬 관계

㉠ 사도 베드로는 "사라"를 모든 아내의 본으로 제시하면서, "전에 하나님께 소망을 두었던 거룩한 부녀들도 이와 같이 자기 남편에게 순종함으로 자기를 단장하였나니 사라가 아브라함을 주라 칭하여 순종한 것 같이 너희는 선을 행하고 아무 두려운 일에도 놀라지 아니하면 그의 딸이 된 것이니라"(벧전 3:5-6) 하고 말씀합니다.

㉮ 하나님께서는, "사람이 혼자 사는 것이 좋지 아니하니 내가 그를 위하여 돕는 배필을 지으리라" (2:18) 하시고 아담에게 하와를 배필(配匹)로 주셨습니다. "배필" 이라 함은 주어진 임무를 수행하기 위한 동역자로 주셨다는 뜻입니다.

인간은 남편과 아내의 관계를 평등(平等)의 관계로 보려하나 성경은, "머리와 몸"의 관계, 즉 일체(一體)라고 말씀합니다. 머리와 몸이 서로 동등(同等)됨을 주장한다면 어떻게 되겠는가를 생각해 보십시오. 아닙니다. 머리와 몸의 관계는 떨어질 수도 없고 떼어놓을 수도 없는 일체이면서, 주어진 사명을 감당해야할 동역자인 것입니다.

㉯ 그러므로 아내는 남편에게 순종하는 것이 미덕이고, 남편은 아내를 제

몸같이 사랑함으로 아름다운 조화를 이루는 것입니다. 아브라함이 "믿음의 조상"이라면, 사라는 "믿음의 어머니"였던 것입니다. 믿음의 조상 아브라함의 뒤에는 믿음의 아내 사라가 있었던 것입니다.

ⓒ 사라는 이를 위하여 세움을 받은 자입니다. 그리고 이 사명을 잘 감당하고 "네가 평안히 쉬다가 끝 날에는 네 몫을 누릴 것임이라"(단 12:13) 하신 대로 쉼을 얻게 된 것입니다.

㉮ "이 사람들은 다 믿음을 따라 죽었으며 약속을 받지 못하였으되 그것들을 멀리서 보고 환영하며 또 땅에서는 외국인과 나그네임을 증언하였으니 그들이 이같이 말하는 것은 자기들이 본향 찾는 자임을 나타냄이라 그들이 나온바 본향을 생각하였더라면 돌아갈 기회가 있었으려니와 그들이 이제는 더 나은 본향을 사모하니 곧 하늘에 있는 것이라 이러므로 하나님이 그들의 하나님이라 일컬음 받으심을 부끄러워하지 아니하시고 그들을 위하여 한 성을 예비하셨느니라"(히 11:13-16) 합니다.

그렇다면 나는, 그리고 부부로 짝을 지어주신 우리는 무엇을 위하여 이때에 세움을 받았는가 하고 자문하면서 각성하게 됩니다.

이삭

"여호와께서 말씀하신 대로 사라를 돌보셨고 여호와께서 말씀하신 대로 사라에게 행하셨으므로 사라가 임신하고 하나님이 말씀하신 시기가 되어 노년의 아브라함에게 아들을 낳으니"(창 21:1-2),

나로 웃게 하셨다

㉠ 이렇게 해서 이삭이 구속사의 무대에 등장을 합니다. "아브라함이 그에게 태어난 아들 곧 사라가 자기에게 낳은 아들을 이름하여 이삭이라 하였고 그 아들 이삭이 난지 팔일 만에 그가 하나님이 명령하신 대로 할례를 행하였더라" (3-4) 합니다. 그렇다면 이삭은 무엇을 위하여 세움을 입었는가?

㉮ "이삭"이 태어나기는 창세기 21장에서입니다만 이삭의 이름이 성경에 처음 등장하기는 창세기 17장에서입니다. 아브라함이 "이스마엘이나 하나님 앞에 살기를 원하나이다" 하고 말하자 하나님께서는, "아니라 네 아내 사라가 네게 아들을 낳으리니 너는 그 이름을 이삭이라 하라 내가 그와 내 언약을 세우리니 그의 후손에게 영원한 언약이 되리라" (창 17:18-19) 하신, "이삭"은 언약의 자손입니다.

㉡ "이삭"이란 이름은 "웃으리라"는 뜻으로 태어나기 전에 하나님께서 하사하신 이름입니다. 이삭에 관한 기사들을 예표론 적으로 보면 이삭은 "예수님"에 대한 예표의 인물로 세움을 받았다고 말할 수가 있습니다.

㉮ 언약의 자손이요, 그와 언약을 세우시라 하시는 점이 그렇고(말 3:1),

㉯ 생리적으로는 불가능한 죽은 자와 방불한 자를 통하여 "말씀하신 대로" 태어났다는 점,

㉰ 이스마엘에게 핍박을 받은 점,

㉢ 특히 "여호와께서 이르시되 네 아들 네 사랑하는 독자 이삭을 데리고 모리아 땅으로 가서 내가 네게 일러 준 한 산 거기서 그를 번제로 드리라"(22:2) 하신 말씀에 예표적인 면이 선명하게 나타납니다.

㉮ 엄밀한 의미에서 이삭은 아브라함의 "독자"(獨子)가 아니었습니다. 그럼에도 불구하고 22장에서 "네 아들 독자"라 부르시기를 3번(2, 12, 16)이나 하십니다. 왜냐하면 "독생자" 예수 그리스도를 예표하는 인물이요, 언약적인 면에서 "독자" 였기 때문입니다.

번제할 어린양의 역할

㉠ 이런 맥락에서 이삭이 세움을 받은 목적은 분명해진다 하겠습니다. 이삭에게 맡겨진 역할의 절정은, "아브라함이 이에 번제 나무를 가져다가 그의 아들 이삭에게 지우고 자기는 불과 칼을 손에 들고 두 사람이 동행하더니"(창 22:6) 한 역할입니다. 왜냐하면 이삭이 번제에 쓸 나무를 등에 짊어지고 모리아 산을 오르는 장면은, 그리스도께서 십자가를 등에 지시고 갈보리 산을 오르실 것에 대

한 예표가 되기 때문입니다.

㉮ 또한 이삭의 입을 통한 증언의 핵심은 아버지 아브라함에게, "불과 나무는 있거니와 번제할 어린양은 어디 있나이까"(창 22:6-7) 한 질문이라 하겠습니다. 왜냐하면 이삭이 제기한 문제를 통하여, "내 아들아 번제할 어린양은 하나님이 자기를 위하여 친히 준비하시리라" 한, 구속사를 꿰뚫는 진리(眞理)를 계시하셨기 때문입니다.

㉯ 이런 경우가 복음서에도 나타나는데, "도마가 이르되 주여 주께서 어디로 가시는지 우리가 알지 못하거늘 그 길을 어찌 알겠사옵나이까" 하고 문제를 제기했기 때문에, "예수께서 이르시되 내가 곧 길이요 진리요 생명이니 나로 말미암지 않고는 아버지께로 올 자가 없느니라"(요 14:5-6) 하시는 만고불변의 해답(解答)을 말씀하셨던 것입니다.

㉡ "하나님이 그에게 일러주신 곳에 이른지라 이에 아브라함이 그곳에 제단을 쌓고 나무를 벌여 놓고 그의 아들 이삭을 결박하여 제단 나무 위에 놓고"(22:9) 합니다. "사랑하는 독자 이삭을 결박하여 나무 위에 올려놓고" 칼을 들어 치려 한 사람은 아버지 아브라함이었습니다.

㉮ 신약성경은 "이 예수를 하나님이 그의 피로써 믿음으로 말미암는 화목제물로 세우셨으니"(롬 3:25) 하고, 자기 아들을 우리의 대속제물로 갈보리 십자가에 세우신 분은 아버지 하나님이시라고 말씀합니다.

㉢ 아브라함이 "손을 내밀어 칼을 잡고 그 아들을 잡으려 하니" 하늘로부터, "아브라함아 아브라함아, 그 아이에게 네 손을 대지 말라 그에게 아무 일도 하지 말라"(22:10-12) 하고 급한 음성이 들려왔습니다.

㉑ 그러나 우리 주님께서 십자가상에서, "엘리 엘리 라마 사박다니"(마 27:46) 하고 부르짖으셨을 때는 아무런 음성이 들려오지 않았습니다. 왜냐하면 "이삭"은 그림자였고, 그리스도는 실체였기 때문입니다. 하나님에게는 자기 아들을 내려놓고 대신 내어줄 다른 제물이 없으셨던 것입니다.

이삭은 "말씀하신 대로, 말씀하신 기한"에 태어나, "번제할 어린양"의 역할을 감당함으로 그리스도께서 성취하실 복음을 예시(豫示)하는데 쓰임을 받았던 것입니다. 주님께서는 "내가 이를 위하여 이 때에 왔나이다"(요 12:27) 하셨습니다. 그렇다면 나는 무엇을 위하여 이때에 세움을 받았는가 하고 각성하게 합니다.

리브가

"말을 마치기도 전에 리브가가 물동이를 어깨에 메고 나오니 그는 아브라함의 동생 나홀의 아내 밀가의 아들 브두엘의 소생이라"(창 24:15).

준비 된 신부 리브가

㉠ 이것이 리브가가 구속사의 무대(舞臺)에 등장하는 장면입니다. 아브라함의 늙은 충복(忠僕)은 아브라함으로부터, "내 고향 내 족속에게로 가서 내 아들 이삭을 위하여 아내를 택하라"(4)는 명을 받고 아브라함의 고향 하란으로 갑니다.

㉡ 그는 하나님께, "우리 주인 아브라함의 하나님 여호와여 원하건대 오늘 나에게 순조롭게 만나게 하사 내 주인 아브라함에게 은혜를 베푸시옵소서 성 중 사람의 딸들이 물 길으러 나오겠사오니 내가 우물곁에 서 있다가 한 소녀에게 이르기를 청하건대 너는 물동이를 기울여 나로 마시게 하라 하리니 그의 대답이 마시라 내가 당신의 낙타에게도 마시게 하리라 하면 그는 주께서 주의 종 이삭을 위하여 정하신 자라 이로 말미암아 주께서 내 주인에게 은혜 베푸심을 내가 알겠나이다"(12-14) 하고

기도를 합니다.

㉯ 그런데 "말을 마치기도 전에 리브가가 물동이를 어깨에 메고" 나왔다는 것입니다. 그렇다면 "리브가"는 이삭의 아내로 준비된 신부라 할 수가 있습니다. 그렇습니다. 이삭을 번제로 드리라 하신 22장에 보면, "네 씨로 말미암아 천하 만민이 복을 받으리니"(22:18) 하시는 문맥(文脈)에서, "이 일 후에 어떤 사람이 아브라함에게 알리어 이르기를, 브두엘은 리브가를 낳았다"(22:20, 23) 하고, "리브가"의 출생 소식을 알리는 것을 대하게 됩니다. 그리하여 22장에는 "이삭과, 리브가"의 이름이 함께 등장을 하는데 이는 여호와 이레로 준비하심이었던 것입니다.

㉡ 아브라함의 충복은 리브가를 따라 "브두엘"의 집으로 인도가 됩니다. 충복은 "내가 내 일을 진술하기 전에는 먹지 아니 하겠나이다"(24:33) 하고, 자신에게 주어진 사명을 말합니다. 그리고 "내 주인 아브라함의 하나님 여호와께서 나를 바른 길로 인도하사 나의 주인의 동생의 딸을 그의 아들을 위하여 택하게 하셨으므로 내가 머리를 숙여 그에게 경배하고 찬송하였나이다"(48) 하고, 자신의 임무를 진술합니다.

㉮ 이 말을 들은 "라반과 브두엘이 대답하여 이르되 이 일이 여호와께로 말미암았으니 우리는 가부(可否)를 말할 수 없노라 리브가가 당신 앞에 있으니 데리고 가서 여호와의 명령대로 그를 당신의 주인의 아들의 아내가 되게 하라"(50-51) 하고 승낙을 합니다.

㉯ 그러자 충복은 리브가를 데리고 당장 떠나겠다 하고 가족들은, "며칠을 적어도 열흘을 우리와 함께 있게 하라"(55) 하고 말합니다. 그리하

여 장본인인, "리브가를 불러 그에게 이르되 네가 이 사람과 함께 가려느냐" 하고 결정하도록 합니다. 리브가의 결단이 무엇인가? 일언직하에, "그가 대답하되 가겠나이다"(58) 하는 것이 아닌가!

천만인의 어미가 되라

㉠ 시편 45편은 그리스도와 교회의 관계를 신랑과 신부에 비유한 찬양 시인데,

> 딸이여 듣고 보고 귀를 기울일 지어다
> 네 백성과 네 아버지의 집을 잊어버릴 지어다
> 그리하면 왕이 네 아름다움을 사모하실지라
> 그는 네 주인이시니 너는 그를 경배할 지어다(시 45:10-11) 합니다.

㉡ 리브가가 이와 같이 하였던 것입니다. "그들이 그 누이 리브가와 그의 유모와 아브라함의 종과 그 동행자들을 보내며 리브가에게 축복하여 이르되 우리 누이여 너는 천만인의 어머니가 될지어다 네 씨로 그 원수의 성 문을 얻게 할지어다"(59-60) 합니다. 이 축복은 두마디로 되어 있는데,

㉮ 첫째는, 아브라함에게 세워주신 메시아언약이 이삭에게 계승이 되듯이 하나님께서 사라에게, "여러 민족의 어머니가 되게 하리라" 하신 복이, "너는 천만인의 어머니가 될지어다" 하고 리브가로 계승(繼承)이 되는 것을 보게 됩니다.

㉯ 둘째로, "네 씨로 그 원수의 성문을 얻게 할지어다" 하는 말은 하나님

께서 아브라함에게, "네 씨가 그 대적의 성문을 차지하리라" (22:17) 하신 언약과 일치합니다. 이처럼 성경은 성령의 감동으로 기록이 된 하나님의 말씀이며, 우리가 믿는 하나님은 참으로 실실하신 하나님이십니다. 리브가는 이를 위하여 이때에 세움을 받은 것입니다.

ⓒ 이삭이 그리스도의 예표의 인물이라면, "리브가"는 그리스도의 신부를 예표하는 인물이라 할 수가 있습니다. 아브라함의 종은 리브가의, "내 주여 마시소서 하며 급히 그 물동이를 손에 내려 마시게 하고, 당신의 낙타를 위하여서도 물을 길어 그것들도 배불리 마시게 하리이다 하고",

㉮ "급히 물동이의 물을 구유에 붓고 다시 길으려고 우물로 달려가서 모든 낙타를 위하여 긷는지라" (24:18-20) 한 부지런하고 민첩한 모습을 "묵묵히 주목하여" (21) 보고 있습니다. 또한 리브가가 일언직하에, "가겠나이다" 하고 순복하는 자세, 이것이 그리스도의 신부된 우리들의 모습이어야만 합니다.

두 국민이 태중에 있구나

㉠ 그런데 이삭은 결혼하지 20년이 지나도록 자식이 없었습니다. 그래서 "여호와께 간구하매 여호와께서 그의 간구를 들으셨으므로 그의 아내 리브가가 임신하였더니 그 아들들이 그의 태속에서 서로 싸우는지라 그가 이르되 이럴 경우에는 내가 어찌할꼬 하고 가서 여호와께 묻자온대" (25:21-22),

㉮ "여호와께서 그에게 이르시되 두 국민이 네 태중에 있구나 두 민족이 네 복중에서부터 나누이리라 이 족속이 저 족속보다 강하겠고 큰 자가

어린 자를 섬기리라"(23) 하십니다.

ⓒ 여기서 사라의 임무와, 리브가의 임무의 다른 점을 보게 됩니다.

㉮ 사라의 사명은 "자유자의 어머니"로, "여종" 하갈(갈 4:23)과의 상반된 자로 등장하여, 약속의 자녀인 "이삭과, 육체를 따라 난 자 이스마엘"(31)의 대조(對照)를 보여주는데 있습니다.

㉯ 그런데 리브가의 임무는 한 어머니, 한 태를 통해서 태어난, "야곱과, 에서"의 대조(對照)를 통해서 "택함 받은 자와, 유기된 자"를 계시하시는데 쓰임을 받는 역할을 담당하였던 것입니다.

ⓒ 이점이 나이 많아 늙은 이삭이 분별력을 행사하지 못하고 장자의 축복을 에서에게 돌리려 하자, "어머니가 그(야곱)에게 이르되 내 아들아 너의 저주는 내게로 돌리리니"(27:13) 하고, 장자의 축복을 택함을 받은 야곱에게 돌리는 데서도 나타납니다.

㉮ 이로 인하여 에서가 야곱을 죽이려 하자 야곱을 외가가 있는 하란으로 보내면서, "네 형의 노가 풀리기까지 몇 날 동안 그와 함께 거주하라 네 형의 분노가 풀려 네가 자기에게 행한 것을 잊어버리거든 내가 곧 사람을 보내어 너를 거기서 불러오리라 어찌 하루에 너희 둘을 잃으랴"(27:44-45) 하고 말합니다.

㉯ 리브가는 "몇 날 동안" 피해 있으라 하였으나 이것이 어머니 리브가와 야곱의 마지막 이별이 될 줄을 누가 알았겠는가? 이처럼 리브가의 "출생, 결혼, 잉태"의 모든 일들이 여호와의 섭리하심이었음을 성경은 말씀해주고 있습니다. 이런 일이 어찌 리브가에게 국한된 일이겠습니까?

ⓔ 창세기에서 리브가의 이름이 마지막으로 등장하는 곳은 야곱이 임종 머리에서, "아브라함과 그의 아내 사라가 거기 장사되었고 이삭과 그의 아내 리브가도 거기 장사되었으며 나도 레아를 그 곳에 장사하였노라"(49:31) 하는 언급에서입니다.

리브가는 자기에게 주어진 사명을 완수하고 구속사의 무대에서 하직한 것입니다. 그도 "믿고 죽었고 약속을 받지 못했으나", 평안이 쉬다가 자기 업을 누리게 될 것입니다. 그러면 이 시대에 세움을 받은 수많은 그리스도인 어머니들은 무엇을 위하여 세움을 받았는가 하고 묻지 않을 수가 없습니다. 그리고 그리스도의 신부된 나 자신은 무엇을 위하여 세움을 입었는가 하고 각성하게 합니다.

야곱과 에서

"그 해산 기한이 찬즉 태에 쌍둥이가 있었는데 먼저 나온 자는 붉고 전신이 털옷 같아서 이름을 에서라 하였고 후에 나온 아우는 손으로 에서의 발꿈치를 잡았으므로 그 이름을 야곱이라 하였으며 리브가가 그들을 낳을 때에 이삭이 육십 세였더라"(창 25:24-26).

두 부류와 적대감

㉠ "에서와 야곱"은 이삭의 쌍둥이 아들로 태어나 구속사의 무대에 등장을 합니다. 먼저 태어난 에서는 "붉고 전신이 털옷 같아서" 이름을 에서라 하였고, 후에 나온 아우는 "손으로 에서의 발꿈치를 잡았으므로 그 이름을 야곱이라", 즉 "빼앗는 자"라 했다는 것입니다.

㉮ 앞에서 상고한 대로, "그 아들들이 그의 태속에서 서로 싸웠다"(22)는 것입니다. 그런데 하나님께서는 이를 통해서, "두 국민이 네 태중에 있구나 두 민족이 네 복중에서부터 나누이리라"(23) 하고, 논란이 많은 예정교리를 계시하셨던 것입니다.

그리하여 리브가의 태와 같은 이 지구상에는 "에서와, 야곱"으로 상징이 된 두 부류가 공존(共存)하고 있다는 점과, 이처럼 비극적인 일이 벌어진 것은 인류의 시조가 범죄한 때문입니다.

㉯ 그리고 두 부류 간에는 "서로 싸우는지라" 한 적대감이 있게 되었던 것입니다. 적대감의 연속이 구속사(救贖史)라 할 수가 있습니다. 그런데 오해하지 말아야 할 점은 "여자의 후손"의 싸움은 생명을 구원하려는 선한 싸움이라는 점입니다.

㉡ 문제는 부모도 같고, 한 태 속에 있던 쌍둥이인데 어떻게 해서 태어나기도 전에 두 부류로 갈라지게 되느냐 하는 점입니다. 이는 인간의 이성으로는 이해할 수도 없고 감당할 수도 없는 문제입니다. 그래서 자고(自古)로 논란(論難)이 끊이지 않는 문제입니다.

㉮ 그러니까 "이삭과 리브가의 만남, 잉태하지 못함, 쌍태를 임신함, 태속에서 벌어진 싸움" 등 일련의 사건들의 배후에는 하나님의 섭리(攝理)하심이 있으셨다는 것이 됩니다. 그렇다면 이 사건, 즉 "그 아들들이 그의 태속에서 서로 싸우는지라"의 문제를 통해서 계시하시려는 바가 무엇인가?

하나님의 주권을 세우는 예정교리

㉠ 이점을 신약성경에서는, "그뿐 아니라 또한 리브가가 우리 조상 이삭 한 사람으로 말미암아 임신하였는데 그 자식들이 아직 나지도 아니하고 무슨 선이나 악을 행하지 아니한 때에 택하심을 따라 되는 하나님의 뜻이 행위로 말미암지 않고 오직 부르시는 이로 말미암아 서게 하려 하사",

㉮ "리브가에게 이르시되 큰 자가 어린 자를 섬기리라 하셨나니 기록된바

내가 야곱은 사랑하고 에서는 미워하였다 하심과 같으니라"(롬 9:10-13) 하고 해설해주고 있습니다.

　㉯ 이럴 경우 인간의 관심(關心)은 "누구는 택하시고 누구는 버리신단 말이냐" 하는 점에 있다 하여도, 핵심(核心)은 "택하심을 따라 되는 하나님의 뜻"이라 한, 하나님의 주권에 있다는 점을 유념해야만 합니다.

ⓒ 예정교리는 "하나님을 하나님 되게 하는", 하나님의 주권(主權)을 세우게 되면 필연적으로 도달하게 되는 교리인 것입니다. 그러므로 이를 논란(論難)하는 자에게 사도 바울은, "이 사람아 네가 누구이기에 감히 하나님께 반문하느냐 지음을 받은 물건이 지은 자에게 어찌 나를 이같이 만들었느냐 말하겠느냐 토기장이가 진흙 한 덩이로 하나는 귀히 쓸 그릇을, 하나는 천히 쓸 그릇을 만들 권한이 없느냐"(롬 9:20-21) 하고, 하나님 앞에 잠잠하라고 말합니다.

ⓒ 예정교리만을 놓고 논란할 것이 아니라 이점을 근원적(根源的)으로 생각해보시기를 바랍니다. 인류의 시조의 타락으로 말미암아 원죄(原罪) 하에 있게 된 아담의 후예들은 모두가 하나님과 끊어진 상태로 태어나게 되는 "뱀의 후손"인 것입니다. 그런데 어떻게 해서 "여자의 후손"의 줄기가 존재하게 된단 말인가? 이것이 자력으로 가능하단 말입니까?

　㉮ "그런즉 이와 같이 지금도 은혜로 택하심을 따라 남은 자가 있느니라"(롬 11:5) 한, "택하심"으로만이 "여자의 후손"이 존재하게 되는 것입니다. 이는 전적으로 하나님의 은혜요, 주권에 속한다는 점을 생각하시기를 바랍니다.

　㉯ 한 사람이 구원에 이르기 위해서는, "곧 창세 전에 그리스도 안에서 우

리를 택하사"(엡 1:4) 한 택하심이 있었고, "그리스도 안에서 그의 은혜의 풍성함을 따라 그의 피로 말미암아 속량 곧 죄 사함을 받았느니라"(엡 1:7) 한 구속이 있었고, "그 안에서 너희도 진리의 말씀 곧 너희의 구원의 복음을 듣고 그 안에서 또한 믿어 약속의 성령으로 인치심을 받았으니"(엡 1:13) 한, 성부, 성자, 성령의 개입하심으로만이 가능하여 진다는 망극하신 은혜를 망각하지 말아야만 합니다.

이점을 주님께서는, "세상 중에서 내게 주신 사람들에게 내가 아버지의 이름을 나타내었나이다 그들은 아버지의 것이었는데 내게 주셨으며"(요 17:6) 하고 말씀하십니다. 하나님께서 택해 놓으신 자들을, 그리스도께서 값을 주고 사셨다는 말씀입니다. 그래서 "나를 보내신 아버지께서 이끌지 아니하시면 아무도 내게 올 수 없으니 오는 그를 내가 마지막 날에 다시 살리리라"(요 6:44) 하신 것입니다.

예정교리가 아니면

㉠ 형제에게 묻고 싶습니다. 형제는 "택하심을 따라 되는 하나님의 뜻"으로 말미암는다는 예정교리에 거부감을 느끼십니까? 다시 묻습니다. 예정교리가 없었으면 좋겠다고 여기십니까? 그러면 어떻게 되는지 알고 있습니까? 극단적으로 말하면 구원에 이를 수 있는 자는 한 사람도 없다는 결론에 이르게 됩니다. ㉮ 왜냐하면 "반드시 죽으리라" 하신 대로, 에스겔 골짜기의 마른 뼈와 같이 죽은 심령상태로는 자력구원이 불가능하기 때문입니다. 예를 들어 형제가 이 세상에 태어난 것이 자신의 선택이나 능력으로 되어진 일입

니까?

㉯ 같은 원리로 허물과 죄로 죽었던 한 심령이 구원에 이를 때에도, "또 미리 정하신 그들을 또한 부르시고 부르신 그들을 또한 의롭다 하시고 의롭다 하신 그들을 또한 영화롭게 하셨느니라"(롬 8:30) 한, 전적인 하나님의 택하심과 능력으로만이 가능하여지는 것입니다.

㉰ 그뿐 아니라 거듭난 후에도 "내가 그들에게 영생을 주노니 영원히 멸망하지 아니할 것이요 또 그들을 내 손에서 빼앗을 자가 없느니라 그들을 주신 내 아버지는 만물보다 크시매 아무도 아버지 손에서 빼앗을 수 없느니라"(요 10:28-29) 하신, 견인(牽引)하여주심으로만이 구원에 이를 수가 있는 것입니다.

㉡ 인류의 시조는 낙원에서 타락을 했습니다. 만일 하나님께서 택하시고 끝까지 책임져주시지 않는다면 구원에 이를 자는 한 사람도 없을 것입니다. 이런 맥락에서 예정교리는 남을 판단하라고 주어진 교리가 아닙니다. 성경에서 예정교리가 어떤 문맥에서 등장하는가를 주목해보시기를 바랍니다.

㉮ 전적타락, 전적무능이라는 자력구원의 불가능성으로 말미암아 "오호라 나는 곤고한 사람이로다 이 사망의 몸에서 누가 나를 건져내랴"(롬 7:24) 하고 탄식하던 자에게 주어지는, 구원에 대한 최종적인 확신이요, 소망이요, 환희요, 감격인 것입니다. 그래도 하나님 앞에 할 말이 남았습니까?

㉯ 그렇다면 야곱은 무엇을 위해서 택함을 받아 구속사의 무대에 세움을 받았는가? 바울이 "그러나 내가 긍휼을 입은 까닭은 예수 그리스도께서 내게 먼저 일

체 오래 참으심을 보이사 후에 주를 믿어 영생 얻는 자들에게 본이 되게 하려 하심이라"(딤전 1:16) 하고 진술함과 같이, 야곱은 택함 받은 자의 본으로 세움을 받았다고 말할 수가 있습니다.

메시아언약의 계승자

㉠ 참으로 야곱의 일생은, "험악한 세월을 보내었노라"(47:9) 한 그대로 파란만장의 일생이었습니다. 여기에 택함을 받은 자의 "영광(榮光)과, 고난"(苦難)이 함께 나타납니다. 야곱은 에서로부터 장자의 축복을 빼앗은 일로 인하여 가족을 떠나 하란으로 피난을 가지 않을 수 없게 됩니다.

㉡ 야곱의 생애에 몇 번의 전환점(轉換點)이 있는데 이를 통해서 그가 무엇을 위하여 세움을 입었는가를 가늠해볼 수가 있습니다. 그 첫 전환점이, "야곱이 브엘세바에서 떠나 하란으로 향하여 가더니 한 곳에 이르는 해가 진지라 거기서 유숙하려고 그 곳의 한 돌을 가져다가 베개로 삼고 거기 누워 자더니 꿈에 본즉 사닥다리가 땅 위에 서 있는데 그 꼭대기가 하늘에 닿았고 또 본즉 하나님의 사자들이 그 위에서 오르락내리락 하고 또 본즉 여호와께서 그 위에 서서 이르시되"(28:10-13상) 한 장면입니다.

㉮ 하나님께서 도망을 가는 야곱을 찾아오신 것입니다. 그리고 야곱과 하나님 사이가 "사닥다리"로 연결이 되어서 "하나님의 사자들이 그 위에서 오르락내리락 하고" 있는 것이 아닌가?

㉢ 하나님께서는 야곱을 찾아오신 것만이 아니라, "나는 여호와니 너의 조부 아브라함의 하나님이요 이삭의 하나님이라 네가 누워 있는 땅을 내가 너와 네 자

손에게 주리니 네 자손이 땅의 티끌 같이 되어 네가 서쪽과 동쪽과 북쪽과 남쪽으로 퍼져나갈 지며 땅의 모든 족속이 너와 네 자손으로 말미암아 복을 받으리라"(창 28:13-14) 하고, 아브라함과 이삭에게 세워주셨던 메시아언약을 야곱에게 계승(繼承)시켜주셨던 것입니다. 이것이 첫 전환점(轉換點)인데 야곱은 "그곳 이름을 벧엘이라 하였더라"(28:19) 합니다.

㉮ 야곱은 장자의 축복을 에서로부터 산 것만이 아니라, 아버지 이삭으로부터 축복을 받았고, 하나님께로부터 메시아언약을 계승받은 것입니다. 야곱은 메시아언약의 상속자로 세움을 입었던 것입니다. 그리고 하나님께서 야곱에게 세워주신 언약은 정확하게 아브라함(22:17-18)과, 이삭(26:26:4)에게 세워주신 메시아언약과 일치합니다. 그리하여 하나님은 아브라함의 하나님, 이삭의 하나님, 야곱의 하나님이 되신 것입니다.

㉯ 그리고 "내가 너와 함께 있어 네가 어디로 가든지 너를 지키며 너를 이끌어 이 땅으로 돌아오게 할지라 내가 네게 허락한 것을 다 이루기까지 너를 떠나지 아니하리라"(28:15) 하고 보장해주셨던 것입니다.

이스라엘이라 하라

㉠ 두 번째 전환점은 20년 동안 머물렀던 하란을 떠나 약속의 땅으로 돌아올 때입니다. "모든 것을 합력하여 선을 이루시는 하나님"께서는 이를 통해서 혈혈단신으로 떠났던 야곱을 12아들들을 거느리고 돌아오게 하시고, 야곱으로 떠났다가 이스라엘이 되어 돌아오게 하십니다.

㉮ "야곱은 홀로 남았더니 어떤 사람이 날이 새도록 야곱과 씨름을 했다"(창 32:24) 하고 말씀합니다. "홀로 남아 있는 야곱"에게 씨름을 걸어온 것은 "어떤 사람"이라는 점입니다. 이는 씨름을 걸어온 목적이 야곱 편에 있는 것이 아니라 하나님 편에 있음을 나타냅니다.

㉴ "그 사람이 그에게 이르되 네 이름이 무엇이냐 그가 이르되 야곱이니이다 그가 이르되 네 이름을 다시는 야곱이라 부를 것이 아니요 이스라엘이라 부를 것이니 이는 네가 하나님과 및 사람들과 겨루어 이겼음이니라"(창 32:27-28) 하고 말씀합니다. 핵심은 "이스라엘이라 부를 것이니" 한 말씀에 있습니다.

㉮ "이스라엘"! 이는 구속사에 있어서 중대한 의미가 있고, 비할 수 없는 큰 축복이었던 것입니다. 만일 야곱에게 이스라엘의 축복이 주어지지 않았다면 어떻게 되었을 것인가? 야곱의 열두 아들 중 한 아들만이 여자의 후손의 줄기가 되고 다른 아들들은 "이스마엘, 에서"의 경우에서 보는 바대로 유기가 되고 말았을 것이 아닌가?

㉰ 하나님께서는 홀로 떠났던 야곱을 12아들들을 거느리고 돌아오게 하셨고, 야곱으로 떠났다가 이스라엘이 되어 돌아오게 하신 것입니다. 그리하여 출생성분이 변변하지 못한 12아들은 12지파의 족장이 되는 영광을 얻게 되었던 것입니다.

㉮ 하나님께서는 아브라함에게 "네 자손이 하늘의 별과 같으리라" 하신 약속을 이루시기 위해서 한 가문(家門)에서 한 민족(民族)이 되게 하시려는데, 그 민족이 선민 "이스라엘"이었던 것입니다.

그로부터 4000년이 지난 현재까지도 지구상에서 살아지지 않고 있는

"이스라엘"이라는 나라의 명명(命名)이 주어지는 역사적인 순간이요, 형의 발뒤꿈치를 잡고 태어난 야곱이 이스라엘 민족의 시조(始祖)가 되는 엄청난 축복을 주신 것입니다. 야곱은 "그곳 이름을 브니엘이라" (32:30) 하였는데 이것이 야곱의 두 번째 전환점(轉換點)이라 할 수가 있습니다.

선민 이스라엘

㉠ 그렇다면 하나님께서 많은 민족 중에서 이스라엘을 선민으로 택하신 목적이 무엇인가 하는 점입니다. 두 가지를 꼽을 수가 있는데,

　㉮ 첫째는 "육신으로 하면 그리스도가 저희에게서 나셨으니"(롬 9:5) 한, 그리스도를 보내시기 위해서요,

　㉯ 둘째는 "저희가 하나님의 말씀을 맡았음이니라"(롬 3:2) 한, 구약성경을 기록하여 보존케 하였다가 전해주게 하시려는 임무입니다.

㉡ 이 두 가지 임무는 불가분의 관계인데, 선민 이스라엘을 통해서 그리스도를 보내셨다 하여도 이를 증언케 하기 위하여 "옛적에 선지자들을 통하여 여러 부분과 여러 모양으로 우리 조상들에게 말씀하신"(히 1:1) 구약성경을 가지지 못했다면 "예수가, 그리스도"이심을 입증(立證)할 근거가 없었을 것이기 때문입니다.

　㉮ 계시록 12:2절에서, "이 여자가 아이를 배어 해산하게 되매 아파서 애써 부르짖더니" 한 대로, 구원계획에는 많은 불순종과 거역과 패역과 반역이라는 "진통"이 있었음에도 불구하고 하나님께서는 이스라엘이

라는 선민을 통해서 두 가지 임무를 완수하게 하셨던 것입니다. 이렇게 하심으로 유대인만이 아니라 천하 만민을 구원하시려는 것이 하나님의 구원계획이었던 것입니다.

출애굽의 예표

㉠ 그런데 야곱의 생애 중 또 한번의 전환점이 있는데, 죽은 줄 알았던 요셉을 만나기 위하여 애굽으로 내려간 일입니다. 이는 야곱이 임의로 한 결정이 아니라, "애굽으로 내려가기를 두려워하지 말라 내가 거기서 너로 큰 민족을 이루게 하리라" 하신 하나님의 섭리하심이었다는 점입니다.

㉮ 하나님께서는 아브라함, 이삭이 약속의 땅을 떠나려 하자 이를 막으셨습니다. 그런데 어찌하여 야곱의 가족을 애굽으로 내려 보내시는가? 이점을 시편에서는, "그가 한 사람을 앞서 보내셨음이여 요셉이 종으로 팔렸도다 그의 발은 차꼬를 차고 그의 몸은 쇠사슬에 매였으니 곧 여호와의 말씀이 응할 때까지라" (시 105:17-19) 하고 진술합니다. 이렇게 하신 의도는 출애굽을 통해서 "영적 출애굽"을 계시하시기 위해서였던 것입니다.

㉯ 그러므로 "내가 너와 함께 애굽으로 내려가겠고 반드시 너를 인도하여 다시 올라올 것이며 요셉이 그의 손으로 네 눈을 감기리라" (46:3-4) 하신 것입니다.

㉡ 야곱은 애굽에 17년을 머물렀는데 임종 머리에서, "내가 조상들과 함께 눕거든 너는 나를 애굽에서 메어다가 조상의 묘지에 장사하라" (47:30) 하고 유언을 합

니다. 이는 하나님께서 "출애굽" 하게 해주실 것을 믿었다는 증거요, 그의 자손으로 그리스도께서 약속의 땅에 오실 것을 믿었다는 증거입니다.

㉮ 이점이 야곱이 임종 머리에서 선지자의 영에 의하여, "규가 유다를 떠나지 아니하며 통치자의 지팡이가 그 발 사이에서 떠나지 아니하기를 실로가 오시기까지 이르리니 그에게 모든 백성이 복종하리로다" (49:10) 하고 예언을 하는데서 드러납니다.

이스라엘의 특권

㉠ 부언할 점은 그럼에도 불구하고 유대인들은 언약하신 대로 아브라함과 다윗의 자손으로 오신 그리스도를 배척하였던 것입니다. 그렇다면 "선민 이스라엘"은 폐하여졌단 말인가? 결론부터 말씀을 드린다면 하나님께서 선민으로 택하신 목적이 완수(完遂)되었다고 말할 수가 있습니다.

㉮ 이점에서 육적 이스라엘이라는 벽을 뛰어넘는 엄청난 요점이 등장하는데, "하나님은 다만 유대인의 하나님이시냐 또한 이방인의 하나님은 아니시냐 진실로 이방인의 하나님도 되시느니라" (롬 3:29) 하는 말씀입니다.

"무릇 표면적 유대인이 유대인이 아니요 표면적 육신의 할례가 할례가 아니니라, 오직 이면적 유대인이 유대인이며 할례는 마음에 할지니 영에 있고 율법 조문에 있지 아니한 것이라" (롬 2:28-29) 하고 말씀합니다.

㉡ 하나님께서 이루어 오신 역사는 "출애굽이나, 출바벨론"도 아니요, "이스라엘 나라를 회복하심이 이때니이까"(행 1:6) 한 것도 아니라는 점입니다. 다시 말하

면 선민 이스라엘 민족만을 구원하시려는 것이 아니라, 이스라엘을 제사장 나라로 삼으셔서 만민을 구원하시려는 것이 하나님의 구원계획입니다.

㉮ "이스라엘이여 네 백성이 바다의 모래 같을지라도 남은 자만 돌아오리니"(사 10:22) 하신, 구약교회 중의 남은 자와, "그런즉 이와 같이 지금도 은혜로 택하심을 따라 남은 자가 있느니라"(롬 11:5) 한 신약교회 중의 남은 자가 "참 이스라엘" 인 것입니다. 그러므로 사도 바울은 이방인으로 구성된 갈라디아교회를, "무릇 이 규례를 행하는 자에게와 하나님의 이스라엘에게 평강과 긍휼이 있을 지어다"(갈 6:16) 하고, "하나님의 이스라엘" 이라고 부르는 것입니다.

㉢ 야곱도 믿고 죽었고 약속을 받지 못하였으나, 하나님께서는 그 약속을 지켜주셨으며 우리는 그 약속이 성취된 이후를 살아가고 있으면서, 하나 남은 약속 곧 그리스도의 재림을 기다리고 있는 것입니다. 파란만장한 생애를 보낸 야곱은 무엇을 위하여 그 때에 세움을 받았는가?

㉮ 모든 택함을 받은 자의 예표의 인물로,

㉯ 선민 이스라엘의 조상으로,

㉰ 메시아언약의 계승자로,

㉱ 출애굽을 통한 영적 출애굽의 길 예비자로,

㉣ 궁극적으로는 "규가 유다를 떠나지 아니하며" 한, 12아들 중 그리스도가 유다지파로 오신다는 증언자로 세움을 받았던 것입니다. 야곱은 달려갈 길을 마치고 구속사의 무대에서 떠났습니다. 그렇다면 나는 무엇을 위하여 이때에 세움을 받았는가 하고 자문하게 됩니다.

유다

"그가 또 임신하여 아들을 낳고 이르되 내가 이제는 여호와를 찬송하리로다 하고 이로 말미암아 그가 그의 이름을 유다라 하였고 그의 출산이 멈추었더라"(창 29:35).

여호와를 찬송하리로다

㉠ 유다는 레아의 넷째 아들로 태어났습니다. 레아는 맏아들을 낳고는 "나의 괴로움을 돌보셨으니 이제는 내 남편이 나를 사랑하리로다"(32) 하는 뜻에서 "르우벤"이라 하고, 둘째를 낳고도 "내가 사랑 받지 못함을 들으셨으므로 내게 이 아들도 주셨도다"(33) 하는 뜻으로 "시므온"이라 하고, 셋째 아들을 낳고는 "내 남편이 지금부터 나와 연합하리로다"(34) 하는 뜻으로 "레위"라고 이름을 지었다고 합니다. 이로 보건대 야곱은 오직 라헬만을 극진히 사랑한 것으로 여겨집니다.

㉯ 그런데 유다를 낳고는 "내가 이제는 여호와를 찬송하리로다"(35) 하는 뜻에서 이름을 "유다"라 불렀다는 것입니다. 이런 축복을 받으면서 유다는 구속사의 무대에 등장을 하게 됩니다. 어머니 레아가 어떤 의도에

서 "여호와를 찬송하리로다"의 뜻인 유다라고 불렸던 간에, 이 뜻이 야곱이 임종머리에서 행한 예언적인 축복에도 등장을 한다는 점을 주목하게 됩니다.

ⓒ 야곱은 축복하기를, "유다야 너는 네 형제의 찬송이 될지라 네 손이 네 원수의 목을 잡을 것이요 네 아버지의 아들들이 네 앞에 절하리로다 유다는 사자 새끼로다 내 아들아 너는 움킨 것을 찢고 올라갔도다 그가 엎드리고 웅크림이 수사자 같고 암사자 같으니 누가 그를 범할 수 있으랴"(49:8-9) 하고 축복을 했습니다. 크게 두 마디로 요약할 수가 있는데,

㉮ 첫째는 "유다야 너는 네 형제의 찬송이 될지라" 한, "찬송을 받게 되리라"는 말이고,

㉯ 둘째는 "네 손이 네 원수의 목을 잡을 것이요" 한, "원수를 정복하게 되리라"는 승리입니다. 이는 유다 자신이 이렇게 되리라는 말이 아니라, 유다지파를 통해서 오실 그리스도에게서 성취될 예언이었던 것입니다.

ⓒ 이점이 계속되는, "규가 유다를 떠나지 아니하며 통치자의 지팡이가 그 발 사이에서 떠나지 아니하기를 실로가 오시기까지 이르리니 그에게 모든 백성이 복종하리로다"(창 49:8-10) 한 축복에 명백하게 나타납니다.

㉮ "규가 유다를 떠나지 아니하며 통치자의 지팡이가 그 발 사이에서 떠나지 아니하리라"는 축복은, 왕들이 유다 지파를 통해서 일어나리라는 예언적인 축복인데, 이 축복은 하나님께서 아브라함에게, "내가 너로 심히 번성하게 하리니 내가 네게서 민족들이 나게 하며 왕들이 네게로

부터 나오리라"(17:6) 하고 언약하신 것과 맥을 같이 하는 것으로, 그리스도를 전망(展望)하는 말씀입니다.

㉡ 이점이 "실로가 오시기까지 이르리니 그에게 모든 백성이 복종하리로다" 하는 축복에 나타납니다. "모든 백성이 복종(服從)하게" 되리라는 "실로"는 메시아를 가리키는 것이 분명하기 때문입니다.

㉣ 야곱의 12아들은, 12족장이 되는 축복을 받았으나 그렇다고 그리스도께서 12지파 전체를 통해서 오시는 것은 아닌 것입니다. 그 중의 한 지파를 통해서 오시게 되는데, 유다지파가 그리스도가 오실 상속자로 세움을 입었다는 말씀입니다.

㉮ 또한 "유다는 사자 새끼로다" 하는데, 계시록에서는 "유대 지파의 사자(獅子) 다윗의 뿌리가 이겼으니" 하고, "사자"가 그리스도를 상징하는 것으로 말씀합니다. 그런데 사도 요한이 본 것은, "내가 또 보니 보좌와 네 생물과 장로들 사이에 한 어린 양(羊)이 서 있는데 일찍이 죽임을 당한 것 같더라"(계 5:5, 6) 한 "어린양"이었습니다.

㉯ 이는 사자(獅子)가 어린양이 되어 우리의 대속제물이 되어 주실 것으로, 또는 어린양이 죽으시고 다시 사심을 통해서 "사자"가 되어, "네 손이 네 원수의 목을 잡을 것이라", 즉 사탄을 정복하게 되리라는 예언적인 축복이었던 것입니다. 유다는 이름 그대로 야곱의 열두 아들 중 찬송 받으실 "여자의 후손", 즉 그리스도께서 태어나실 후사로 세움을 받았던 것입니다.

은혜로 택하심을 따라

㉠ 그런데 유다의 행적을 보면 "형제의 찬송"이 될만한 일보다는 부정적인 면이 강하게 나타난다는 점입니다. 첫째로 "그 후에 유다가 자기 형제들로부터 떠나 내려가서 아둘람 사람 히라와 가까이 하니라 유다가 거기서 가나안 사람 수아라 하는 자의 딸을 보고 그를 데리고 동침하니"(38:1-2) 하고, 가나안 여인을 아내로 삼았습니다.

㉮ 그리하여 "엘과 오난과 셀라"라 하는 세 아들을 얻게 됩니다. "유다가 장자 엘을 위하여 아내를 데려오니 그의 이름은 다말이더라"(6) 합니다. 그런데 "엘과, 오난" 두 아들이 "여호와의 목전에 악함으로" 죽임을 당하게 됩니다.

㉡ 둘째로 유다는 창녀로 가장한 자부 "다말"과의 관계에서 "베레스와 세라"라 하는 쌍둥이 아들을 얻게 됩니다. 그런데 이 사실을 알게 된 유다는 "그는 나보다 옳도다 내가 그를 내 아들 셀라에게 주지 아니 하였음이로다"(26) 하고 말합니다.

㉮ 유다가 "옳도다" 한 근거는, "형제들이 함께 사는데 그 중 하나가 죽고 아들이 없거든 그 죽은 자의 아내는 나가서 타인에게 시집가지 말 것이요 그의 남편의 형제가 그에게로 들어가서 그를 맞이하여 아내로 삼아 그의 남편의 형제 된 의무를 그에게 다 행할 것이요 그 여인이 낳은 첫 아들이 그 죽은 형제의 이름을 잇게 하여 그 이름이 이스라엘 중에서 끊어지지 않게 할 것이니라"(신 25:5-6) 한 말씀에 근거하여 한 말입니다.

후사를 잇게 하는 생명의 어미

㉠ 중심점은 "죽은 형제의 이름을 잇게 하여 그 이름이 이스라엘 중에서 끊어지지 않게 할 것이니라" 한 말씀에 있는데, 구속사(救贖史)란, 후사를 끊으려는 사탄에 대하여 하나님께서는 "끊어지지 않게" 계승시키신 역사였던 것입니다.

㉮ 이런 맥락에서 "나보다 옳도다" 한 말은 윤리적인 면에서 한 말이 아니고, "여자의 후손"의 의무는 자식을 낳아 그리스도가 오실 후사를 이어줄 책임이 있다는 점에서 옳다 한 말입니다.

㉡ 이 주제가 룻기서의 중심주제입니다. 보아스는, "룻"을 아내로 맞이하여 후사가 없이 죽은 친족 엘리멜렉의 이름이 언약 백성 중에서 끊어지지 아니하게 합니다. 그러자 베들레헴 여인들은 "여호와께서 이 젊은 여자로 말미암아 네게 상속자(相續者)를 주사 네 집이 다말이 유다에게 낳아준 베레스의 집과 같게 하시기를 원하노라"(12) 하고, 축복을 합니다.

㉮ 이처럼 "후사"라는 주제를 구속사라는 맥락으로 더듬어 보면 아담이 자기 아내를 "하와", 즉 생명의 어미라 한 것과 결부가 되는 것입니다. 왜냐하면 사탄은 부단히 "여자의 후손"이 태어날 후사(後嗣)를 끊으려 하나, 하나님께서는 주권적으로 후사를 이어오신 것이 구속의 역사이기 때문입니다.

㉢ 이런 맥락에서 다말의 행위는 가인이 아벨을 죽이자, "아벨 대신에 다른 씨를 주셨다"(창 4:25) 하고 "셋"이라 했다는 것과도 결부가 됩니다. 왜냐하면 다말의 행위는 후사를 잇고자 하는 열망에서 한 일이기 때문입니다. 그래서 룻기에서는 "다말"을 정죄하는 것이 아니라, "다말이

유다에게 낳아준 베레스의 집과 같게 하시기를 원하노라" 하고 복 받은 자로 칭송하고 있는 것입니다.

㉠ 이는 선민 이스라엘 민족이 메시아 나타나기를 고대하면서 후사에 대한 열망이 얼마나 강열했던가를 보여주는 대목이기도 합니다.

㉡ 이런 유다에게 "유다야 너는 네 형제의 찬송이 될지라" 하시면서, "규가 유다를 떠나지 아니하며 통치자의 지팡이가 그 발 사이에서 떠나지 아니하기를 실로가 오시기까지 이르리니 그에게 모든 백성이 복종하리로다" 하고 메시아가 오실 후사의 축복을 주시다니! "죄가 더한 곳에 은혜가 더욱 넘치나니"(롬 5:20) 하고, 고백할 것밖에 없는 것입니다.

대신하여 담보가 됨

㉠ 반면 유다의 행적에는 긍정적인 면도 나타납니다. 유다의 첫 행적은 37장에 나타나는데, "유다가 자기 형제에게 이르되 우리가 우리 동생을 죽이고 그의 피를 덮어둔들 무엇이 유익할까 자 그를 이스마엘 사람들에게 팔고 그에게 우리 손을 대지 말자 그는 우리의 동생이요 우리의 혈육이니라"(37:26–27) 하고, 구덩이에 던짐을 받은 요셉을 살려주는 역할입니다.

㉡ 또한 44장에는 요셉이 양식을 구하러 내려온 형제들의 진정을 알아보기 위해서 "베냐민"을 억류하는 기사가 나오는데, 유다가 대표자 격으로 나서서 애끓는 소청을 올립니다.

㉠ "주의 종이 내 아버지에게 아이를 담보하기를 내가 이를 아버지께로 데리고 돌아오지 아니하면 영영히 아버지께 죄 짐을 지리이다 하였사

오니 이제 주의 종으로 그 아이를 대신하여 머물러 있어 내 주의 종이 되게 하시고 그 아이는 그의 형제들과 함께 올려 보내소서"(44:32-34) 합니다. 핵심은 자신이 베냐민을 "대신하여" 담보가 되겠다는 것입니다.

㉴ 유다의 진정어린 소청은 요셉의 마음을 녹여, "방성대곡"을 하게 합니다. 그리고 자신의 정체를 밝히면서, "당신들이 나를 이 곳에 팔았다고 해서 근심하지 마소서 한탄하지 마소서 하나님이 생명을 구원하시려고 나를 당신들보다 먼저 보내셨나이다"(44:5) 하고 말합니다.

동방 해 돋는 쪽에 진칠 자

㉠ 유다지파를 향하신 하나님의 뜻은 출애굽의 과정에서 더욱 선명하게 나타나는데, "이십 세 이상으로 싸움에 나갈 만한 모든 자"(민 1:3)를 계수하라 하신 때에도 유다 지파가 가장 번성한 것으로 나타나고,

㉮ 성막을 중심으로 진을 치라 하셨을 때에도 "동방 해 돋는 쪽에 진칠 자는 그 진영별로 유다의 진영의 군기에 속한 자라"(2:3) 하고 명하심에 나타납니다. 유다 지파를 가리켜서 "동방 해 돋는 쪽에 진칠 자"라 하심이 무심한 표현이 아닌 것은 유다지파를 통해서, "공의로운 해가 떠올라서 치료하는 광선을 비추리니 너희가 나가서 외양간에서 나온 송아지 같이 뛰리라"(말 4:2) 하신, 그리스도께서 오실 통로임을 암시하는 말씀이기 때문입니다.

㉯ 시내산을 출발할 때에도 "선두로 유다 자손의 진영의 군기에 속한 자

들이 그들의 진영별로 행진하였으니"(민 10:14) 하고, 유다 진영이 선두(先頭)에 서라 명하셨던 것입니다. 이는 유다지파로 오실 그리스도가 우리를 인도하실 참 목자이심을 나타내고 있습니다. 이점을 시편 114편에서는 감동적으로 노래하고 있는데,

이스라엘이 애굽에서 나오며 야곱의 집안이 언어가 다른 민족에게서 나올 때에
유다는 여호와의 성소가 되고 이스라엘은 그의 영토가 되었도다
바다가 보고 도망하며 요단은 물러갔으니
산들은 숫양들 같이 뛰놀며 작은 산들은 어린 양들 같이 뛰었도다
바다야 네가 도망함은 어찌함이며 요단아 네가 물러감은 어찌함인가
너희 산들아 숫양들 같이 뛰놀며
작은 산들아 어린 양들 같이 뛰놂은 어찌함인가 (시114:1-6) 합니다.

ⓒ "바다가 보고 도망하며"는, 홍해가 갈라진 것을 시적으로 표현한 말인데 선두에 서서 인도하시는 왕(王)의 행차(行次)를 보고 길을 열어드리는 것으로 묘사하고 있는 것입니다. 얼마나 감동적인 말씀인가!

㉮ 훗날 솔로몬이 타락하였을 때에도, "오직 내가 이 나라를 다 빼앗지 아니하고 내 종 다윗과 내가 택한 예루살렘을 위하여 한 지파를 네 아들에게 주리라"(왕상 11:13) 말씀하셨는데, 남겨주신 한 지파가 유다 지파였던 것입니다.

㉴ 이상에서 상고한 대로 "유다가 형제의 찬송"이 될 수 있었던 것이나, "유다지파"를 남겨주심은 자격이나 공로가 있어서가 아니라 이는 전적인 하나님의 주권적인 은혜였던 것입니다. 유다는 그리스도가 오실 통로로 세움을 받은 자입니다. 그렇다면 나는 무엇을 증언하기 위하여 세움을 받았는가 하고 자문하게 합니다.

요셉

"하나님이 라헬을 생각하신지라 하나님이 그의 소원을 들으시고 그의 태를 여셨으므로 그가 임신하여 아들을 낳고 이르되 하나님이 내 부끄러움을 씻으셨다 하고 그 이름을 요셉이라 하니 여호와는 다시 다른 아들을 내게 더하시기를 원하노라 하였더라"(창 30:22-24).

부끄러움을 씻으셨다

㉠ 이렇게 해서 요셉은 구속사의 무대에 등장하게 됩니다. 죽이려는 에서를 피하여 하란으로 내려간 야곱은 외삼촌 라반의 집으로 인도됩니다. 그리하여 라반의 두 딸 중 라헬을 사랑하여 그를 아내로 맞이하기 위해서 7년을 봉사합니다. 그러나 첫날밤을 보낸 야곱이 아침에 보니 신부는 라헬이 아니라 언니 "레아"였습니다. 야곱은 사랑하는 라헬을 얻기 위해서 또다시 7년을 봉사합니다.

㉡ 이리하여 야곱은 원치 않게 두 아내를 맞이하게 됩니다. 그런데 레아는 "르우벤, 시므온, 레위, 유다"를 생산하였으나 라헬에게는 소생이 없었습니다. 라헬은 자기 대신 여종 "빌하"를 통해서 "단, 납달리"를 얻게 됩니다. 그러자 레아도 질세라 여종 "실바"를 통해서 "갓, 아셀"을 얻게 됩니다.

ⓒ 이런 상황에서 "하나님이 라헬을 생각하신지라 하나님이 그의 소원을 들으시고 그의 태를 여셨으므로 그가 임신하여 아들을 낳고 이르되 하나님이 내 부끄러움을 씻으셨다 하고 그 이름을 요셉이라"(창 30:22-24) 했다는 것입니다. 이렇게 해서 "요셉"은 구속사의 무대에 등장을 하게 되는데, 그러면 요셉은 무엇을 위하여 세움을 입었는가?

보냄을 받은 자, 고하는 자

㉠ 요셉은 창세기 30장에서 출생하였으나 그의 기사는 17세가 된 37장에서부터 시작이 됩니다. 요셉의 기사를 관찰해보면 요셉은 첫째로 "말씀을 고하는" 중언자로 쓰임을 받는 것을 보게 됩니다.

㉮ 첫 기사가 형들의 "잘못을 아버지에게 말하더라"(37:2) 합니다.

㉯ "요셉이 꿈을 꾸고 자기 형들에게 말하매 그들이 그를 더욱 미워하였더라"(5),

㉰ "요셉이 다시 꿈을 꾸고 그의 형들에게 말하여 이르되 내가 또 꿈을 꾼 즉 해와 달과 열 한 별이 내게 절하더이다"(9) 하고, 하나님의 계시를 "말하는", 즉 중언자로 등장합니다. 그 반응에 대해서 "그의 형들은 시기하되 그의 아버지는 그 말을 간직해 두었더라"(11) 합니다.

ⓒ 둘째로 요셉은 "보냄을 받은 자"로 등장합니다. "그의 형들이 세겜에 가서 아버지의 양 떼를 칠 때에 이스라엘이 요셉에게 이르되 네 형들이 세겜에서 양을 치지 아니하느냐 너를 그들에게로 보내리라"(12-13) 하고, 보냄을 받습니다.

㉠ 요셉은 형들의 시기를 받아 우여곡절 끝에 대상들에게 팔리어 애굽으로 보냄을 받게 됩니다.

㉡ 애굽으로 내려간 요셉은 바로의 신하 "보디발"의 집으로 보냄을 받게 되고,

㉢ 보디발의 아내의 모함으로 감옥으로 보냄을 받게 되고,

㉣ 급기야는 바로에게로 보냄을 받아 꿈을 해석해줌으로 총리대신의 자리에 앉게 됩니다.

하나님의 증언자

㉠ 요셉은 보냄을 받는 곳마다, "하나님"을 증언하는 자의 역할을 감당합니다. 이것이 요셉의 핵심적인 사명이라 할 수가 있습니다.

㉠ 동침하기를 청하는 보디발의 아내에게, "주인이 아무것도 내게 금하지 아니하였어도 금한 것은 당신뿐이니 당신은 그의 아내임이라 그런즉 내가 어찌 이 큰 악을 행하여 하나님께 죄를 지으리이까"(39:9) 하고, 하나님을 증언합니다.

㉡ 옥중에서 만나게 된 애굽 왕의 술 맡은 자와 떡 굽는 자의 관원장들이 꿈을 꾸고, "우리가 꿈을 꾸었으나 이를 해석할 자가 없도다" 하고 말하자, "요셉이 그들에게 이르되 해석은 하나님께 있지 아니 하니이까 청하건대 내게 이르소서"(40:8) 하고, 하나님을 증언합니다.

㉢ 바로가 요셉을 불렀을 때에도, "요셉이 바로에게 대답하여 이르되 내가 아니라 하나님께서 바로에게 편안한 대답을 하시리이다"(41:16) 하

고, 하나님을 중언합니다.

㉘ 꿈 이야기를 듣고는, "요셉이 바로에게 아뢰되 바로의 꿈은 하나라 하나님이 그가 하실 일을 바로에게 보이심이니이다"(41:25) 하고, 하나님을 중언합니다.

㉙ 꿈을 해석해주기에 앞서서도, "내가 바로에게 이르기를 하나님이 그가 하실 일을 바로에게 보이신다 함이 이것이라"(28) 말하고,

㉚ 해석해주고난 후에도, "바로께서 꿈을 두 번 겹쳐 꾸신 것은 하나님이 이 일을 정하셨음이라 하나님이 속히 행하시리니"(32) 하고, 재차 하나님을 중언합니다.

㉡ 훗날 아버지 야곱이 죽은 후에 복수를 두려워하는 형들에게도, "요셉이 그들에게 이르되 두려워하지 마소서 내가 하나님을 대신하리이까" 하고, 하나님을 증언합니다.

㉮ 결론적으로 요셉은 불변의 진리를 선포하고 있는데, "당신들은 나를 해하려 하였으나 하나님은 그것을 선으로 바꾸사 오늘과 같이 많은 백성의 생명을 구원하게 하시려 하셨나니"(50:19-20) 합니다. "악을 선으로 바꾸시는" 하나님이시라는 중언입니다. 이는 창세기를 요약해주는 말이요, 구속의 역사를 축약하는 표현이기도 합니다.

하나님의 섭리를 믿는 자

㉠ 창세기에는 4대 족장이라 할 수 있는 "아브라함, 이삭, 야곱, 요셉"이 등장합니다. 그런데 참으로 특이한 점은 요셉의 파란만장한 생애 중, "아브라함, 이삭,

야곱"에게 나타내시고 말씀하신 하나님께서는 단 한번도 요셉에게는 나타내신 적이 없으시다는 점입니다. 그럼에도 불구하고 요셉은 단 한번도 하나님을 의심하거나 불평하는 모습을 볼 수가 없다는 점도 특이합니다.

㉮ 그런데 요셉을 가까이 한 사람들은 이구동성으로, "여호와께서 요셉과 함께 하시므로(39:2), 그의 주인이 여호와께서 그와 함께 하심을 보며 또 여호와께서 그의 범사에 형통하게 하심을 보았더라"(3) 하고, 하나님께서 요셉과 함께 하셨다고 말합니다.

㉯ 옥중에서도 "여호와께서 요셉과 함께 하시고(21), 간수장은 그의 손에 맡긴 것을 무엇이든지 살펴보지 아니하였으니 이는 여호와께서 요셉과 함께 하심이라 여호와께서 그를 범사에 형통하게 하셨더라"(23) 합니다.

㉰ 애굽 왕 바로도 "이와 같이 하나님의 영에 감동된 사람을 우리가 어찌 찾을 수 있으리요"(41:38) 하고 총리대신으로 임명을 합니다.

㉡ 시편기자는 요셉에게 되어진 일련의 사건들 배후에서 하나님께서 섭리하셨음을 증언하기를,

　　그(하나님)가 한 사람을 앞서 보내셨음이여 요셉이 종으로 팔렸도다
　　그의 발은 차꼬를 차고 그의 몸은 쇠사슬에 매였으니
　　곧 여호와의 말씀이 응할 때까지라 그의 말씀이 그를 단련하였도다
　　왕이 사람을 보내어 그를 석방함이여 뭇 백성의 통치자가 그를 자유롭게 하였도다
　　그를 그의 집의 주관자로 삼아 그의 모든 소유를 관리하게 하고

그의 뜻대로 모든 신하를 다스리며 그의 지혜로 장로들을 교훈하게 하였도다

이에 이스라엘이 애굽에 들어감이여

야곱이 함의 땅에 나그네가 되었도다(시 105:17-23) 합니다.

한 사람을 앞서 보내셨음이여

㉠ 교훈적으로 보면 요셉을 판 것은 형들이지만, 구속사적으로 보면 하나님께서 "한 사람"을 선발대로 보내셨다는 것이 되는 것입니다. 이렇게 섭리하신 목적이 하나님께 있기 때문입니다. "이스라엘이 애굽에 들어감이여", 즉 하나님께서 야곱의 가족을 애굽으로 내려 보내시어 번성케 하셨다가 출애굽을 통해서 "영적 출애굽"을 계시하시기 위해서 요셉을 선발대로 보내셨다는 것입니다.

㉡ 요셉은 형제들에게 유언하기를, "나는 죽을 것이나 하나님이 당신들을 돌보시고 당신들을 이 땅에서 인도하여 내사 아브라함과 이삭과 야곱에게 맹세하신 땅에 이르게 하시리라" 하고 "출애굽"시켜주실 것을 말합니다. 그러면서 "하나님이 반드시 당신들을 돌보시리니 당신들은 여기서 내 해골을 메고 올라가겠다 하라"(50:24) 하고 유언을 합니다.

㉮ 요셉도 "믿음을 따라 죽었으며 약속을 받지 못하였으되 그것들을 멀리서 보고 환영"(히 11:13)한 것입니다. "그들이 이같이 말하는 것은 자기들이 본향 찾는 자임을 나타냄이라 그들이 나온바 본향을 생각하였더라면 돌아갈 기회가 있었으려니와 그들이 이제는 더 나은 본향을 사모하니 곧 하늘에 있는 것이라 이러므로 하나님이 그들의 하나님이라 일

컬음 받으심을 부끄러워하지 아니하시고 그들을 위하여 한 성을 예비하셨느니라"(히 11:14-16) 합니다.

ⓒ 요셉은 보냄을 받은 사람, 그리하여 하나님을 증언하는 자로 세움을 받았습니다. 그렇다면 이것이 우리들의 임무가 아니겠는가? 그런 나는 어떻게 하고 있는가 하고 성찰하게 합니다.

이스라엘의 영광과 고난

"너는 여호와 네 하나님의 성민이라 네 하나님 여호와께서 지상 만민 중에서 너를 자기 기업의 백성으로 택하셨나니 여호와께서 너희를 기뻐하시고 너희를 택하심은 너희가 다른 민족보다 수효가 많기 때문이 아니니라 너희는 오히려 모든 민족 중에 가장 적으니라"(신 7:6-7).

선민의 영욕(榮辱)

㉠ 이렇게 해서 "모든 민족 중에 가장 적은" 이스라엘이 하나님의 선민으로 택함을 받았습니다. 먼저 확고해야할 점은 야곱의 자손들이 하나님의 선민이 되고 싶어서 된 것이 아니라, 하나님께서 주권적으로 선택을 하셔서 선민으로 삼으셨다는 점입니다. 그러면 선민으로 택하신 기준이 무엇인가? "

㉮ "여호와께서 다만 너희를 사랑하심으로 말미암아, 또는 너희의 조상들에게 하신 맹세를 지키려 하심으로 말미암아" (신 7:8) 라고 말씀합니다. 첫째는 메시아언약을 이루시기 위해서요, 둘째는 "너희를 사랑하심으로 말미암아" 라는 것입니다.

하나님께서 우리를 성도로 택하신 기준도 다른 사람들보다 의롭거나 선해서가 아니라, "그 기쁘신 뜻대로 우리를 예정하사 예수 그리스도로 말미암아 자기의 아들들이 되게 하셨으니"(엡 1:5), 즉 하나님의 "기쁘신 뜻대로" 하신 것이라고 말씀합니다. 달리는 설명할 길이 없는 것입니다.

ⓒ 하나님의 성민(聖民), 또는 하나님의 성도(聖徒)로 택함을 받았다는 것은 무엇에 비할 수 없는 영광이 아닐 수 없습니다. 그러나 여기에는 영광만 있는 것이 아니라 책임과 고난(苦難)도 수반한다는 점을 명심해야만 합니다.

왜냐하면 하나님께서 "성민, 성도"로 택하실 때에는 목적이 있으시기 때문인데 그 사명을 수행하기 위해서는 고난이 따르기 때문입니다. 그런데 많은 분들은 영광만을 생각하고, 고난을 당해야 할 것은 생각하지 않는 듯합니다. 하나님께서 야곱의 족속들을 성민으로 택하신 목적이 무엇인가? 앞에서 지적한 대로 크게 두 가지를 들 수가 있는데,

㉮ 첫째는 택하신 성민을 통해서 그리스도를 보내시기 위해서요,

㉯ 둘째는 "그런즉 유대인의 나음이 무엇이며 할례의 유익이 무엇이냐 범사에 많으니 우선은 그들이 하나님의 말씀을 맡았음이니라"(롬 3:1-2), 즉 하나님의 말씀을 받아 기록하여 후대에 전해주게 하시기 위해서라는 것입니다.

ⓒ 구약성경에 수록되어 있는 구속의 역사는 성민 이스라엘의 역사(歷史)이기도 합니다. 왜냐하면 하나님께서 구원계획을 성민의 역사(歷史)를 통해서 계시하셨기 때문입니다. 하나님께서는 이스라엘의 역사 중 크게 두 가지를 구원계획의 예표로 사용하셨는데 그것은 "출애굽과, 출 바벨론"입니다.

㉮ 먼저 출애굽인데, 하나님께서는 어떤 의도에서 "한 사람을 앞서 보내셨음이여 요셉이 종으로 팔렸도다"(시 105:17) 하고, 요셉을 선발대로

내려 보내셨는가? 그리고 야곱에게 나타나시어, "애굽으로 내려가기를 두려워하지 말라 내가 거기서 너로 큰 민족을 이루게 하리라 내가 너와 함께 애굽으로 내려가겠고 반드시 너를 인도하여 다시 올라올 것이며"(창 46:3, 4) 하고, 야곱 곧 이스라엘을 애굽으로 내려 보내셨는가?

출애굽에 나타난 고난

㉠ "출애굽"을 통해서 "영적 출애굽"을 계시하시기 위해서였던 것입니다. 성민(聖民) 이스라엘은 이 역할(役割)을 감당해야만 했던 것입니다. 그리고 그 역할은, "여호와께서 아브람에게 이르시되 너는 반드시 알라 네 자손이 이방에서 객이 되어 그들을 섬기겠고 그들은 사백년 동안 네 자손을 괴롭히리니"(창 15:13) 하신, 고난(苦難)을 감내해야할 역할이었던 것입니다.

㉡ 반면 창세기 36장에는 "에서 곧 에돔의 족보는 이러하니라"(1) 하고, 에서의 족보가 나오는데, "이스라엘 자손을 다스리는 왕이 있기 전에 에돔 땅을 다스리던 왕(王)들은 이러 하니라"(31) 하고, 에서 족속의 열왕(列王)들이 나옵니다. 성민 이스라엘이 애굽에서 4백여 년 동안 노예생활을 하는 동안, 에서의 자손들은 왕국(王國)들을 이룩하고 떵떵거리며 살고 있었던 것입니다.

㉮ 이점이 출애굽 과정에서 분명하게 나타나는데, "모세가 가데스에서 에돔 왕에게 사신을 보내며 이르되 당신의 형제 이스라엘의 말에 우리가 당한 모든 고난(苦難)을 당신도 아시거니와 우리 조상들이 애굽으로 내려갔으므로 우리가 애굽에 오래 거주하였더니 애굽인이 우리 조상들과 우리를 학대하였으므로"(민 20:14-15) 하면서, 지경(地境)을 통

과(通過)하게 해달라고 간청을 합니다.

㉴ "에돔 왕이 대답하되 너는 우리 가운데로 지나가지 못하리라 내가 칼을 들고 나아가 너를 대적할까 하노라" 하고 이를 거부합니다. "이스라엘 자손이 이르되 우리가 큰길로만 지나가겠고 우리나 우리 짐승이 당신의 물을 마시면 그 값을 낼 것이라 우리가 도보로 지나갈 뿐인즉 아무 일도 없으리이다" 하고 호소하나,

ⓒ "그는 이르되 너는 지나가지 못하리라 하고 에돔 왕이 많은 백성을 거느리고 나와서 강한 손으로 막으니 에돔 왕이 이같이 이스라엘이 그의 영토로 지나감을 용납하지 아니하므로 이스라엘이 그들에게서 돌이키니라"(18-21) 합니다. 이를 통해서 성민 이스라엘의 고난과, 유기를 당한 에돔 족속의 영광이 대조적으로 나타나고 있음을 보게 됩니다.

출 바벨론의 고난

㉠ 또 하나의 예표는 성민 이스라엘이 바벨론에 포로가 되었다가 돌아오는 것을 통해서, 사탄의 포로에서 자유 함을 얻게 되는 것을 계시하신 예표입니다. 이 예표에는 하나님의 주권(主權)과 인간의 책임(責任)이 극명하게 나타나는데, 논란(論難)이 많은 "하나님의 주권과, 인간의 책임" 문제에 대해서 잠시 언급해야만 하겠습니다.

㉮ 예루살렘이 멸망을 당하고 성민 이스라엘이 포로로 끌려가게 된 것은 하나님을 반역한 인간의 책임(責任) 때문입니다. 그런데 만일 저들이 포로로 끌려가지 않았다면, 바벨론 포로 귀환을 예표로 하여 영적 포로귀

환을 계시하시려는 하나님의 계획은 이루어질 수가 없었을 것입니다.

ⓛ 그렇게 되면 이사야서로부터 말라기서까지의 선지(先知)서는 기록이 되지 못하였을 것이요, 선지서가 기록이 되지 못하였다면, "이 복음은 하나님이 선지자들을 통하여 그의 아들에 관하여 성경에 미리 약속하신 것이라"(롬 1:2) 하신 선지서의 중심주제인 "복음"(福音)은 계시할 수가 없었을 것입니다.

㉮ 왜냐하면 문서(文書) 선지자 16명은 모두가 예루살렘의 멸망을 전후해서 세움을 받았고, 한결같이 바벨론 포수로부터의 귀환을 예표로 하여 복음을 증언하고 있기 때문입니다. 이는 하나님의 주권(主權)에 속한 것입니다.

ⓒ 이점은 언약의 사자 그리스도께서 자기 땅에 오셨을 때에 선민 이스라엘이 배척을 한데서도 드러납니다. 그리스도를 배척을 하고 십자가에 못을 박은 반역에 따른 책임(責任)으로 저들은 버림을 당했던 것입니다. 그런데 만일 환영하고 영접하여 왕으로 추대를 했다면 어떻게 되었을 것인가? 그렇게 함으로 인류의 구원이 가능하여지는 것인가 하는 점입니다.

㉮ "아벨의 번제, 노아의 번제, 아브라함의 번제" 등, 구약성경을 통해서 예표적으로 보여주셨던 대속제물에 대한 성취는 이루지를 못했을 것입니다. 이와 같이 "바벨론 포수, 십자가 사건"에는 인간의 책임과 하나님의 주권이 동시에 나타나고 있는 것입니다. "그가 하나님께서 정하신 뜻과 미리 아신 대로 내준 바 되었거늘", 이는 하나님의 주권에 속한 것이고, "너희가 법 없는 자들의 손을 빌려 못 박아 죽였으나"(행 2:23) 한 것은, 인간의 책임에 속하는 것입니다.

㉯ 이처럼 하나님의 구원계획에는 하나님의 주권적인 뜻과, 자신의 행위에 따른 인간의 책임이 기차의 선로(線路)같이 평행을 이루고 있는 것입니다. 그래서 논쟁은 계속이 됩니다. 그러나 확고해야할 것은 인간의 책임보다 하나님의 주권이 우선한다는 점입니다. 이것이 하나님 중심입니다.

성경에 등장하는 인물들은 자의로 등장한 것이 아니라 하나님께서 세우심으로 등장하게 된 것이요, 자신을 드러내기 위해서가 아니라, "하늘이 하나님의 영광을 선포하고 궁창이 그의 손으로 하신 일을 나타내는도다"(시 19:1) 한 대로, 하나님의 하시는 일을 나타내고, 하나님의 영광을 위하여 세움을 입은 자들인 것입니다.

성도의 양면성

㉠ 이런 영광과 고난은 구속사(救贖史)만이 아니라, "성도"(聖徒)로 택하심을 받고 부르심을 받은 개인(個人)에게도 동일하게 적용이 된다는 점입니다. 사도 바울이 어찌하여 그런 고난을 당하여야만 했는가? "주께서 이르시되 가라 이 사람은 내 이름을 이방인과 임금들과 이스라엘 자손들에게 전하기 위하여 택한 나의 그릇이라 그가 내 이름을 위하여 얼마나 고난을 받아야 할 것을 내가 그에게 보이리라"(행 9:15-16) 하신 "택하신 그릇"이 되었기 때문입니다.

㉡ 그러므로 사명 자들에게는 "영광과, 고난"이 함께 따르는 것입니다. 그리고 지금은 영광이 아니라, 주님께서 당하신 고난에 참여할 때인 것입니다.

㉮ 이런 택함 받은 자의 고난에 대해서 사도 바울은, "오직 모든 일에 하나

님의 일꾼으로 자천하여 많이 견디는 것과 환난과 궁핍과 고난과 매 맞음과 갇힘과 난동과 수고로움과 자지 못함과 먹지 못함 가운데서도 깨끗함과 지식과 오래 참음과 자비함과 성령의 감화와 거짓이 없는 사랑과 진리의 말씀과 하나님의 능력으로 의의 무기를 좌우에 가지고"(고후 6:4-7) 하고 말씀하면서, 사명(使命)자들의 양면성(兩面性)을 이렇게 진술합니다.

영광과 욕됨으로 그러했으며
악한 이름과 아름다운 이름으로 그러했느니라
우리는 속이는 자 같으나 참되고
무명한 자 같으나 유명한 자요
죽은 자 같으나 보라 우리가 살아 있고
징계를 받는 자 같으나 죽임을 당하지 아니하고
근심하는 자 같으나 항상 기뻐하고
가난한 자 같으나 많은 사람을 부요하게 하고
아무 것도 없는 자 같으나 모든 것을 가진 자로다(고후 6:8-10).

ⓒ 형제도 진정 하나님의 사랑하심을 입은 성도요, "택하신 그릇"이라면 이러한 양면성(兩面性)이 따르게 되리라는 점을 각오해야만 할 것입니다. 나는 관연 무엇을 위하여 세움을 받았는가?

아므람과 요게벳

"아므람은 그들의 아버지의 누이 요게벳을 아내로 맞이하였고 그는 아론과 모세를 낳았으며 아므람의 나이는 백 삼십 칠세였으며"(출 6:20).

믿음의 어머니 요게벳

㉠ 모세와 아론을 모르는 그리스도인은 없을 것입니다. 그런데 모세와 아론을 낳아 양육하는 임무를 훌륭하게 수행한 부모, 특히 어머니 "요게벳"을 기억하는 사람은 많지 않을 것입니다. 바로는 이스라엘 족속이 번성하는 것을 두려워하여, "바로가 그의 모든 백성에게 명령하여 이르되 아들이 태어나거든 너희는 그를 나일 강에 던지고 딸이거든 살려두라"(출 1:22) 하는 칙령을 내립니다.

㉡ 이런 시대적인 배경 하에서, "레위 가족 중 한 사람이 가서 레위 여자에게 장가들어 여자가 임신하여 아들을 낳으니 그가 잘 생긴 것을 보고 석 달 동안 그를 숨겼으나 더 숨길 수 없게 되매 그를 위하여 갈대 상자를 가져다가 역청과 나무 진을 칠하고 아기를 거기 담아 나일 강가 갈대사이에 두고 그의 누이가 어떻게 되는지를 알려고 멀리 섰더니"(출 2:1-4) 합니다.

㉮ 이점을 믿음 장에서는 "믿음으로 모세가 났을 때에 그 부모가 아름다운 아이임을 보고 석 달 동안 숨겨 왕의 명령을 무서워하지 아니하였으며"(히 11:23) 하고 증언합니다. 모세는 이처럼 참담한 역사적인 배경 하에서 태어나게 되었는데, 그가 하나님께 쓰임을 받는 큰 그릇이 되기까지는 그를 양육한 부모님의 "믿음"이 있었던 것입니다.

㉯ 그러니까 하나님의 백성들을 출애굽 시키는데 쓰임을 받은 영도자 모세의 뒤에는 "왕의 명령을 무서워하지 아니한" 믿음의 부모가 있어서 양육하는 임무를 훌륭하게 수행했기 때문인 것입니다. 이를 통해서 모든 그리스도인들의 어머니들이 불신자들의 어머니와 무엇이 어떻게 달라야 하는가 하는 차별화와 사명을 각성하게 되는 것입니다.

누구를 위하여 젖을 먹이나

㉠ 모세는 누이의 기지에 의하여 어머니 요게벳에게 양육을 받게 되었는데, 이점에서 바로의 딸이 한 말을 주목해야만 합니다. 바로의 공주는 "이 아기를 데려다가 나를 위하여 젖을 먹이라 내가 그 삯을 주리라"(2:9) 하고 말합니다.

㉮ "여인이 아기를 데려다가 젖을 먹이더니 그 아기가 자라매 그가 그의 아들이 되니라 그가 그의 이름을 모세라 하여 이르되 이는 내가 그를 물에서 건져내었음이라"(10), 그래서 "모세"라 했다는 것입니다. "그 아이가 자라매 바로의 딸에게로 데려가니" 하는데 요게벳이 젖을 먹인 기간은 얼마나 되었을 것인가? 학자들은 5살을 넘지 않았으리라 는데 동의합니다.

㉯ 바로의 공주는 "나를 위하여 젖을 먹이라" 했는데 과연 요게벳은 공주가 주는 삯을 바라고, 바로의 공주를 위하여 젖을 먹인 것인가?

ⓛ 성경은 "각 사람의 공적이 나타날 터인데 그 날이 공적을 밝히리니 이는 불로 나타내고 그 불이 각 사람의 공적이 어떠한 것을 시험할 것임이라"(고전 3:13) 하고 말씀하는데, 요게벳의 공적이 시험을 당할 날이 온 것입니다.

㉮ "모세가 장성한 후에 한번은 자기 형제들에게 나가서 그들이 고되게 노동하는 것을 보더니 어떤 애굽 사람이 한 히브리 사람 곧 자기 형제를 치는 것을 본지라"(11), 이는 모세가 애굽 사람과, 히브리 사람의 중간에 서 있는 구도입니다.

㉯ 요게벳은 모세의 영아 시절인 3~4년 동안 젖을 먹였고,

㉰ 공주는 모세를 데려다가 35년(행 7:23) 동안 애굽의 학술과 사상의 젖을 먹였습니다. 모세는 과연 누구를 "형제"라 부를 것인가?

ⓒ "좌우를 살펴 사람이 없음을 보고 그 애굽 사람을 쳐 죽여 모래 속에 감추니라"(12) 합니다. 모세가 행한 일에 대해서 믿음 장은 해설해주기를, "믿음으로 모세는 장성하여 바로의 공주의 아들이라 칭함 받기를 거절하고 도리어 하나님의 백성과 함께 고난 받기를 잠시 죄악의 낙을 누리는 것보다 더 좋아했다"(히 11:24-25) 하고 말씀합니다.

㉮ 그렇습니다. 모세가 압제를 당하는 히브리인을 형제(兄弟)로 인정하고 그의 편에 서서 애굽 사람을 쳐 죽이는 순간, 모세는 바로의 공주의 아들이라는 신분과 명예와 애굽의 영광과 자신의 성공을 포기하고 던져버림이었던 것입니다. 그래서 "바로의 공주의 아들이라 칭함 받기

를 거절하고 도리어 하나님의 백성과 함께 고난 받기를 잠시 죄악의 낙을 누리는 것보다 더 좋아했다" 하고 진술하는 것입니다.

㉣ 이점에서 우리를 더욱 놀라게 하는 것은 성경이, "그리스도를 위하여 받는 수모를 애굽의 모든 보화보다 더 큰 재물로 여겼으니 이는 상 주심을 바라봄이라"(히 11:26) 하고, 모세가 당한 고난을 "그리스도를 위하여 받은 수모"라고 진술하고 있기 때문입니다.

㉮ 요게벳은 누구를 위하여 젖을 먹였으며, 무엇을 위하여 그 시대에 세움을 받았는가? 그리스도를 위하여 젖을 먹였다는 결론에 이르게 되는 것입니다. 그렇다면 과연 나는 무엇을 위하여 이 시대에 세움을 받았으며, 누구를 위하여 살 것인가 하고 자문하게 합니다.

사도 바울은 대답합니다. "우리 중에 누구든지 자기를 위하여 사는 자가 없고 자기를 위하여 죽는 자도 없도다 우리가 살아도 주를 위하여 살고 죽어도 주를 위하여 죽나니 그러므로 사나 죽으나 우리가 주의 것이로다"(롬 14:7-8), 나는 과연 그러한가?

모세

"요셉을 알지 못하는 새 임금이 애굽 왕위에 오르매 그가 우리 족속에게 교활한 방법을 써서 조상들을 괴롭게 하여 그 어린 아이들을 내버려 살지 못하게 하려할 새 그 때에 모세가 났는데 하나님 보시기에 아름다운지라 그의 아버지의 집에서 석 달 동안 길리더니 버려진 후에 바로의 딸이 그를 데려다가 자기 아들로 기르매 모세가 애굽 사람의 모든 지혜를 배워 그의 말과 하는 일들이 능하더라"(행 7:18-22).

장래의 일을 증언하기 위하여

㉠ 모세는 바로의 노예를 부모로 하여 애굽에서 태어나 구속사의 무대에 등장하게 됩니다. 그러면 모세는 무엇을 위하여 이와 같은 역사적인 배경 하에서 그 시대에 세움을 받았는가 하는 점입니다. 많은 분들은 주저함이 없이 모세는 하나님의 백성들을 애굽에서 인도하여 내는 "출애굽"의 영도자로 세움을 받았다 하고 대답할 것입니다.

㉮ 물론 1차적으로는 맞는 말입니다. 그런데 그것이 전부입니까? 그것은 수박 겉핥기식 관찰일 뿐입니다. 저는 묻겠습니다. 주님께서 "내 아버지께서 이제까지 일하시니 나도 일한다"(요 5:17) 하신 하나님께서 이제까지 행하신 일이, 이스라엘 백성들을 애굽 바로의 노예에서 구출하여 내시는 일이었습니까?

ⓛ 모세는 무엇을 위하여 세움을 받았는가? 성경은 대답하기를, "또한 모세는 장래(將來)에 말할 것을 증언(證言)하기 위하여 하나님의 온 집에서 종으로서 신실하였다"(히 3:5) 하고, 말씀합니다.

㉮ 그러면 "장래에 말할 것" 이란 무엇을 가리키는가? 한마디로 하나님께서는 출애굽을 통해서 "영적 출애굽"을 계시하셨고, 모세는 하나님의 백성들을 출애굽 시키는 임무를 통해서 예수 그리스도께서 성취하실 영적 출애굽을 증언하는 자로 쓰임을 받았다는 말씀입니다. 이것이 "장래(將來)에 말할 것을 증언(證言)하기 위하여" 라는 뜻입니다.

ⓒ 그러면 좀 더 구체적으로 모세가 증언(證言)한 "장래 말할 것"의 핵심이 무엇인가를 살펴보겠습니다. 다시 말하면 이스라엘 백성들이 출애굽 하는 것이 어떻게 해서 가능하게 되었는가 하는 점입니다.

㉮ "모세가 이스라엘 모든 장로를 불러서 그들에게 이르되 너희는 나가서 너희의 가족대로 어린 양을 택하여 유월절 양으로 잡고 우슬초 묶음을 가져다가 그릇에 담은 피에 적셔서 그 피를 문 인방과 좌우 설주에 뿌리고 아침까지 한 사람도 자기 집 문 밖에 나가지 말라",

㉯ "여호와께서 애굽 사람들에게 재앙을 내리려고 지나가실 때에 문 인방과 좌우 문설주의 피를 보시면 여호와께서 그 문을 넘으시고 멸하는 자에게 너희 집에 들어가서 너희를 치지 못하게 하실 것임이니라"(출 12:21-23) 한, "유월절 어린양의 피" 곧 예수 그리스도께서 성취하여주실 십자가 복음이었던 것입니다.

㉰ 모세는 "여호와께서 모세에게 이르시되 바로에게로 들어가라 내가 그의 마음

과 그의 신하들의 마음을 완강하게 함은 나의 표징을 그들 중에 보이기 위함이며 네게 내가 애굽에서 행한 일들 곧 내가 그들 가운데에서 행한 표징을 네 아들과 네 자손의 귀에 전하기 위함이라"(출 10:1-2) 하신, "유월절"을 자손 대대로 전수할 자로 세움을 받은 것입니다. 이것이 "장래(將來)에 말할 것을 증언(證言)하기 위하여"라는 뜻입니다.

그리스도를 증언하기 위하여

㉠ 좀 더 구체적으로 모세는, "또 백성을 위한 속죄제 염소를 잡아 그 피를 가지고 휘장 안에 들어가서 그 수송아지 피로 행함 같이 그 피로 행하여 속죄소 위와 속죄소 앞에 뿌릴지니"(레 16:15) 하신, 대 속죄일의 규례를 전수한 사람입니다. 이는 하나님께서 우리를 보실 때에 대속의 "피"를 통하여 보신다, 즉 "법 아래에 있지 아니하고 은혜 아래에 있음이라"(롬 6:14) 한, 십자가 복음에 대한 예표였던 것입니다.

㉡ 또 모세는 "너의 가운데 모든 남자는 일년에 세 번 곧 무교절과 칠칠절과 초막절에 네 하나님 여호와께서 택하신 곳에서 여호와를 뵈옵되"(신 16:16) 한, 3대 절기를 지킬 것을 전수한 사람입니다. "유월절, 오순절, 초막절"은 구원계획을 축약한 의미를 담고 있는 복음에 대한 그림자였던 것입니다.

㉢ 또 모세는 "네가 제단 위에 드릴 것은 이러 하니라 매일 일년 된 어린양 두 마리니 한 어린양은 아침에 드리고 한 어린양은 저녁때에 드릴지며"(출 29:38-39) 한 상번제를 전수시킨 사람입니다. 어찌하여 조석으로 상번제를 드리라 하시는가? 바로의 노예였던 자들을 유월절 어린양의 피로 구속하여주신 것을 잊

지 않게, 즉 실체가 오시기를 대망(待望)하도록 하기 위해서였던 것입니다.

㉹ 이와 같이 모세 5경의 중심주제는 그리스도를 증언(눅 24:44) 하는데 맞춰져 있습니다. 이점을 주님께서는 "모세를 믿었더라면 또 나를 믿었으리니 이는 그가 내게 대하여 기록하였음이라"(요 5:46) 하고 말씀하십니다.

㉮ 이것이 "모세는 장래에 말할 것을 증언하기 위하여 하나님의 온 집에서 종으로서 신실하였다" 하는 뜻입니다. 한마디로 모세도 그리스도를 증언하기 위해서 세움을 입은 것입니다. 다시 강조합니다만 그리스도를 증언하되, "유월절 어린양의 피", 즉 대속제물이 되어 죽임을 당하실 것을 증언했다는 점을 놓치지 마시기를 바랍니다.

그리스도를 위하여 받는 고난

㉠ 그래서 믿음 장에서는, "도리어 하나님의 백성과 함께 고난 받기를 잠시 죄악의 낙을 누리는 것보다 더 좋아하고 그리스도를 위하여 받는 수모를 애굽의 모든 보화보다 더 큰 재물로 여겼으니 이는 상 주심을 바라봄이라"(히 11:25-26) 하고, 모세가 받은 고난을 그리스도를 위하여 받은 고난이었다고 말씀하는 것입니다.

㉮ "그리스도를 위하여 받는 고난"이라 하심은 모세에 국한 된 것이 아닙니다. 주님께서, "너희 조상 아브라함은 나의 때 볼 것을 즐거워하다가 보고 기뻐하였느니라"(요 8:56) 하고 말씀하셨는데, 아브라함이 받은 고난도 그리스도를 위하여 받은 고난이 되는 것이고,

㉯ 성령께서 다윗을 가리켜 "그는 선지자라 하나님이 이미 맹세하사 그

자손 중에서 한 사람을 그 위에 앉게 하리라 하심을 알고 미리 본 고로 그리스도의 부활"(행 2:30-31)을 예언하였다고 말씀하는데, 그렇다면 다윗이 받은 박해도 그리스도를 위하여 받은 고난이 되는 것입니다.

ⓓ "믿음으로 아벨은 가인보다 더 나은 제사를 하나님께 드림으로 의로운 자라 하시는 증거를 얻었다"(히 11:4) 하고 말씀한다면, 아벨이 죽임을 당한 것도 그리스도를 믿음으로 당한 순교가 되는 것입니다.

ⓒ 이런 맥락에서 신약시대만이 아니라 구약시대의 모든 경건한 성도들이 당한 고난도 모두가 그리스도를 위하여 받은 고난이 되는 것입니다. 왜냐하면 신구약시대를 막론하고 구원 주는 오직 예수 그리스도 한 분뿐이시기 때문입니다.

중보자 모세

㉠ 하나님께서 시내산에 강림하셔서 친히 말씀하셨을 때에 저들은 말하기를, "이제 우리가 죽을 까닭이 무엇이니이까 이 큰 불이 우리를 삼킬 것이요 만일 우리가 우리 하나님 여호와의 음성을 다시 들으면 죽을 것이라 육신을 가진 자로서 우리처럼 살아 계시는 하나님의 음성이 불 가운데에서 발함을 듣고 생존한 자가 누구니이까" 하면서,

㉮ "당신은 가까이 나아가서 우리 하나님 여호와께서 하시는 말씀을 다 듣고 우리 하나님 여호와께서 당신에게 이르시는 것을 다 우리에게 전하소서 우리가 듣고 행하겠나이다"(신 5:25-27) 하고, 모세에게 중보자가 되어달라고 요청했습니다.

㉯ 그렇습니다. 죄로 말미암아 하나님 존전에서 추방을 당한 죄인은 중보

자가 없이는 하나님과 교제한다는 것이 불가능하여졌고, "대속제물과, 제물을 드려줄" 제사장을 필요로 하게 되었던 것입니다.

ⓛ "여호와께서 내게 이르시되 그들의 말이 옳도다 내가 그들의 형제 중에서 너와 같은 선지자(先知者) 하나를 그들을 위하여 일으키고 내 말을 그 입에 두리니 내가 그에게 명령하는 것을 그가 무리에게 다 말하리라"(신 18:17-18) 하고, 모세를 중보자로 세우셨습니다.

㉮ 그러면 이제 묻습니다. 구속사에 있어서 중보자는 한 사람인가? 아니면 "모세와, 예수" 두 사람인가? 성경은 "하나님은 한 분이시요 또 하나님과 사람 사이에 중보자도 한 분이시니 곧 사람이신 그리스도 예수라"(딤전 2:5) 하고 말씀합니다. 구약시대의 중보자와, 신약시대 중보자가 다른 것도 아니요, 둘이 있는 것이 아닙니다.

㉯ 다시 말하면 모세는 "장래(將來)에 말할 것을 증언"(證言)한 것만이 아니라, 모세 자신까지도 예수 그리스도의 중보사역을 예표한 인물이었던 것입니다.

ⓒ 그러나 진정한 중보자란 우리의 죄를 대신 책임져주시는 분이시라는 점을 잊지 마시기 바랍니다. 모세의 중보는 짐승의 피로 드렸으나 그리스도는 자기 피로 드리셨고, 모세가 중보한 율법은 정죄하고 죽이는 직분이었으나, 그리스도의 대속은 의롭다하시고, 살리시는 직분이었던 것입니다.

㉮ 그러므로 주님께서는, "또 잔을 가지사 감사기도 하시고 그들에게 주시며 이르시되 너희가 다 이것을 마시라 이것은 죄 사함을 얻게 하려고 많은 사람을 위하여 흘리는바 나의 피 곧 언약의 피니라"(마 26:27-28)

하고, 자신을 대속제물로 주셨던 것입니다.

㉎ 이런 맥락에서 모세는, "우리를 그리스도께로 인도하는 초등교사"(갈 3:24)로써, "장래에 말할 것을 증언하기 위하여", 즉 그리스도의 구속 사역을 증언하기 위하여 세움을 받은 자라는 말씀입니다.

그렇다면 나의 직분은 무엇이며, 나는 무엇을 위하여 세움을 받은 자인가 하고 자문하게 합니다. 성경은 "그가 또한 우리를 새 언약의 일꾼 되기에 만족하게 하셨으니 율법 조문으로 하지 아니하고 오직 영으로 함이니 율법 조문은 죽이는 것이요 영은 살리는 것이니라"(고후 3:6) 하고 말씀합니다.

바로

"내가 너를 세웠음은 나의 능력을 네게 보이고 내 이름이 온 천하에 전파되게 하려 하였음이니라"(출 9:16).

바로를 세우신 의도

㉠ 하나님께서는 바로를 가리켜 "내가 너를 세웠음은" 하고 말씀하십니다. 바로까지도 구속사역을 이루시는데 쓰시기 위하여 "세우셨다" 하고 말씀합니다. 신약성경에서도, "내가 이 일을 위하여 너를 세웠으니 곧 너로 말미암아 내 능력을 보이고 내 이름이 온 땅에 전파되게 하려 함이라 하셨다"(롬 9:17) 하고, 인용하고 있습니다. 하나님께서 바로까지도 구속의 역사를 이루시는데 쓰시기 위하여 세우셨다는 말씀을 대하면서 형제의 깨달음은 무엇입니까?

㉡ 그렇다면 바로는 구속사에 있어서 어떤 역할을 담당하도록 세움을 받았는가? 두 가지로 말씀하십니다.

㉮ "나의 능력(能力)을 네게 보이고",

㉯ "내 이름이 온 천하에 전파(傳播)되게 하려 하였음이라" 하십니다.

ⓒ 그러면 첫째로 하나님께서 바로를 들어서 보이시고자 하는 하나님의 "능력"이 무엇인가? 그것은 어떤 기사와 이적과 같은 능력이 아닙니다. 만일 그러했다면 노아홍수 때와, 소돔 고모라를 심판하실 때처럼 바로를 단 번에 멸하시고 마셨을 것입니다.

㉮ 바로를 들어서 계시하시고자 하는 능력이, "여호와께서 모세에게 이르시되 바로에게로 들어가라 내가 그의 마음과 그의 신하들의 마음을 완강하게 함은 나의 표징을 그들 중에 보이기 위함이며"(10:1) 하시는 말씀에 나타납니다. 9:16절에서 "나의 능력을 네게 보이고" 하신 "능력"을, 10:1절에서는 "나의 표징을 그들 중에 보이기 위함이며" 하고 "표징"(表徵)이라고 말씀하십니다.

㉯ 그러면 하나님께서 보여주기를 원하시는 "표징"이 무엇인가? "내가 애굽 땅을 칠 때에 그 피가 너희가 사는 집에 있어서 너희를 위하여 표적이 될지라 내가 피를 볼 때에 너희를 넘어가리니 재앙이 너희에게 내려 멸하지 아니하리라"(12:13) 하신 "유월절 어린양의 피" 곧 복음이었던 것입니다. 바로는 이를 계시하시기 위한 방편으로 세움을 받았던 것입니다.

ⓓ 그리고 이 "표징"은 바로나 애굽 사람들에게 보여주시려는 표징이 아니라는 점입니다. "네게 내가 애굽에서 행한 일들 곧 내가 그들 가운데에서 행한 표징을 네 아들과 네 자손의 귀에 전하기 위함이라"(10:2), 즉 이스라엘 자손들에게 예표적으로 보여주어, 실체(實體)가 오시기까지 이 표징을 전해주게 하기 위해서요,

㉮ 나아가 이 표징은 이스라엘 백성들만을 위한 것이 아니라, "내 이름이

온 천하에 전파(傳播)되게 하려 하였음이라", 즉 복음(福音)을 온 천하에 전해주기 위한 표징이라고 말씀합니다.

㉴ 성경은 한마디로, "너희는 내가 여호와인 줄을 알리라"(10:2) 하신 하나님의 자기계시입니다. 다시 말하면 "출애굽"을 통하여 보여주시기를 원하신 "표징", 즉 복음을 증언함으로 하나님의 사랑과 은혜를 알게 하시려는 것입니다. 하나님의 "능력과 이름이 온 땅에 전파되게" 하시기 위해서 바로까지도 세우셨다면, 그렇다면 나는 무엇을 위하여 세움을 입었는가 하고 각성하게 합니다.

10가지 재앙에 나타난 하나님의 의도

㉠ 이러한 하나님의 의도가 "출애굽"의 행사에 분명히 나타납니다. 하나님께서 바로를 굴복시키시기 위해서 10가지 재앙이 동원이 되어야만 했단 말인가? 아닙니다. "내가 손을 펴서 돌림병으로 너와 네 백성을 쳤더라면 네가 세상에서 끊어졌을 것이나"(9:15), 즉 한 가지 재앙으로도 멸절이 되었을 것이라 하십니다.

㉮ 하나님께서는 "내가 이제 한 가지 재앙을 바로와 애굽에 내린 후에야 그가 너희를 여기서 내보내리라"(11:1), 즉 장자를 멸하는 재앙을 내린 후에야 보내리라는 것을 알고 계셨습니다. 그럼에도 불구하고 어찌하여 10가지 재앙을 동원하셨단 말인가?

㉯ 이는 의도적으로 그렇게 하신 것인데 한 가지 재앙, 즉 하나님께서 보여주시려는 "표징"을 극대화(極大化)하여 보여주시기를 원하셨기 때

문입니다. 이점이 "내가 그의 마음과 그의 신하들의 마음을 완강하게 함은 나의 표징을 그들 중에 보이기 위함이며"(10:1) 하신 말씀에 나타납니다.

ⓒ 이런 뜻입니다. 만일 바로가 이스라엘 백성들을 1-9가지 재앙에서 보냈다면 "한 가지 표징", 즉 유월절 어린양의 피는 계시하실 수가 없으셨을 것이 아닌가? 그래서 "그의 마음을 완강하게 하셨다" 하는 것입니다. 이렇게 하셔서 극대화시킨 "표징"을 자손들 귀에 대대로 전하게 하여 망각하지 않도록 하시려는 의도에서였던 것입니다.

㉮ 그러면 이제 질문을 하게 되는데 첫째는, 구약교회는 하나님의 의도와 "표징"의 의미를 깨닫고 바르게 증언하여 실체 곧 그리스도를 만나도록 해주었단 말인가?

㉯ 둘째로 자문(自問)하게 되는데 현대교회 설교자들은 "이 잔은 내 피로 세운 새 언약이니 이것을 행하여 마실 때마다 나를 기념하라 하셨으니 너희가 이 떡을 먹으며 이 잔을 마실 때마다 주의 죽으심을 그가 오실 때까지 전하는 것이니라"(고전 11:25-26) 하신, 즉 복음을 망각하지 않게 전해주어 재림의 주를 맞을 준비를 시키고 있는가 하는 점입니다.

ⓒ 바로는 무엇을 위해서 세움을 입었는가? 바로까지도 자신의 노예였던 이스라엘 백성들이 애굽에서 해방될 수 있었던 것은 1-9가지 재앙으로 된 것이 아니라 오직 "한 가지 표징", 즉 유월절 어린양의 피로 말미암았다는 것을 증언하기 위하여 세움을 받았다면, 그렇다면 나는 무엇을 증언하기 위해서 세움을 입었는가 하고 각하게 심각성하지 않을 수가 없는 것입니다.

아론

"여호와께서 모세를 향하여 노하여 이르시되 레위 사람 네 형 아론이 있지 아니하냐 그가 말 잘 하는 것을 내가 아노라 그가 너를 만나러 나오나니 그가 너를 볼 때에 그의 마음에 기쁨이 있을 것이라 너는 그에게 말하고 그의 입에 할 말을 주라 내가 네 입과 그의 입에 함께 있어서 너희들이 행할 일을 가르치리라"(출 4:14-15).

왕 같은 제사장

㉠ 이렇게 해서 모세의 형 아론은 구속사의 무대에 등장하게 됩니다. 그러면 아론은 무엇을 위하여 세움을 입었는가? 구약성경은 크게 "율법서, 역사서, 선지서"로 되어 있습니다. 그리고 "율법서"의 중심인물은 "제사장"(祭司長)이요, "역사서"의 중심인물은 "왕"(王)이요, "선지서"의 중심인물은 "선지자"(先知者)입니다.

㉮ 그리고 "제사장, 왕, 선지자"를 가리켜 메시아적 사명이라 말하는데 이는 구약성경의 중심주제가, "너희가 성경에서 영생을 얻는 줄 생각하고 성경을 연구하거니와 이 성경이 곧 내게 대하여 증언하는 것이니라"(요 5:39) 하신, 그리스도를 증언하고 있다는 증거이기도 합니다.

㉯ 이런 맥락에서 "모세"는 영도자로써 그리스도의 왕적(王的)인 사역을

예표하고, "아론"은 그리스도의 제사장적인 사역을 예표 하는 인물로 세움을 입은 것입니다. "제사장과, 왕"이라는 주제는 스가랴 4장에서 "총독 스룹바벨과, 대제사장 여호수아"를 가리켜, "이는 기름 부음 받은 자 둘이니 온 세상의 주 앞에 서 있는 자니라" 하신, 말씀함을 통해서도 나타납니다.

ⓒ "왕 같은 제사장"이라는 주제의 근원을 창세기 1장에서 찾을 수가 있습니다. "하나님이 이르시되 우리의 형상을 따라 우리의 모양대로 우리가 사람을 만들고 그들로 바다의 물고기와 하늘의 새와 가축과 온 땅과 땅에 기는 모든 것을 다스리게 하자 하시고 하나님이 자기 형상 곧 하나님의 형상대로 사람을 창조하시되 남자와 여자를 창조"(창 1:26-27)하셨다고 말씀합니다.

㉮ 하나님께서 사람을 자기 "형상"대로 지으셨다는 것은 교제의 대상, 즉 만물을 대표하여 하나님을 섬기는 "제사장"으로 지으셨음을 의미합니다.

ⓒ 그리고 "하나님이 그들에게 복을 주시며 하나님이 그들에게 이르시되 생육하고 번성하여 땅에 충만하라, 땅을 정복하라, 바다의 물고기와 하늘의 새와 땅에 움직이는 모든 생물을 다스리라"(창 1:28) 하심은, 하나님을 대리하여 만물을 다스릴 "왕"적인 권세를 주셨음을 가리킵니다.

㉮ 이런 축복을 받고 지음을 받은 인간이 하나님을 배신함으로 "왕 같은 제사장"의 축복을 상실하고, "죽기를 무서워하므로 한평생 매여 종노릇 하는"(히 2:15) 사탄의 노예로 전락을 하고 만 것입니다. 구원계획이란 잃어버린 "왕 같은 제사장" 축복을 회복시켜주시려는 것입니다.

그리스도를 예표하는 직분

㉠ 모세는 바로에게 왕적인 권세자로 보냄을 받게 되는데, "용사가 빼앗은 것을 어떻게 도로 빼앗으며 승리자에게 사로잡힌 자를 어떻게 건져낼 수 있으랴 여호와가 이같이 말하노라 용사의 포로도 빼앗을 것이요 두려운 자의 빼앗은 것도 건져낼 것이니 이는 내가 너를 대적하는 자를 대적하고 네 자녀를 내가 구원할 것임이라"(사 49:24-25) 하신, 권세와 능력을 주시어 보냄을 받습니다.

 ㉮ 이점을 주님께서는, "강한 자가 무장을 하고 자기 집을 지킬 때에는 그 소유가 안전하되 더 강한 자가 와서 그를 굴복시킬 때에는 그가 믿던 무장을 빼앗고 그의 재물을 나누느니라"(눅 11:21-22) 하고 말씀하십니다.

㉡ 그런데 우리가 구원을 얻게 된 것은 왕적인 권세로만 된 것은 아닙니다. 그리스도의 대제사장의 사역은,

 ㉮ 첫째로 "그리스도께서는 장래 좋은 일의 대제사장으로 오사", 즉 대제사장으로 오셔서,

 ㉯ 둘째는 "손으로 짓지 아니한 것 곧 이 창조에 속하지 아니한 더 크고 온전한 장막으로 말미암아", 즉 모형으로 주어진 지상의 성소가 아닌,

 ㉰ 셋째는 "염소와 송아지의 피로 하지 아니하고 오직 자기의 피로 영원한 속죄를 이루사 단번에 성소에 들어가셨느니라"(히 9:12-13) 하고, 실체로 성취하셨던 것입니다.

인류를 구원하신 데는 그리스도의 제사장적인 사역과, 왕적인 사역이 함께 역사하셨다는 점을 인식하는 것은 중요한 요점이 됩니다.

백성의 중보자

㉠ 신약성경 히브리서는 모세 5경, 특히 레위기에 대한 해설서라 할 수가 있는데 중심주제가, "그러므로 함께 하늘의 부르심을 받은 거룩한 형제들아 우리가 믿는 도리의 사도이시며 대제사장(大祭司長)이신 예수를 깊이 생각하라"(3:1) 한, 그리스도가 "대제사장"이시라는 점을 논증하는데 있습니다.

㉮ "그러므로 우리에게 큰 대제사장(大祭司長)이 계시니 승천하신 이 곧 하나님의 아들 예수시라 우리가 믿는 도리를 굳게 잡을지어다"(4:14),

㉯ "지금 우리가 하는 말의 요점은 이러한 대제사장(大祭司長)이 우리에게 있다는 것이라 그는 하늘에서 지극히 크신 이의 보좌 우편에 앉으셨으니"(8:1) 하고 증언합니다.

㉡ "이 존귀는 아무도 스스로 취하지 못하고 오직 아론과 같이 하나님의 부르심을 받은 자라야 할 것이니라"(5:4) 하고, 아론이 참 대제사장 되시는 그리스도의 예표로 세움을 입었음을 말씀합니다.

㉮ "너는 이스라엘 자손 중 네 형 아론과 그의 아들들 곧 아론과 아론의 아들들 나답과 아비후와 엘르아살과 이다말을 그와 함께 네게로 나아오게 하여 나를 섬기는 제사장 직분을 행하게 하되 네 형 아론을 위하여 거룩한 옷을 지어 영화롭고 아름답게 할지니"(출 28:1-2) 하십니다.

㉯ 그리고 "관유를 가져다가 그의 머리에 부어 바르고"(출 29:7) 합니다. 이는 기름부음을 받은 자 곧 그리스도를 예표합니다. 이처럼 "관유로 부음을 받고 위임되어 그 예복을 입은 대제사장은 그의 머리를 풀지 말며 그의 옷을 찢지 말며"(레 21:10) 합니다.

"머리를 푸는 것"은 슬픔을 나타내고, "옷을 찢는 것"은 극도의 비통함을 나타내는데, 만일 대제사장이 머리를 풀고 옷을 찢는 절망에 빠진다면 자신이 섬기는 하나님을 부정하는 행위가 되는 것이기 때문입니다. 이는 대제사장 직분이 얼마나 영광스러운 직분임을 나타내는 말씀입니다.

ⓒ 그런가 하면, "그 두 보석을 에봇의 두 어깨 받이에 붙여 이스라엘 아들들의 기념 보석을 삼되 아론이 여호와 앞에서 그들의 이름을 그 두 어깨에 메워서 기념이 되게 할지며"(출 28:12), "아론이 성소에 들어갈 때에는 이스라엘 아들들의 이름을 기록한 이 판결 흉패를 가슴에 붙여 여호와 앞에 영원한 기념을 삼을 것이니라"(29) 하십니다.

㉮ 무슨 뜻이냐 하면 대제사장의 양 어깨의 견대에는 이스라엘 12지파의 이름을 새긴 보석이 있게 하고, 가슴에 있는 흉패에는 12지파의 이름을 기록한 12보석이 있게 하라는 말씀입니다. 이는 대제사장이 백성들을 어깨에 메고, 가슴에 품듯 하고, 대표자로써 하나님께 나아가 직무를 수행하고 있다는 책임의 막중함을 나타냅니다.

그림자와 실체

㉠ 그러므로 구약시대에 그림자로 세움 받은 예표적인 대제사장과, 실체이신 그리스도 사이에는 상이(相異)성이 있는데, 예표의 대제사장은 죄인이었으나, 참 대제사장은 영원히 온전케 되신 아들을 세우셨으며(히 7:28),

㉮ 예표로 세움을 입은 제사장은 생축으로 드렸으나, 참 제사장은 자기 자

신을 드리셨고(히 9:12),

㉯ 예표의 제사장은 매일 서서 반복적으로 드렸으나, 참 제사장은 단 번에 드리시고 하나님 우편에 앉으셨고,

㉰ 예표의 제사장은 레위 계통을 따라 세습적으로 세워졌으나, 참 제사장은 "여호와는 맹세하고 변하지 아니하시리라 이르시기를 너는 멜기세덱의 서열을 따라 영원한 제사장이라 하셨도다"(시 110:4) 하고 말씀하십니다.

ⓒ 이점을 신약성경에서는, "레위 계통의 제사 직분으로 말미암아 온전함을 얻을 수 있었으면 (백성이 그 아래서 율법을 받았으니) 어찌하여 아론의 반차를 좇지 않고 멜기세덱의 반차를 좇는 별다른 한 제사장을 세울 필요가 있느뇨"(히 7:11) 하고 논증합니다. 그러면서 "우리 주께서는 유다로부터 나신 것이 분명하도다"(14) 합니다.

㉮ 이처럼 아론은 참 대제사장을 예표하는 인물로 세움을 받아 그리스도께서 단 번에 성취하실 대속제물을 드리는 직무를 수행했던 것입니다.

ⓒ 한 예로 고라 자손의 반역으로 인하여 염병이 시작되었을 때에, "이에 모세가 아론에게 이르되 너는 향로를 가져다가 제단의 불을 그것에 담고 그 위에 향을 피워 가지고 급히 회중에게로 가서 그들을 위하여 속죄(贖罪)하라 여호와께서 진노하셨으므로 염병이 시작되었음이니라" 합니다.

㉮ "아론이 모세의 명령을 따라 향로를 가지고 회중에게로 달려간즉 백성 중에 염병이 시작되었는지라 이에 백성을 위하여 속죄하고 죽은 자와 산 자 사이에 섰을 때에 염병이 그치니라"(민 16:46-48) 합니다.

㉯ 우리의 대제사장이신 그리스도께서 우리의 죄 값을 대신 담당하심으로 잃어버렸던 기업을 회복시켜주셨습니다. 그렇다면 나는 무엇을 위하여 세움을 입었는가 하고 묻지 않을 수 없습니다. 신약성경은 "너희는 왕 같은 제사장들" 이라고 말씀합니다.

그리스도인들이란 하나님께 대해서는 섬기는 제사장들이요, 세상을 향하여는 왕적인 권세로 승리의 삶을 살아가는 사람들인 것입니다. 형제는 이를 증언하라고 세움을 입은 자인 것입니다.

거짓선지자 발람

"그가 사신을 브올의 아들 발람의 고향인 강가 브돌에 보내어 발람을 부르게 하여 이르되 보라 한 민족이 애굽에서 나왔는데 그들이 지면에 덮여서 우리 맞은편에 거주하였고 우리보다 강하니 청하건대 와서 나를 위하여 이 백성을 저주하라 내가 혹 그들을 쳐서 이겨 이 땅에서 몰아내리라 그대가 복을 비는 자는 복을 받고 저주하는 자는 저주를 받을 줄을 내가 앎이니라"(민 22:5-6).

거짓 선지자의 등장

㉠ 이렇게 해서 "발람"은 구속사의 무대에 등장을 하게 됩니다. 그리고 성령께서는 거짓선지자 발람에 대한 기사를 민수기 22장-24장까지 장장 세 장이나 할애해서 기록하게 하셨습니다. 이렇게 하신 의도는 무엇이며, 발람은 무엇을 위하여 세움을 입었는가?

㉮ 약속의 땅을 향하여 진군하는 하나님의 군대는 모압 평지, 즉 요단강 동편까지 도달했습니다. 이 소식을 접한 모압 왕 발락은 두려워 떨고 있습니다. 왜냐하면 여호와의 군대가 강대한 아모리 왕 시혼과, 바산 왕 옥을 격파(민 21:21-35)하고 진격해 왔기 때문입니다.

㉡ 이점에서 "아모리 왕 시혼과, 바산 왕 옥"은 요단 동편 가나안 문턱에서, 하나님의 백성들을 무력으로 대적하여 약속의 땅에 들어가지 못하도록 최후로 저

지한 적그리스도와 같은 역할을 담당하는 자로 등장합니다. 만일 "아모리 왕 시혼과, 바산 왕 옥"을 정복하지 못했다면 2세대들도 약속의 땅에 들어가지 못하게 되었을 것입니다.

㉮ 그래서 시편에서는, "아모리인의 왕 시혼을 죽이신 이에게 감사하라 그 인자하심이 영원함이로다 바산 왕 옥을 죽이신 이에게 감사하라 그 인자하심이 영원함이로다"(시 136:19-20) 하고 찬양하는 것을 대하게 됩니다.

ⓒ 이들을 물리치자 등장한 것이, 발락이 초청한 거짓선지자 "발람"입니다. 적그리스도는 외부로부터 공격해오는 박해자요, 거짓선지자는 내부에 침투하여 미혹을 하는 자입니다. 어느 시대를 막론하고 교회는 "적그리스도와, 거짓선지자"의 위협에 직면해 있습니다.

㉮ 그러면 발락이 거짓선지자 "발람"을 초청한 의도가 무엇인가? 여호와의 군대에는 군사력(軍事力) 이상의 힘이 발동하고 있다는 판단에서였을 것입니다. "야곱을 해할 점술이 없고 이스라엘을 해할 복술이 없도다"(23:23) 한 것을 보면, 하나님의 백성들은 칼과 창으로는 이길 수가 없고 주술적(呪術的)인 힘으로만이 가능하다고 생각했기 때문일 것입니다.

가지도 말고 저주하지도 말라

㉠ 거짓 선지자 발람에 관한 기사가 무엇이 중요하기에 장장 세 장이나 할애하여 말씀하고 있는가? 이 부분의 해석은 난해(難解)하다기보다는, 통찰력(洞察力)이 필요합니다. 이 사건에 하나님께서 개입을 하셔서, "발람에게 이르시되 너

는 그들과 함께 가지도 말고 그 백성을 저주하지도 말라 그들은 복을 받은 자들이니라"(민 22:12) 하고 막아주십니다.

ⓒ 그런데 여기서 끝이신 것이 아니라, "밤에 하나님이 발람에게 임하여 이르시되 그 사람들이 너를 부르러 왔거든 일어나 함께 가라 그러나 내가 네게 이르는 말만 준행할 지니라"(20) 하시는 것이 아닌가?

㉮ 하나님의 의도가 무엇인가? 그 점이 "내가 네게 이르는 말만 준행할 지니라" 하는 말씀에 나타납니다. 그러니까 "발람"을 들어서 하시고자 하는 말씀이 있으시기 때문이라는 것입니다.

ⓒ 하나님의 의도는 보냄을 받은 발람의 행사를 들어서, 보냄을 받은 하나님의 참 선지자들의 경계로 삼으시고자 하는 것으로 여겨집니다. 본문을 관찰해보면 발람은 선지자 중에도 참 선지자로 여겨질 정도입니다. 이런 점에서 본문이 하나님의 말씀을 맡은 설교자들에게 경각심을 불러일으키게 합니다.

㉮ 왜냐하면 첫째로, 복음전도자는 "가라" 하고 보냄을 받은 자요, 둘째는 "내가 네게 이르는 말만 준행할 지니라", 즉 혼잡 됨이 없이 하나님의 말씀만을 대언해야할 자들이기 때문입니다.

그러므로 발람의 기사를 거울삼아, 그런데 나는 어떻게 행하고 있는가 하고 자신을 성찰해야 마땅한 것입니다. 이런 관점으로 본문을 상고해야 하기 때문에 통찰력이 필요하다 한 것입니다.

내가 네게 이르는 말만 하라

㉠ 그러므로 본문을 관찰해보면 하나님의 말씀에 가감하지 말고 "내가 네게 이르

는 말만 하라"는 점이 강조되어 있습니다.

㉠ "발람이 발락의 신하들에게 대답하여 이르되 발락이 그 집에 가득한 은금을 내게 줄지라도 내가 능히 여호와 내 하나님의 말씀을 어겨 덜하거나 더하지 못하겠노라" (민 22:18) 합니다.

㉡ "밤에 하나님이 발람에게 임하여 이르시되 그 사람들이 너를 부르러 왔거든 일어나 함께 가라 그러나 내가 네게 이르는 말만 준행할 지니라" (20) 하십니다.

㉢ 재차 "여호와의 사자가 발람에게 이르되 그 사람들과 함께 가라 내가 네게 이르는 말만 말할 지니라 발람이 발락의 고관들과 함께 가니라" (35) 합니다.

㉣ "발람이 발락에게 이르되 내가 오기는 하였으나 무엇을 말할 능력이 있으리이까 하나님이 내 입에 주시는 말씀 그것을 말할 뿐이니이다" (38) 합니다.

ⓛ 그리고 "여호와께서 발람의 입에 말씀을 주시며 이르시되 발락에게 돌아가서 이렇게 말할 지니라"(23:5) 하십니다. "여호와께서 발람에게 임하사 그의 입에 말씀을 주시며 이르시되 발락에게로 돌아가서 이렇게 말할 지니라"(23:16) 하고 거듭 경계하십니다.

㉠ 이렇게 해서 보냄을 받은, "발람이 가서 본즉 발락이 번제물 곁에 섰고 모압 고관들이 함께 있더라 발락이 발람에게 이르되 여호와께서 무슨 말씀을 하시더냐" (17) 하고 묻습니다.

㉡ 이 장면을 대하면서 무엇을 생각하십니까? "이는 거짓선지자가 해야

할 일들이 아니라 바로 내가 해야 하는 사명인데" 하는 각성을 하게 되지 않습니까? 본문을 통해서 이를 깨닫게 하시려는 것이 하나님의 의도로 여겨집니다.

눈을 감았던 자, 눈을 뜬 자

㉠ 발람의 기사를 통해서 또 주목해야할 중요한 요점이 있는데 "눈을 감았던 자가, 눈을 떴다"는 점입니다. 선생 된 자에 있어서 가장 중요한 점은 "눈을 뜬 자"라는 것입니다. 그렇지 아니하면, "그들은 맹인이 되어 맹인을 인도하는 자로다 만일 맹인이 맹인을 인도하면 둘이 다 구덩이에 빠지리라"(마 15:14) 하시기 때문입니다.

㉮ 주님께서 당시의 지도자들을 향해서 7번이나 "화 있을 진저" 하고 책망을 하신 마태복음 23장에는 "소경"이라는 말이 5번(16, 17, 19, 24, 26)이나 강조되어 있습니다. 지도자의 치명적인 병폐가 무엇인가? 소경 됨입니다.

㉯ 어찌하여 예루살렘 성전이 두 번이나 불에 타게 되었는가? "들의 모든 짐승들아 숲 가운데의 모든 짐승들아 와서 먹으라 이스라엘의 파수꾼들은 맹인이요 다 무지하며 벙어리 개들이라"(사 59:9-10) 한, 맹인이 되어 백성들을 바른 길로 인도하지 못했기 때문입니다.

㉡ 그런데 거짓선지자 발람은, "눈을 들어 이스라엘이 그 지파대로 천막 친 것을 보는데 그 때에 하나님의 영이 그 위에 임하신지라 그가 예언을 전하여 말하되 브올의 아들 발람이 말하며 눈을 감았던 자가 말하며 하나님의 말씀을 듣

는 자, 전능자의 환상을 보는 자, 엎드려서 눈을 뜬 자가 말하기를"(민 24:2-4) 하고, 전에 눈을 감았던 자였는데 이제 눈을 떠서 보고 증언한다고 진술하고 있는 것이 아닌가?

㉮ 그렇다면 이를 통해서 "나 자신은 눈을 뜬 자인가" 하고 물어야 마땅할 것입니다. 그리고 "내 눈을 열어서 주의 율법에서 놀라운 것을 보게 하소서"(시 119:18) 하고 간구해야할 것입니다.

한 별이 야곱에게서 나오며

㉠ 이점에서 다시 한번 상기시킵니다만, 첫째로 발람의 자세를 주목해보아야 하고, 둘째로 눈을 뜬 자가 본 증언이 무엇인가 하는 점을 주목해 보아야만 하겠습니다. 우선 발람의 진술들을 들어보도록 하겠습니다.

㉮ "발람이 발락의 신하들에게 대답하여 이르되 발락이 그 집에 가득한 은금을 내게 줄지라도 내가 능히 여호와 내 하나님의 말씀을 어겨 덜하거나 더하지 못하겠노라"(22:18).

㉯ "내가 오기는 하였으나 무엇을 말할 능력이 있으리이까 하나님이 내 입에 주시는 말씀 그것을 말할 뿐이니이다"(38) 합니다.

㉰ "발람이 발락에게 대답하여 이르되 내가 당신에게 말하여 이르기를 여호와께서 말씀하신 것은 내가 그대로 하지 않을 수 없다고 하지 아니하더이까"(23:26).

㉱ "발람이 발락에게 이르되 당신이 내게 보낸 사신들에게 내가 말하여 이르지 아니 하였나이까 가령 발락이 그 집에 가득한 은금을 내게 줄지

라도 나는 여호와의 말씀을 어기고 선악 간에 내 마음대로 행하지 못하고 여호와께서 말씀하신 대로 말하리라 하지 아니 하였나이까"(24:12-13) 합니다.

참 목자라 자부하는 우리 중에 이런 자세로 임하는 자가 얼마나 될 것인가를 생각하면 얼굴이 뜨뜻해질 지경입니다.

ⓒ 그러면 "전에 눈을 감았던 자, 이제 눈을 뜬 자"의 증언이 무엇인가? 발람은 지금 브올산 꼭대기에 올라 저 아래 진을 치고 있는 이스라엘 진영을 바라보면서 예언을 하고 있는 것입니다. "예언하여 이르기를 브올의 아들 발람이 말하며 눈을 감았던 자가 말하며 하나님의 말씀을 듣는 자가 말하며 지극히 높으신 자의 지식을 아는 자, 전능자의 환상을 보는 자, 엎드려서 눈을 뜬 자가 말하기를"(24:15-16),

㉮ "내가 그를 보아도 이 때의 일이 아니며 내가 그를 바라보아도 가까운 일이 아니로다 한 별이 야곱에게서 나오며 한 규가 이스라엘에게서 일어나서"(17) 하고, 이스라엘에서 "한 별"이 나오고 "한 규", 즉 왕이 일어날 것을 증언하고 있는 것이 아닌가!

㉯ 계시록에서는 "나 예수는 교회들을 위하여 내 사자를 보내어 이것들을 너희에게 증언하게 하였노라 나는 다윗의 뿌리요 자손이니 곧 광명한 새벽 별이라"(계 22:16) 하십니다. 그렇다면 "한 별"이 야곱에게서 나타난다는 증언은 거짓선지자가 담당할 사명이 아니라 복음전도자로 세움을 입은 우리들의 사명인 것입니다.

거짓선지자를 들어 경계하심

㉠ "발락이 발람에게 노하여 손뼉을 치며 말하되 내가 그대를 부른 것은 내 원수를 저주하라는 것이어늘 그대가 이같이 세 번 그들을 축복하였도다 그러므로 그대는 이제 그대의 곳으로 달아나라"(민 24:10-11), 즉 꺼져버려라 하고 말합니다.

㉮ "발람이 일어나 자기 곳으로 돌아가고 발락도 자기 길로 갔더라"(민 24:25) 합니다. 발람은 "일어나 함께 가라" 하고 하나님의 보냄을 받아, "내가 네게 이르는 말만 준행하라"(22:20) 하신 대로 그대로 행하고 자기 곳으로 돌아간 것입니다.

저는 이 대목을 대하면서 참담한 심정을 금할 수가 없었습니다. 왜냐하면 오늘의 보냄을 받은 우리의 실상을 생각했기 때문이요, 하나님께서 보내실 자가 오죽이나 없으셨으면 거짓선지자까지 들어서 말씀하셨을까 하는 생각 때문입니다.

㉡ 성령께서 거짓선지자에 관한 기사를 세 장(22-24장)이나 할애해서 기록하게 하신 의도가 무엇인가? 이를 통해서 하나님의 보내심을 받은 말씀의 대언(代言)자들을 각성시키기 위해서 라고 밖에는 달리는 설명할 길이 없는 것입니다. 그래도 우리가 깨닫지를 못하고 경성하지 않을 것인가?

㉮ 발람이 이처럼 선한 말을 할 수 있었던 것은 그의 본심이 아니라, "네 하나님 여호와께서 너를 사랑하시므로 네 하나님 여호와께서 발람의 말을 듣지 아니하시고 네 하나님 여호와께서 그 저주를 변하여 복이 되게 하셨나니"(신 23:5) 한, 하나님께서 강권적으로 역사하셨기 때문입

니다.

㉯ 그런데 발람이 "자기 길로 갔더라" 하는 것으로 사건이 종결(終結)이 된 것이 아닙니다. 발람의 정체는, 그리고 그 사악성은 그가 돌아간 후에야 드러나게 되는데 그가 돌아가면서 일러준 궤계가 무엇인지 아십니까?

발람의 길을 따르는도다

㉠ "이스라엘이 싯딤에 머물러 있더니 그 백성이 모압 여자들과 음행하기를 시작하니라"(민 25:1) 한, "행음"입니다. 또한 "그 여자들이 자기 신들에게 제사할 때에 이스라엘 백성을 청하매 백성이 먹고 그들의 신들에게 절하므로"(2) 한, 우상숭배입니다.

㉮ 이점을 모세는, "보라 이들이 발람의 꾀를 따라 이스라엘 자손을 브올의 사건에서 여호와 앞에 범죄하게 하여 여호와의 회중 가운데에 염병이 일어나게 하였느니라"(신 31:16) 하고 진술합니다.

㉡ 그런데 경각심을 갖게 되는 것은 신약성경은 초대교회를 향하여, "그들이 바른 길을 떠나 미혹되어 브올의 아들 발람의 길을 따르는도다"(벧후 2:15) 하고 경계하고 있기 때문입니다.

㉮ 그리고 주님께서는 버가모교회를 향하여, "그러나 네게 두어 가지 책망할 것이 있나니 거기 네게 발람의 교훈을 지키는 자들이 있도다 발람이 발락을 가르쳐 이스라엘 자손 앞에 걸림돌을 놓아 우상의 제물을 먹게 하였고 또 행음하게 하였느니라"(계 2:14) 하고 책망하신다는 점입

니다.

ⓒ 그렇다면 발람은 자기 길로 돌아가 옛날에 죽었으나 발람을 조정하던 영은 현대판 발람들을 통해서 현대교회 내에 침투하여 역사하고 있다는 경각심을 가져야 할 것입니다. 그러므로 하나님의 말씀을 가감함이 없이 대언해야한다는 점은 바로 현대교회 설교자들이 명심해야할 말씀인 것입니다.

㉮ 하나님께서는 예레미야 선지자에게, "너는 여호와의 성전 뜰에 서서 유다 모든 성읍에서 여호와의 성전에 와서 예배하는 자에게 내가 네게 명령하여 이르게 한 모든 말을 전하되 한 마디도 감하지 말라"(렘 26:2) 하십니다.

㉯ 또한 성경은, "내가 이 두루마리의 예언의 말씀을 듣는 모든 사람에게 증언하노니 만일 누구든지 이것들 외에 더하면 하나님이 이 두루마리에 기록된 재앙들을 그에게 더하실 것이요 만일 누구든지 이 두루마리의 예언의 말씀에서 제하여 버리면 하나님이 이 두루마리에 기록된 생명나무와 및 거룩한 성에 참여함을 제하여 버리시리라"(18-19) 하고 경고하십니다.

그러므로 발람에 관한 기사는 우리로 하여금 나는 과연 눈을 뜬 자인가? 성경을 들어 누구를 보고, 만나고, 증언하라고 세움을 받았으며, 어떤 자세로 임하고 있는가 하고 자문하게 합니다. 현대교회 설교자로 세움을 입은 우리들은, 당나귀를 통해서 책망을 받아 마땅한 자들이라고 말한다면 형제는 화를 내시겠습니까?

여호수아

"그 때에 아말렉이 와서 이스라엘과 르비딤에서 싸우니라 모세가 여호수아에게 이르되 우리를 위하여 사람들을 택하여 나가서 아말렉과 싸우라 내일 내가 하나님의 지팡이를 손에 잡고 산꼭대기에 서리라"(출 17:8–9) 합니다.

여호와의 군대 장관 여호수아

㉠ 이것이 여호수아가 구속사의 무대에 최초로 등장하는 장면인데, 그러면 여호수아는 무엇을 위하여 세움을 입었는가? 여호와의 군대가 "아말렉"과 싸운 것이 최초의 싸움이요, 이 싸움에 모세의 명을 좇아 군사를 이끌고 나가서 아말렉과 싸운 것이 여호수아가 행한 최초의 기사입니다. 이로 보건대 여호수아는 여호와의 군대 장관으로 세움을 입은 자입니다.

㉡ 또한 모세가 십계명의 돌판을 받기 위하여 시내산에 올라 갈 때에, "모세가 그의 부하 여호수아와 함께 일어나 모세가 하나님의 산으로 올라가며 장로들에게 이르되 너희는 여기서 우리가 너희에게로 돌아오기까지 기다리라"(출 24:12–14) 합니다. 모세를 수행하여 시내산에 올라간 것, 이것이 여호수아가 행한 두 번째 기사입니다. 이로 보건대 여호수아는 장수요, 또한 모세의 부관

이었음을 알게 됩니다.

ⓒ 훗날 여호수아는 약속의 땅을 정탐할 임무를 맡은 12족장 중 에브라임 지파의 족장으로 참여하게 됩니다. 10명의 족장들의 악평하는 말을 듣고 백성들이 크게 소동하였을 때에도, 갈렙과 함께 여호수아는, "여호와를 거역하지는 말라 또 그 땅 백성을 두려워하지 말라 그들은 우리의 먹이라 그들의 보호자는 그들에게서 떠났고 여호와는 우리와 함께 하시느니라 그들을 두려워하지 말라"(민 14:9) 하고 믿음을 지켰던 여호수아입니다.

㉮ 그리하여 하나님께로부터, "여분네의 아들 갈렙과 눈의 아들 여호수아 외에는 내가 맹세하여 너희에게 살게 하리라 한 땅에 결단코 들어가지 못하리라"(민 14:30) 하시는 말씀을 듣게 됩니다.

예수님의 예표 여호수아

㉠ 민수기 20장에는, "여호와께서 모세와 아론에게 이르시되 너희가 나를 믿지 아니하고 이스라엘 자손의 목전에서 내 거룩함을 나타내지 아니한 고로 너희는 이 회중을 내가 그들에게 준 땅으로 인도하여 들이지 못하리라"(민 20:12) 하고 선고하시는 장면이 있습니다.

㉮ 그러면 하나님의 백성들을 누가 약속의 땅으로 인도하여 들인단 말인가? "여호수아는 그 안에 영(靈)이 머무는 자니 너는 데려다가 그에게 안수하고, 네 존귀를 그에게 돌려 이스라엘 자손의 온 회중을 그에게 복종하게 하라"(27:18, 20), 즉 여호수아가 인도하여 들이리라 하십니다.

ⓛ 이를 통해서 "모세와, 여호수아"의 사명이 분명하게 구분이 되는데, 이는 율법(모세)의 기능은 여호수아(예수)에게 인도하는 몽학선생임을 나타냅니다. 이점에서 유념할 것은 하나님께서는 유기적으로 섭리하신다는 점입니다. 다시 말하면 모세에게 "너는 무조건 안 된다" 하시는 것이 아니라는 말씀입니다.

 ㉮ 하나님께서는 "너희는 반석에게 명령하여 물을 내라 하라"(민 20:8) 하셨는데 모세는, "회중을 그 반석 앞에 모으고 모세가 그들에게 이르되 반역한 너희여 들으라 우리가 너희를 위하여 이 반석에서 물을 내랴 하고 모세가 그의 손을 들어 그의 지팡이로 반석을 두 번 쳤다"(20:10-11)는 것입니다.

ⓒ 하나님께서는 이 사건을 통해서 모세에게 "너희는 이 회중을 내가 그들에게 준 땅으로 인도하여 들이지 못하리라" 하고 선언하셨던 것입니다. 여기에는 교훈적인 면과 신학적인 면이 있다는 점을 분별해야만 합니다.

 ㉮ 교훈적인 면은, "그들이 또 므리바 물에서 여호와를 노하시게 하였으므로 그들 때문에 재난이 모세에게 이르렀나니 이는 그들이 그의 뜻을 거역함으로 말미암아 모세가 그의 입술로 망령되이 말하였음이로다"(시 106:32-33) 한 것이고,

 ㉯ 신학적(神學的)인 면은, "이같이 율법이 우리를 그리스도께로 인도하는 초등교사가 되어 우리로 하여금 믿음으로 말미암아 의롭다 함을 얻게 하려 함이라"(갈 3:24) 한 말씀에 나타납니다.

ⓔ 모세는 율법(律法)의 대명사입니다. 율법은 우리를 약속의 땅으로 인도하여 들이지를 못합니다. 이점에서 하나님께서 선고하시는 내용(민 20:12)을 주목해

보시기를 바랍니다. 하나님께서는 "모세야, 너는 못 들어간다" 하시는 것이 아니라, "너는 이 회중(會衆)을 내가 그들에게 준 땅으로 인도하여 들이지 못하리라" 하십니다.

유기적인 하나님의 섭리

㉠ 이점에서 겸비한 마음으로 하나님께서 행하시는 유기적인 섭리를 이해한다는 것이 중요한 요점이 됩니다. 그것은 하나님의 주권(主權)과, 인간의 책임(責任)이라는 문제와 결부되는데 몇 가지 예를 들면,

 ㉮ 모세는 하나님의 말씀에 순종하여 "반석에게 물을 내라" 하고 말했어야 옳았습니다. 그런데 하나님의 말씀을 믿지 아니하고 혈기를 부리면서 반석을 두 번이나 쳤다는 것은 모세의 책임입니다.

 ㉯ 그런데 하나님께서는 이 불순종을 들어서 율법의 기능은 백성들을 그리스도에게로 인도하는 몽학선생이라는 점을 계시하셨던 것입니다.

㉡ 이스라엘 백성들은 선지자들의 경고를 듣고 회개하여 멸망을 당하지 않아야만 옳았습니다. 이것은 인간의 책임입니다. 그런데 하나님께서는 예루살렘이 멸망하고 백성들이 포로로 끌려가는 것을 들어서 구원의 방도를 계시하셨던 것입니다. 첫째는 인간의 행위로는 구원을 얻을 수 없다는 자력(自力)구원의 불가능성을 드러내기 위해서요, 둘째는 바벨론 포로귀환을 통해서 사탄의 포로를 돌아오게 하시려는 복음을 계시하셨던 것입니다.

 ㉮ 만일 예루살렘이 멸망하지 않았다면 선지서는 기록이 되지 않았을 것이요, "이 복음은 하나님이 선지자들을 통하여 그의 아들에 관하여 성

경에 미리 약속하신 것이라"(롬 1:2) 하신 복음 증거는 불가능했을 것입니다.

ⓒ 같은 맥락에서 그리스도께서 자기 땅에 오셨을 때에 백성들은 마땅히 영접했어야 옳았습니다. 그것은 인간의 책임의 문제입니다. 그런데 주님께서는 십자가를 앞에 놓으시고, "내가 이를 위하여 이 때에 왔나이다"(요 12:27) 하셨는데 이것은, 하나님의 주권적인 "뜻"입니다.

㉮ 다시 말하면 자기 아들을 화목제물로 내어주신 것은 하나님의 주권적인 뜻인데, 그렇다고 그리스도를 배척하고 십자가에 못을 박은 행위가 정당화 될 수 있는 것은 아니고 이는 인간의 배은망덕한 책임이라는 말씀입니다.

"가롯 유다는 공로자다" 하고 말하는 사람이 있었습니다. 이에 대해 성경은, "또는 그러면 선을 이루기 위하여 악을 행하자 하지 않겠느냐 어떤 이들이 이렇게 비방하여 우리가 이런 말을 한다고 하니 그들은 정죄 받는 것이 마땅하니라"(롬 3:8) 합니다. 하늘이 땅보다 높음같이 하나님의 뜻은 인간의 좁은 머리로는 측량할 길이 없는 것입니다.

안식일의 주인 되시는 그리스도

㉠ 여호수아서는 크게 "전투하는 교회의 모형과, 안식하는 교회의 모형"으로 되어 있는데, "여호와께서 그들의 주위에 안식(安息)을 주셨으되 그 조상들에게 맹세하신 대로 하셨으므로 그들의 모든 원수들 중에 그들과 맞선 자가 하나도 없었으니 이는 여호와께서 그들의 모든 원수들을 그들의 손에 넘겨주셨음이

니라 여호와께서 이스라엘 족속에게 말씀하신 선한 말씀이 하나도 남음이 없이 다 응하였더라"(수 21:44-45) 하고, "안식을 주었다"고 말씀합니다.

㉮ 그런데 신약성경에서는, "만일 여호수아가 그들에게 안식(安息)을 주었더라면 그 후에 다른 날을 말씀하지 아니하셨으리라 그런즉 안식할 때가 하나님의 백성에게 남아 있도다"(히 4:8-9) 하고, 여호수아가 준 안식이 참 것의 예표였음을 말씀합니다.

㉡ 그러므로 모세는, "너는 기억하라 네가 애굽 땅에서 종이 되었더니 네 하나님 여호와가 강한 손과 편 팔로 거기서 너를 인도하여 내었나니 그러므로 네 하나님 여호와가 네게 명령하여 안식일을 지키라 하느니라"(신 5:15) 하고, 안식일 준수의 당위성을 "출애굽"과 결부시키고 있고,

㉮ 주님께서는, "안식일이 사람을 위하여 있는 것이요 사람이 안식일을 위하여 있는 것이 아니니 이러므로 인자는 안식일에도 주인이니라"(막 2:27-28) 하십니다. 무슨 뜻이냐 하면 하나님께서 십계명을 통하여 "안식일을 지키라" 하심도 우리를 안식일의 주인이 되시는 그리스도에게로 인도하시기 위해서라는 뜻입니다.

㉯ 그러므로 주님께서는, "수고하고 무거운 짐 진 자들아 다 내게로 오라 내가 너희를 쉬게 하리라"(마 11:28) 하고 초청을 하십니다.

현재 우리는 그리스도의 구속으로 말미암아 "영적인 자유"함이 주어졌을 뿐이고, 주님께서 재림하시는 날 우리의 낮은 몸이 주님의 영광의 몸과 같이 영화되어, "영광의 자유"(롬 8:21)함에 이르게 될 것입니다. 이때에 온전한 안식은 주어지는 것입니다.

ⓒ 여호수아는 우리를 영원한 영광에 들어가게 하실 예수 그리스도를 증언하는 예표의 인물로 세움을 입었던 것입니다. 그러면 나는 무엇을 위하여 이때에 세움을 입었는가 하고 자신의 사명을 각성하게 합니다.

여리고의 기생 라합

"눈의 아들 여호수아가 싯딤에서 두 사람을 정탐꾼으로 보내며 이르되 가서 그 땅과 여리고를 엿보라 하매 그들이 가서 라합이라 하는 기생의 집에 들어가 거기서 유숙하더니"(수 2:1).

구원 얻을 자의 본

㉠ 이렇게 해서 여리고의 기생 라합은 구속사의 무대에 등장하게 됩니다. 그러면 라합은 무엇을 위하여 세움을 받았는가 하는 점입니다. 결론부터 말씀을 드린다면 라합은 "구원 얻는 자의 본"으로 세움을 받았다고 말할 수가 있습니다.

㉮ 라합은 여자요, ㉯ 기생이요, ㉰ 진멸을 당할 처지에 놓인 여리고의 가나안 족속이었습니다.

㉡ 그런 라합이, "또 이와 같이 기생 라합이 사자들을 접대하여 다른 길로 나가게 할 때에 행함으로 의롭다 하심을 받은 것이 아니냐"(약 2:25) 하고, "의롭다함"을 얻었다고 말씀하고,

㉮ "살몬은 라합에게서 보아스를 낳고 보아스는 룻에게서 오벳을 낳고 오벳은 이새를 낳고"(마 1:5) 하고, 예수 그리스도의 족보에 오르게 되었

다니, 이는 실로 엄청난 일이요, 긍휼이요, 자비요, 은혜인 것입니다.

ⓒ 사도 바울은, "내가 전에는 비방자요 박해자요 폭행자였으나 도리어 긍휼을 입은 것은 내가 믿지 아니할 때에 알지 못하고 행하였음이라 우리 주의 은혜가 그리스도 예수 안에 있는 믿음과 사랑과 함께 넘치도록 풍성하였도다" 하고 진술하면서,

㉮ "미쁘다 모든 사람이 받을 만한 이 말이여 그리스도 예수께서 죄인을 구원하시려고 세상에 임하셨다 하였도다 죄인 중에 내가 괴수니라 그러나 내가 긍휼을 입은 까닭은 예수 그리스도께서 내게 먼저 일체 오래 참으심을 보이사 후에 주를 믿어 영생 얻는 자들에게 본이 되게 하려 하심이라"(딤전 1:13-16) 합니다.

㉯ 여리고 성의 기생 라합도 의롭다함을 얻어 그리스도의 족보에 올랐고, 사울 같은 "박해자요 폭행자"도 구원하여주셨다면 나도 구원하여주실 것을 확신할 수 있다는 "본"이 되었다는 말씀입니다.

그리스도를 영접한 라합

㉠ 그렇다면 라합은 어떻게 해서 구원 얻는 자의 본이 되었으며, 그리스도의 족보에 오르게 되었는가? "믿음으로 기생 라합은 정탐꾼을 평안히 영접하였으므로 순종하지 아니한 자와 함께 멸망하지 아니 하였도다"(히 11:31) 한, "믿음"으로입니다.

㉮ "또 이와 같이 기생 라합이 사자들을 접대하여 다른 길로 나가게 할 때에 행함으로 의롭다 하심을 받은 것이 아니냐"(약 2:25) 한, "행함"으로

입니다. "믿음과, 행함"이라는 두 주제를 결부시키면 "네가 보거니와 믿음이 그의 행함과 함께 일하고 행함으로 믿음이 온전하게 되었느니라"(약 2:22) 하신, "행함이 따르는 믿음", 즉 "산 믿음"으로 구원을 얻는다는 본이 된 것입니다.

그렇습니다. 라합이 정탐꾼을 영접하여 숨겨주었다는 것은 일사각오의 믿음이 아니면 불가능한 일이었던 것입니다.

㉡ 성경은 라합이 "의롭다 하심을 받았다" 하고 말씀하는데 이는 제 눈을 번쩍 뜨지게 했던 말씀 중 하나입니다. 왜냐하면 구원계획에 있어서 최대의 난제(難題)는 사람이 어떻게 의롭다함을 얻을 수가 있느냐 하는 문제이기 때문입니다. 이 문제만 해결이 되면 의로우신 하나님 앞으로 나아갈 수가 있고, 하나님과 화목하는 것이 가능하여지기 때문입니다.

㉮ 라합이 영접한 정탐꾼은 사사로운 군사가 아니라 하나님의 구원계획을 이루는데 쓰임을 받고 있는 군사(軍士)요, 신구약을 막론하고 구원주 곧 하나님의 군대의 총사령관은 오직 예수 그리스도 한 분뿐인 것입니다. 이런 맥락에서 정탐꾼을 영접한 것을 그리스도를 영접(迎接)한 것으로 여겨주셨기 때문에 의롭다고 여겨주시는 것이 가능하였던 것입니다.

㉯ 주님은 말씀하십니다. "누구든지 내 이름으로 이런 어린 아이 하나를 영접하면 곧 나를 영접함이요 누구든지 나를 영접하면 나를 영접함이 아니요 나를 보내신 이를 영접함이니라"(막 9:37). 그러니까 여리고의 기생 라합도 예수 그리스도를 믿음으로 의롭다함을 얻었다는 놀라운

논리가 성립이 되는 것입니다.

라합의 신앙고백

㉠ 라합은 정탐꾼 앞에서 이렇게 고백(告白)을 합니다. "여호와께서 이 땅을 너희에게 주신 줄을 내가 〈아노라〉 우리가 너희를 심히 두려워하고 이 땅 주민들이 다 너희 앞에서 간담이 녹나니 이는 너희가 애굽에서 나올 때에 여호와께서 너희 앞에서 홍해 물을 마르게 하신 일과 너희가 요단 저쪽에 있는 아모리 사람의 두 왕 시혼과 옥에게 행한 일 곧 그들을 전멸시킨 일을 우리가 〈들었음〉이니라"(수 2:9-10) 합니다.

㉮ 이처럼 라합의 믿음은 "듣고, 알고, 믿은" 믿음이었던 것입니다. 이는 라합의 신앙고백이라 할 수가 있습니다.

㉡ "우리가 듣자 곧 마음이 녹았고 너희로 말미암아 사람이 정신을 잃었나니 너희의 하나님 여호와는 위로는 하늘에서도 아래로는 땅에서도 하나님이시니라 그러므로 이제 청하노니 내가 너희를 선대하였은즉 너희도 내 아버지의 집을 선대하도록 여호와로 내게 맹세하고 내게 증표를 내라"(11-12) 합니다. 얼마나 확고한 믿음인가?

㉮ "증표를 내라" 하는데 이 말은, "내가 애굽 땅을 칠 때에 그 피가 너희가 사는 집에 있어서 너희를 위하여 표적이 될지라 내가 피를 볼 때에 너희를 넘어가리니 재앙이 너희에게 내려 멸하지 아니하리라"(출 12:13) 하신, "표적"(表迹)과 결부가 되는 것입니다.

㉯ 그리고 이 말씀은, "그가 또한 우리에게 인치시고 보증으로 우리 마음

에 성령을 주셨느니라"(고후 1:22) 하신 말씀으로 적용이 됩니다. 멸망 당한 여리고 성에도 구원을 얻을 수 있는 "표적"은 있었던 것입니다.

ⓒ 라합은 "너희가 애굽에서 나올 때에 여호와께서 너희 앞에서 홍해 물을 마르게 하신 일과 너희가 요단 저쪽에 있는 아모리 사람의 두 왕 시혼과 옥에게 행한 일 곧 그들을 전멸시킨 일을 우리가 들었음이니라" 했습니다.

㉮ 이 사실은 여리고 성중의 모든 사람들이 다 들었을 터이나, "너희의 하나님 여호와는 위로는 하늘에서도 아래로는 땅에서도 하나님이시니라" 하고 고백한 사람은 라합 한 사람뿐이었습니다. 이점이 구원과 멸망으로 갈라지는 분기점이었던 것입니다. 이런 맥락에서 여호수아 2장이 우리에게 증언하고 있는 것은, "듣고, 알고, 믿은" 라합을 구출하시기 위해서 하나님께서는 두 사람의 특공대를 파송하셨다는 말씀이 됩니다.

ⓔ 라합의 이름이 예수 그리스도의 족보에 올라 있다는 것은 무엇을 증언하고 있는가? 이는 라합 한 사람을 구원하시기 위함이 아니라, 미천한 기생 라합을 존귀하신 예수 그리스도가 오실 통로, 즉 상속자로 삼으셔서 복음을 "듣고, 알고, 믿는" 천하 만민을 구원하시려는 하나님의 계획이 있으셨다는 놀라운 말씀이 되는 것입니다.

㉮ 이 기사가 우리에게 어떻게 적용이 되는가? 우리도 영적으로 하면 멸망 받아 마땅한 "여리고"에 거하던 자요, 기생 라합과 같은 비천한 자들이었습니다. 그런 우리들을 하나님께서 "창세전에 택하시고, 그리스도의 피로 속량을 하시고, 성령을 보내셔서 불러내시고 의롭다"(엡

1:4, 7, 13)고 여겨주시고 생명책에 녹명하여주신 것입니다.

그렇다면 나는 무엇을 증언하기 위하여 이때에 세움을 받았는가 하고 자문하게 합니다.

사사들

사사시대는 여호수아가 죽은 후로부터 왕이 세워지기까지의 약 350년의 기간입니다. 이 시기는 여호수아의 후계자로 특정한 지도자를 세우심이 없이 그때그때마다 사사들을 들어서 쓰셨는데 사사기에 등장하는 사사는 "옷니엘"로 시작하여 삼손까지 12명입니다. 그렇다면 사사시대의 통치체제는 무엇이며, 사사들은 무엇을 위하여 세움을 받았는가?

구속의 은총을 망각한 사사시대

㉠ 여호수아서는 마지막 장에서, "이스라엘이 여호수아가 사는 날 동안과 여호수아 뒤에 생존한 장로들 곧 여호와께서 이스라엘을 위하여 행하신 모든 일을 아는 자들이 사는 날 동안 여호와를 섬겼더라"(수 24:31) 하고 끝맺고 있는데,

㉠ 사사기는 서두에서, "백성이 여호수아가 사는 날 동안과 여호수아 뒤에 생존한 장로들 곧 여호와께서 이스라엘을 위하여 행하신 모든 큰일을 본 자들이 사는 날 동안에 여호와를 섬겼더라" 하고 시작하면서, "그 세대의 사람도 다 그 조상들에게로 돌아갔고 그 후에 일어난 다른 세대는 여호와를 알지 못하며 여호와께서 이스라엘을 위하여 행하신 일도 알지 못하였더라"(삿 2:7, 10) 하고 말씀합니다.

㉡ 그러면 저들이 망각한 "여호와께서 이스라엘을 위하여 행하신 모든 큰

일" 이란 무엇인가? "큰일" 중의 핵심은, "내가 애굽에서 행한 일들 곧 내가 그들 가운데에서 행한 표징을 네 아들과 네 자손의 귀에 전하기 위함이라 너희는 내가 여호와인 줄을 알리라"(출 10:2) 하신, 유월절 어린 양의 피로 바로의 노예로부터 구원하여주신 출애굽입니다.

ⓒ 이점이 "이스라엘 자손이 여호와의 목전에 악을 행하여 바알들을 섬기며 애굽 땅에서 그들을 인도하여 내신 그들의 조상들의 하나님 여호와를 버리고 다른 신들 곧 그들의 주위에 있는 백성의 신들을 따라 그들에게 절하여 여호와를 진노하시게 하였으되"(삿 2:11-12) 한 말씀에 나타납니다.

㉮ "조상들(열조)의 하나님을 버렸다"는 말은, 모세 율법만을 준행하지 않았다는 뜻이 아닙니다. 아브라함, 이삭, 야곱에게 세워주신 메시아 언약을 버렸다는 뜻임을 놓쳐서는 아니 됩니다.

㉯ 그리하여 "여호와께서 이스라엘에게 진노하사 노략하는 자의 손에 넘겨 주사 그들이 노략을 당하게 하시며 또 주위에 있는 모든 대적의 손에 팔아 넘기시매 그들이 다시는 대적을 당하지 못하였으며"(14) 합니다.

백성을 그들의 죄에서 구원할 자

㉠ "이스라엘 자손이 여호와께 부르짖으매 여호와께서 이스라엘 자손을 위하여 한 구원자를 세워 그들을 구원하게 하시니 그는 곧 갈렙의 아우 그나스의 아들 옷니엘이라"(삿 3:9) 합니다.

㉮ 이점에서 주목하게 되는 것은 사사들을 가리켜, "구원(救援)자"라 말씀한다는 점입니다. 이 "구원자"라는 주제를 구속사라는 맥락으로 보

면, "아들을 낳으리니 이름을 예수라 하라 이는 그가 자기 백성을 그들의 죄에서 구원(救援)할 자이심이라"(마 1:21) 하신 "예수" 그리스도 외에는 없다는 결론에 이르게 됩니다. 왜냐하면 성경이, "다른 이로써는 구원을 받을 수 없나니 천하 사람 중에 구원을 받을 만한 다른 이름을 우리에게 주신 일이 없음이라"(행 4:12) 하고 말씀하고 있기 때문입니다. 그렇다면 사사들은 예수 그리스도에 대한 예표적인 인물이라 할 수가 있습니다.

㉯ 사사시대가 급속하게 타락하고 암흑하게 된 원인이 어디에 있는가? "네 자손의 귀에 전하기 위함이라" 하신 "유월절 어린양의 피" 곧 메시아언약을 망각했기 때문입니다. 구약시대에 제시된 구원의 방도는, "여자의 후손은 네 머리를 상하게 하리라"(창 3:15) 하신 "원 복음"이, 아브라함과 다윗 언약으로 계승되어 내려왔고, 이를 믿음으로 구원에 이르는 시대였습니다.

㉡ 그런데 창세기로부터 말라기 시대에 이르기까지의 구약시대를 한번 개관(槪觀)해 보시기를 바랍니다. 메시아언약을 보수하며, 복음의 빛을 발하게 한 시대는 극히 짧은 순간, 순간뿐이었다는 점에 놀라게 됩니다. 창세기 3장에서 선언하신 원 복음이,

㉮ 가인이 아벨을 쳐 죽이는 데서 위기를 맞이하게 되는데, 하나님께서는 다른 씨인 셋을 주셔서, "아담, 셋, 에노스"로 이어져 "비로소 여호와의 이름을 불렀더라"(창 4:26) 하고 계승시키십니다.

㉯ 그런데 노아 때에 이르러 "하나님의 아들들이 사람의 딸들의 아름다움

을 보고 자기들이 좋아하는 모든 여자를 아내로 삼는지라"(창 6:2)에서, 복음의 빛은 풍전등화와 같이 위태롭게 됩니다. 하나님께서는 노아를 들어서 "의를 전파"(벧후 2:5)하게 하셨고, 순종하지 않는 자들을 홍수로 심판하시는 중에서도 여덟 명을 남겨주심으로 "의의 상속자"(히 11:7)가 되게 하심으로 복음을 보존하셨습니다.

㉰ 그러나 또다시, 바벨탑을 건설하여 그 탑 꼭대기를 하늘에 닿게 하여 우리 이름을 내고 온 지면에 흩어짐을 면하자"(창 11:4) 하는 바벨탑 사건에서 다시 쇠퇴하게 됩니다.

㉱ 창세기 1장-11장까지는 온 세계를 대상으로 하신 시대입니다. 그런데 바벨탑 사건으로 말미암아 모든 종족으로 열국으로 흩으신 후(창 11:9)에는, 아브라함이라는 한 사람, 한 가문을 택하셔서 "메시아언약"을 다시 일으켜 세우십니다.

㉲ 그리하여 메시아언약이 아브라함-이삭-야곱이라는 한 가문을 통해서 계승되어 내려오게 하시다가,

㉳ 야곱의 자손이 애굽으로 내려가 400년 동안 바로의 노예노릇을 하는 기간 다시 수면 아래로 잠복을 하게 되는데, 출애굽을 통해서 메시아언약이 한 가문에서, 한 민족을 통해서 계승하게 하십니다.

㉴ 그런데 여호수아가 죽자 복음은 급격하게 쇠퇴하여 암흑한 시대가 되었는데 이것이 사사시대인 것입니다. 이때에 하나님께서는 사사들을 "구원자"로 세우셔서 "메시아언약"의 명맥을 이어가게 하셨던 것입니다.

사사시대의 통치체제

㉠ 이점에서 제기되는 물음은 사사시대의 통치(統治)체제가 무엇인가 하는 점입니다. 이점이 사기를 이해하는 열쇠요, 사사기의 의미가 현대교회에 어떻게 적용이 되는가 하는 중요한 요점이 됩니다.

㉮ 이점에 빛을 비춰주는 말씀이, 땅을 분배할 때에 레위 지파에게는 분깃이 없이, "이스라엘 자손이 여호와의 명령(命令)을 따라 자기의 기업에서 이 성읍들과 그 목초지들을 레위 사람에게 주니라"(수 21:3) 한 말씀에 나타납니다.

㉯ 레위 인들은 한 곳에 모여 살게 하신 것이 아니라 각 지파가 자신들이 분배 받은 데서 나누어준 땅에 거하게 하셨는데, "레위 사람들이 이스라엘 자손의 기업 중에서 받은 성읍은 모두 마흔여덟 성읍이요 또 그 목초지들이라"(수 21:41) 하고, 48성읍에 흩어져 살게 하셨던 것입니다.

㉡ 그렇게 하신 의도가 무엇인가? 레위 인에게 주어진 48성읍 중에는 도피성으로 구별된 성읍이 6개가 포함되어 있었습니다. 이를 통해서 하나님의 의도를 깨달을 수가 있는데, 어찌하여 도피성을 6개나 주셨는가? "보복하는 자의 마음이 복수심에 불타서 살인자를 뒤쫓는데 그 가는 길이 멀면 그를 따라 잡아 죽일까 하노라"(신 19:6) 해서 6개나 주셨다는 것입니다.

㉮ 그렇다면 레위 인이 48성읍에 흩어져 살았다는 것은 무엇을 말해주고 있는가? 이스라엘 모든 지파들의 가까운 이웃에 레위 인들을 배치해두심으로 그들의 지도 하에 살아가게 하셨던 것이, 사사시대의 통치체제요, 현대교회의 통치체제이기도 한 것입니다.

7번의 악순환

㉠ 그러데 사사기에는 7번의 악순환이 있습니다. ㉮ 여호와를 버리고 다른 신을 섬깁니다. ㉯ 하나님께서 대적에게 붙이십니다. ㉰ 백성들이 부르짖습니다. ㉱ 구원자를 보내셔서 구원하여주십니다. ㉲ 평화가 옵니다. 또 망각하고 우상을 숭배합니다. 다시 대적에게 내어주십니다. 또 부르짖습니다.

㉡ 이는 사사시대에만 국한된 것이 아니라 이것이 구속사요, 그리스도인 개개인의 신앙여정이기도 한 것입니다. 이런 맥락에서 사사들은 그리스도의 왕(王)적인 사역을 예표하는 자로 등장합니다.

  ㉮ 그런데 기이한 일은 이런 혼란한 시대에 48성읍에 거하면서 그리스도의 제사장(祭司長)적인 사명을 담당해야할 레위 인들과 제사장들의 모습이 보이지 않는다는 점입니다. 이는 제사장이나 레위 인들이 없었기 때문이 아니라 사명을 감당하지 못했다는 증거입니다. 다시 말하면 타락하여 백성들을 지도할 능력을 상실했음을 말해줍니다.

타락의 선도자

㉠ 레위 인이 등장하는 것은 사사기의 부록(附錄)과 같은 17장 이후에 두 번 등장을 하는데, 두 번 다 타락하는 선도자로 등장을 한다는데 경각심을 갖게 합니다. 17장의 레위인은 먹을 것이 없어 떠돌아다니는 중에 미가라는 집 사신 우상의 제사장으로 만족하고,

  ㉮ 19장에 등장하는 레위인은 그의 첩으로 인하여 동족상쟁(同族相爭)을 일으켜 베냐민 지파가 멸절될 원인제공자로 등장을 합니다. 백성들을

지도하기는커녕 타락하는 선도자 노릇을 하는 역기능자로 등장을 하고 있는 것입니다.

ⓒ 사사기에는 "그 때에 이스라엘에 왕이 없으므로" 하는 말이 4번(17:6, 18:1, 19:1, 21:25)이나 강조되어 있는데 모두가 레위인의 타락과 결부되어 있다는 점입니다. 그러니까 레위 인들이 마치 "왕이 없는 양" 제멋대로 행했다는 것이 됩니다.

㉮ 그렇다면 사사들은 온전한 모습으로 등장을 하는가? "기드온이 그 금으로 에봇 하나를 만들어 자기의 성읍 오브라에 두었더니 온 이스라엘이 그것을 음란하게 위하므로 그것이 기드온과 그의 집에 올무가 되니라"(삿 8:27) 합니다. 삼손의 종말은 어떠한가?

㉯ 이는 무엇을 말씀해주는가? "사람이 없음을 보시며 중재자가 없음을 이상히 여기셨으므로", 즉 인간 중에는 참 "사사도, 제사장도, 왕도, 중재자도, 구원자"도 없다는 것입니다. 그래서 "자기 팔로 스스로 구원을 베푸시며 자기의 공의를 스스로 의지하사"(사 59:16), 즉 하나님 자신이 임마누엘 하셔서 구원을 베풀어주셨다는 말씀입니다.

ⓒ 사사기의 통치체제는 신약교회의 통치체제와도 같습니다. 지구촌의 방방곡곡에 오늘의 레위 인들을 심어놓으신 것입니다. 그러므로 사사기는 각 시대의 그리스도인들을 향하여, "너희는 세상의 빛이라, 너희는 세상의 소금이라" 하신 사명을 감당하는 "왕 같은 제사장"으로 살아가고 있는가 하고 묻고 있는 것입니다.

㉮ 또한 "그 때에 이스라엘에 왕이 없으므로 사람이 각기 자기의 소견에

옳은 대로 행하였더라"(삿 21:25), 즉 제멋대로 행했다는 말씀은, 목회자들인 우리의 가슴을 찌르는 말씀이 아닐 수가 없습니다. 그렇다면 나는 무엇을 위하여 세움을 입었는가 하고 자문하게 하면서, 어떤 삶을 살아가야 하는가 각성하게 합니다.

룻과 보아스

"사사들이 치리하던 때에 그 땅에 흉년이 드니라 유다 베들레헴에 한 사람이 그의 아내와 두 아들을 데리고 모압 지방에 가서 거류하였는데 그 사람의 이름은 엘리멜렉이요 그의 아내의 이름은 나오미요 그의 두 아들의 이름은 말론과 기룐이니 유다 베들레헴 에브랏 사람들이더라 그들이 모압 지방에 들어가서 거기 살더니"(룻 1:1-2).

풍족하게 나갔다가 비어 돌아옴

㉠ 이것이 룻기서의 배경입니다. 그러니까 룻기는 사사들이 치리하던 때에 있었던 또 하나의 부록인 셈입니다. 모압으로 내려간 엘리멜렉은 두 아들의 아내를 모압 여자 중에서 맞이하였는데, "하나의 이름은 오르바요 하나의 이름은 룻이더라"(1:4), 이렇게 해서 이방인 모압 여자 "룻"이 구속사의 무대에 등장을 합니다. 그러면 룻은 무엇을 위해서 세움을 입었는가?

㉮ "그들이 거기에 거주한 지 십년쯤에 말론과 기룐 두 사람이 다 죽고 그 여인은 두 아들과 남편의 뒤에 남았더라"(5), 즉 시어머니 과부와, 두 며느리 과부만 남게 되었다는 것입니다.

㉯ 나오미가 유대 땅으로 돌아오려고 두 자부에게 친가로 돌아가기를 권하자, "오르바는 그의 시어머니에게 입 맞추되 룻은 그를 붙좇았더

라"(1:14) 하고, 오르바는 저 길로, 룻은 이 길로 행함으로 갈라지게 됩니다.

ⓒ 나오미는 "내가 풍족하게 나갔더니 여호와께서 내게 비어 돌아오게 하셨느니라"(1:21) 하고 말합니다. 주님께서 비유로 말씀하신 "탕자"도 그러합니다. 그리고 성경은 "나오미, 탕자"의 이야기를 하고 있는 것이 아닙니다. 인류는 참으로 하나님께 풍족하게 지음을 받았으나 범죄로 말미암아 모든 축복을 잃어버리고 사탄의 노예로 전락을 했다는 우리들의 이야기를 하고 있는 것입니다.

㉮ 나오미에게, 그리고 인류의 유일한 소망은 짧은 룻기 서에 12번이나 등장하는 "기업 무를 자" 뿐인 것입니다.

기업 무를 자

㉠ "나오미의 남편 엘리멜렉의 친족으로 유력한 자가 있으니 그의 이름은 보아스더라"(2:1) 하고, "보아스"가 기업 무를 자로 구속사의 무대에 등장을 합니다. 이점에서 유념해야할 점은 보아스는 그리스도의 족보에도 그 이름이 등록이 되어 있는 자로, 참 기업 무를 자가 되어주실 "그리스도"를 예표하는 인물이라는 점입니다. 그러면 "기업 무를 자"란 어떤 자인가?

㉮ 첫째는, "만일 네 형제가 가난하여 그의 기업 중에서 얼마를 팔았으면 그에게 가까운 기업 무를 자가 와서 그의 형제가 판 것을 무를 것이요"(레 25:25) 한, 잃어버린 기업을 회복시켜주는 자요,

㉯ 둘째는, "그가 팔린 후에 그에게는 속량 받을 권리가 있나니 그의 형제 중 하나가 그를 속량하거나"(레 25:38) 한, 종으로 팔린 자를 속량을 해

서 자유하게 하는 자요,

㉰ 셋째는, "그 여인이 낳은 첫 아들이 그 죽은 형제의 이름을 잇게 하여 그 이름이 이스라엘 중에서 끊어지지 않게 할 것이니라"(신 25:6) 한, 대가 끊어지지 않도록 후사(後嗣)를 이어주는 자입니다.

ⓛ 그런데 룻기 서에 등장하는 기업 무를 자의 임무는, "여호와께서 이 젊은 여자로 말미암아 네게 상속자를 주사 네 집이 다말이 유다에게 낳아준 베레스의 집과 같게 하시기를 원하노라"(룻 4:12) 한, 후사가 끊어지지 않도록 이어주는 "상속자"(相續者)에 맞춰져 있다는 점을 주목해야만 합니다.

㉮ 그리하여 보아스는 "말론의 아내 모압 여인 룻을 사서 나의 아내로 맞이하고 그 죽은 자의 기업을 그의 이름으로 세워 그의 이름이 그의 형제 중과 그 곳 성문에서 끊어지지 아니하게 함에 너희가 오늘 증인이 되었느니라"(4:10) 하고, 후사가 끊어지게 된 엘리멜렉의 가문에 대를 이어주는 역할을 하게 됩니다.

ⓒ 왜냐하면 성경이 말씀하는 "상속자"란 육적인 의미가 아니라, "보아스는 룻에게서 오벳을 낳고 오벳은 이새를 낳고 이새는 다윗 왕을 낳으니라"(마 1:5-6) 한, "여자의 후손" 곧 그리스도가 오실 계보를 이어줄 자이기 때문입니다. 이 점이 가인이 죽인 아벨 대신에 "셋"을 주셨고, 홍수심판 중에서도 노아를 "의의 상속자"로 남겨주신 데서 드러납니다.

㉮ 또한 "여인들이 나오미에게 이르되 찬송할지로다 여호와께서 오늘 네게 기업 무를 자가 없게 하지 아니 하셨도다 이 아이의 이름이 이스라엘 중에 유명하게 되기를 원하노라"(4:14) 하고, "상속자"를 주신 하나님

을 찬양하는 데서도 드러납니다.

㉯ 하나님께서는 이방 여인이요, 홀로 된 "룻"을 모압에서 데려다가 기업무를 자인 보아스를 만나게 하셔서서 메시아의 족보를 이어줄 상속자로 세우셨던 것입니다. 이처럼 우리에게 "기업 무를 자가 없게 아니하셨다"는 것이 룻기서를 통해서 말씀하시려는 중심주제인 것입니다.

왕을 예비하신 하나님

㉠ 그런데 이는 엘리멜렉 가문의 대를 이어주시려는데 국한 된 것이 아니라, "그 후에 일어난 다른 세대는 여호와를 알지 못하더라"(삿 2:10) 한 메시아언약을 망각한 시대에, 메시아언약을 상속시켜줄 상속자요, 그리스도께서 탄생하실 통로로 세우셨다는 점입니다.

㉮ 이점이 사사기는 "그 때에 이스라엘에 왕이 없으므로 사람이 각기 자기의 소견에 옳은 대로 행하였더라"(삿 21:25) 하고 마치고 있는데 룻기는, "오벳은 이새를 낳고 이새는 다윗을 낳았더라"(룻 4:22) 하고 마치고 있다는 데서 드러납니다. 이상하지 않은가? 다윗이 이새의 아들인 것은 분명하지만 8째 막내아들입니다. 어찌하여 1-7아들은 언급함이 없이 막내 다윗만을 "낳았다" 하는가?

㉯ 여호와께서 사무엘에게, "너는 뿔에 기름을 채워 가지고 가라 내가 너를 베들레헴 사람 이새에게로 보내리니 이는 내가 그의 아들 중에서 한 왕을 보았느니라"(삼상 16:1) 하십니다. 이스라엘에 왕이 없던" 때에 하나님께서 왕을 예선(豫選)해놓으셨는데 그가 "다윗"이라는 말씀입

니다.

ⓒ 이런 하나님의 의도가 다윗의 족보를, "베레스의 계보는 이러하니라 베레스는 헤스론을 낳고"(4:18) 하고, "베레스"까지 소급해서 말씀하는 데서 분명히 드러납니다. 어찌하여 다윗의 계보를 베레스까지 소급해 올라가고 있는가? 이는 "여호와께서 이 젊은 여자로 말미암아 네게 상속자를 주사 네 집이 다말이 유다에게 낳아준 베레스의 집과 같게 하시기를 원하노라"(4:12) 하고, 다윗이 "유다 지파" 자손임을 밝혀주기 위해서인 것입니다.

㉮ 하나님께서는 "규가 유다를 떠나지 아니하며 통치자의 지팡이가 그 발 사이에서 떠나지 아니하기를 실로가 오시기까지 이르리니 그에게 모든 백성이 복종하리로다"(창 49:10) 하고, 작정하신 대로 왕을 예비하시되 유다 지파 이새의 아들 다윗으로 택정을 하셨다는 점을 드러내고 있는 것입니다.

㉯ 그리고 하나님의 궁극적인 계획은 "이새의 줄기에서 한 싹이 나며 그 뿌리에서 한 가지가 나서 결실할 것이요"(사 11:1) 하고 예언케 하신 대로, 그리스도를 유다 지파 이새의 줄기, 다윗의 자손으로 보내시려는 계획을 이루어나가고 계셨던 것입니다. 이런 맥락에서 예선해놓으신 왕이 1차적으로는 "다윗"이지만, 궁극적인 왕과 우리의 기업 무를 자는 그리스도시라는 점을 계시하고 있는 것입니다.

깊도다 하나님의 지혜

㉠ 이점에서 유념할 점이 있는데 사사기에 등장하는 두 레위인과 룻기서의 나오

미가 모두 "유다 베들레헴"(삿 17:7, 19:1, 룻 1:1) 출신이라는 공통점입니다. "유다 베들레헴"이란, "베들레헴 에브라다야 너는 유다 족속 중에 작을지라도 이스라엘을 다스릴 자가 네게서 내게로 나올 것이라 그의 근본은 상고에, 영원에 있느니라"(미 5:2) 한, 그리스도께서 탄생하실 곳이 아닌가!

㉮ 이처럼 복스럽고 영광스러운 땅에 거하던 엘리멜렉이 흉년이라는 시련을 만나 이를 떠나 모압으로 내려갔다는 것은 크게 잘못한 일입니다. 그래서 나오미는, "나를 나오미라 부르지 말고 나를 마라라 부르라 이는 전능자가 나를 심히 괴롭게 하셨음이니라 내가 풍족하게 나갔더니 여호와께서 내게 비어 돌아오게 하셨느니라 여호와께서 나를 징벌하셨고 전능자가 나를 괴롭게 하셨거늘 너희가 어찌 나를 나오미라 부르느냐"(1:20-21) 하고 말했던 것입니다.

㉯ 그런데 하나님께서는 과연 "마라"(괴로움)가 되어 돌아오게 하셨는가? 악을 선으로 바꾸시는 하나님께서는, "일곱 아들보다 귀한 룻"(4:15)을 얻어 돌아오게 하셨고, "그의 이웃 여인들이 그에게 이름을 지어 주되 나오미에게 아들이 태어났다 하여 그의 이름을 오벳이라 하였는데 그는 다윗의 아버지인 이새의 아버지였더라"(4:17) 하고, "그리스도"께서 탄생하시게 될 후사(後嗣)를 잇는 역할을 담당하는 자로 세우셨다니 기이한 은혜가 아닌가!

"깊도다 하나님의 지혜와 지식의 풍성함이여, 그의 판단은 헤아리지 못할 것이며 그의 길은 찾지 못할 것이로다"(롬 11:33) 하고, 고백할 것밖에는 없는 것입니다.

언약 안으로 들어온 룻

㉠ 이런 맥락에서 "룻"이 시모를 "붙좇았다"는 것은 며느리가 시어머니 좇아왔다는 그런 차원이 아닙니다. 이점이 "룻이 이르되 내게 어머니를 떠나며 어머니를 따르지 말고 돌아가라 강권하지 마옵소서 어머니께서 가시는 곳에 나도 가고 어머니께서 머무시는 곳에서 나도 머물겠나이다",

　㉮ "어머니의 백성이 나의 백성이 되고 어머니의 하나님이 나의 하나님이 되시리니 어머니께서 죽으시는 곳에서 나도 죽어 거기 묻힐 것이라 만일 내가 죽는 일 외에 어머니를 떠나면 여호와께서 내게 벌을 내리시고 더 내리시기를 원하나이다" (1:16-17) 한 룻의 고백에 나타납니다.

　㉯ "어머니의 백성이 나의 백성이 되고 어머니의 하나님이 나의 하나님이 되시리니" 하는 말은 이방 여인이 언약(言約) 안으로 들어오는 신앙고백이었던 것입니다. 이 고백이 얼마나 진실하고 확고하냐 하면, "어머니께서 죽으시는 곳에서 나도 죽어 거기 묻힐 것이라 만일 내가 죽는 일 외에 어머니를 떠나면 여호와께서 내게 벌을 내리시고 더 내리시기를 원하나이다" 한 말에 나타납니다.

㉡ 나오미의 가족이 모압으로 내려간 잘못을 하나님께서는 선용하셔서 이방 여인 "룻"을 데리고 돌아오게 하시어 그리스도가 탄생하실 후사를 잇게 하신 하나님! 그리하여 우리에게 "기업 무를 자가 없게 아니하신 하나님"을 찬양하십시다.

형제라 부르시기를 부끄러워하지 아니하심

㉠ 이 룻기서의 예표가 신약에서는 어떻게 성취가 되었는가? 히브리서 2장에는 "형제"라는 말이 3번(11, 12, 17) 등장하는데, "그러므로 그가 범사에 형제들과 같이 되심이 마땅하도다"(17상), 즉 우리의 형제가 되어주시기 위해서 우리와 같은 육신을 입으시고 오셨다는 말씀입니다.

그리하여 "그러므로 형제라 부르시기를 부끄러워하지 아니하시고"(11), 즉 "나는 너희 형제다" 하고 말씀하셨다는 것입니다. 누가, 어떤 처지에 있는 자를 찾아오셔서 형제라 부르시기를 부끄러워 아니하셨다는 것인가?

㉮ "이는 하나님의 영광의 광채시요 그 본체의 형상이시라"(히 1:3) 하신 하나님의 아들이, "또 죽기를 무서워하므로 한평생 매여 종노릇 하는 모든 자들"(2:15)을 찾아오셔서, "나는 너희들의 형제다", 즉 가까운 친척이다 하고 말씀하셨다는 것입니다. 그렇다면 이는 체면(體面)의 문제가 아니라 죄 값에 팔려 종이 된 자들을 구속하여 자유하게 해야 할 책임(責任)의 문제가 되는 것입니다.

㉡ 그렇습니다. "그러므로 그가 범사에 형제들과 같이 되심이 마땅하도다 이는 하나님의 일에 자비하고 신실한 대제사장이 되어 백성의 죄를 속량하려 하심이라"(17) 하고 말씀합니다.

㉮ 9절에서는, "오직 우리가 천사들보다 잠시 동안 못하게 하심을 입은 자 곧 죽음의 고난 받으심으로 말미암아 영광과 존귀로 관을 쓰신 예수를 보니 이를 행하심은 하나님의 은혜로 말미암아 모든 사람을 위하여 죽음을 맛보려 하심이라" 하고 말씀합니다. 왜냐하면 "죄 값은 사망"이

기 때문입니다. 얼마나 명백한 복음이요, 망극하신 은혜인가!

㉯ 이런 은혜를 입은 우리가 해야 할 일이 무엇인가? 베들레헴 여인들처럼, "내가 주의 이름을 내 형제들에게 선포(宣布)하고 내가 주를 교회 중에서 찬송(讚頌)하리라"(12) 한, 복음을 선포하고 찬양하는 일입니다.

㉰ 성경을 교훈적으로만 취급을 하여 가정의 달 단골 메뉴로 삼고 있는 룻기서를 통해서 이처럼 영광스러운 복음을 계시하시다니, 그렇다면 나 자신에게도 복음을 상속시킬 후사가 있는가 묻게 되고, 나는 무엇을 증언하기 위하여 이때에 세움을 입었는가 하고 각성하게 됩니다.

사울 왕

"베냐민 지파에 기스라 이름하는 유력한 사람이 있으니 그는 아비엘의 아들이요 스롤의 손자요 베고랏의 증손이요 아비아의 현손이며 베냐민 사람이더라 기스에게 아들이 있으니 그의 이름은 사울이요 준수한 소년이라 이스라엘 자손 중에 그보다 더 준수한 자가 없고 키는 모든 백성보다 어깨 위만큼 더 컸더라"(삼상 9:1-2).

너희가 구한 왕, 너희가 택한 왕

㉠ 이렇게 해서 사울은 구속사의 무대에 등장을 합니다. 그러면 사울은 무엇을 위하여 세움을 입었는가?

저는 지금 하나님의 주권적인 관점에서 성경에 등장하는 인물들을 조명해 보고 있는 중입니다. 다시 말하면 하나님께서 구원계획을 이루시는데, 성경에 등장하는 인물들에게 어떤 역할(役割)들을 담당케 하기 위해서 세우셨는가 하는 점을 상고하고 있습니다. 이렇게 하는 목적은 이를 통해서 나 자신의 정체성을 깨닫고 사명에 대한 각성을 하자는 뜻에서입니다.

ⓒ "사울"이 왕으로 세움을 받은 것은 장로들이, "모든 나라와 같이 우리에게 왕을 세워 우리를 다스리게 하소서"(삼상 8:5) 한 요구에 응하여 세워진 왕입니다. 그렇다면 우선적인 물음은 이스라엘에 왕(王)이 없는 때가 있었단 말인가 하는 점입니다.

㉮ 하나님께서는 "사무엘에게 이르시되 백성이 네게 한 말을 다 들으라 이는 그들이 너를 버림이 아니요 나를 버려 자기들의 왕이 되지 못하게 함이니라"(8:7) 하셨습니다. 사무엘도 "너희는 너희를 모든 재난과 고통 중에서 친히 구원하여 내신 너희의 하나님을 오늘 버리고 이르기를 우리 위에 왕을 세우라 하는도다"(삼상 10:19) 하고 책망합니다.

㉯ 이렇게 해서 세움을 입은 사울을 가리켜, "이제 너희가 구한 왕, 너희가 택한 왕을 보라 여호와께서 너희 위에 왕을 세우셨느니라"(12:13) 하고, "너희가 구한 왕, 너희가 택한 왕"이라 하십니다. 그러면 하나님께서는 어떤 의도에서 사울을 왕으로 세우는 것을 허용하셨는가 하는 점입니다.

하나님의 택하심은 최고의 사랑

㉠ 우리는 룻기서에서 하나님께서 한 왕을 예선해놓으셨다는 것을 상고했습니다. 그러면 장로들이 왕을 요구하였을 때에, "이럴 줄 알고 내가 왕을 예선(豫選)해 놓았다" 하고, "다윗"을 세우셨으면 될 것이 아닌가?

㉮ 아닙니다. 하나님께서 다윗을 예선해 놓으신 것은 메시아왕국에 대한 예표로 하신 것인데, 저들은 "열방과 같이 우리에게 왕을 세워 우리를

다스리게 하소서"(8:5) 하고, 열방(列邦)과 같은 세속적인 왕을 요구하였던 것입니다.

 ㉯ 이점은 5병2어로 배불리 먹은 무리들이 예수님을 "억지로 잡아 임금 삼으려는 줄 아시고 다시 혼자 산으로 떠나가시니라"(요 6:15) 한 것과 맥을 같이 합니다. 현대교회도 열방과 같이 잘 먹고 잘 사는 왕을 추구하고 있는 것은 아닌지 심각하게 고민해야할 것입니다.

㉡ 하나님께서 "택하신 왕"과, 인간이 "택한 왕" 간에는 어떤 차이가 있는가? 먼저 유념해야할 점은 하나님께서 우리를 택하신 데는 공로나 자격, 즉 다른 사람들보다 우월해서 택함을 받은 것이 아니라는 점입니다.

 ㉮ 그러나 택함을 받은 자와, 아닌 자 간에는 엄청난 구별이 있는 것입니다. "너희의 택한 왕"이라 할 때는 그 주도권(主導權)이 사람에게 있기 때문에, 자신의 행위에 대한 책임을 자신이 져야한다는 것입니다.

㉢ 그리하여 사울의 불순종이 드러나자, "왕이 여호와의 말씀을 버렸으므로 여호와께서도 왕을 버려 왕이 되지 못하게 하셨나이다"(15:23) 하고, 즉각적으로 폐하여졌던 것입니다.

 ㉮ 이점을 호세아 선지자로 말씀하시기를, "전에 네가 이르기를 내게 왕과 지도자들을 주소서 하였느니라 네 모든 성읍에서 너를 구원할 자 곧 네 왕이 이제 어디 있으며 네 재판장들이 어디 있느냐 내가 분노하므로 네게 왕을 주고 진노하므로 폐하였노라"(호 13:10-11) 하십니다.

 ㉯ 그런데 하나님께서 택하신 다윗에게는 무엇이라고 말씀하셨는가를 대조해 보십시오. "나는 그에게 아버지가 되고 그는 내게 아들이 되리

니 그가 만일 죄를 범하면 내가 사람의 매와 인생의 채찍으로 징계하려
니와 내가 네 앞에서 물러나게 한 사울에게서 내 은총을 빼앗은 것처럼
그에게서 빼앗지는 아니하리라"(삼하 7:14-15), 즉 징계를 하시나 버리
시지는 아니하신다는 말씀입니다.

㉤ 그러면 하나님께 택함을 받은 자는 버림을 당할 염려가 없으니 죄를 지어도 괜찮단 말인가? 결코 아닙니다. 벌을 받을까보아, 지옥으로 떨어질까 두려워서 그럴 수가 없는 것이 아니라, 나를 구원하시기 위해서 자기 아들을 대신 내어 주신 하나님의 사랑에 죄를 범하는 것이요, 나의 죄를 위한 대속제물이 되어주신 주님을 다시 십자가에 못을 박는 것과 같기 때문에 그럴 수가 없다는 것입니다.

㉮ 또한 "기록된 바와 같이 하나님의 이름이 너희 때문에 이방인 중에서 모독을 받는도다"(롬 2:24) 하신, 하나님의 이름에 욕을 돌리는 일이란 점을 인식하기에 죄 가운데 거할 수가 없는 것입니다.

㉯ 형제는 하나님께서 "택하신 족속이요 왕 같은 제사장들이요 거룩한 나라요 그의 소유가 된 백성"(벧전 2:9)임을 명심하시를 바랍니다. 그리고 찬양하시기를 바랍니다.

사울이 죽은 것은 범죄 때문

㉠ 사울은 40년이나 왕위에 있었는데, "사울이 죽은 것은 여호와께 범죄하였기 때문이라 그가 여호와의 말씀을 지키지 아니하고 또 신접한 자에게 가르치기를 청하고 여호와께 묻지 아니하였으므로 여호와께서 그를 죽이시고 그 나라

를 이새의 아들 다윗에게 넘겨주셨더라"(대상 10:13-14) 하고 말씀합니다.

㉮ 그러면 그런 사울을 어떤 의도에서 왕으로 허용을 하셨는가 하는 점입니다. 첫째로, "너희가 구한 왕, 너희가 택한 왕"이라 하신 사울 왕의 종말이 어찌되었는가를 주목해보시기를 바랍니다. 사무엘상은, "사울과 그의 세 아들과 무기를 든 자와 그의 모든 사람이 다 그 날에 함께 죽었더라"(31:6)하고, 모두가 죽는 것으로 끝을 맺고 있다는 점입니다.

㉯ 사울은 무엇을 위하여 구속사의 무대에 세움을 받았는가? 인간의 자력(自力)으로는 구원을 얻을 수 없다는 자력구원의 불가능성을 보여주시기 위해서 허용하셨던 것입니다. 이는 "율법"을 주신 의도하고도 부합합니다.

㉡ 둘째로 생각하게 되는 것은 사울은, "왕이 여호와의 말씀을 버렸으므로 여호와께서도 왕을 버려 왕이 되지 못하게 하셨나이다"(삼상 15:23) 하는 선고를 받은 후에도 여러 해 동안 왕위에 있으면서 그 많은 날들을 하나님께서 예선해 놓으신 다윗을 죽이려는데 허비하고 있었다는 점입니다. 그렇다면 하나님께서 어찌하여 사울을 즉각 심판을 하시지 않으셨는가?

㉮ 여기에는 사울이 담당해야할 또 다른 역할이 있었기 때문인데, 하나님께서 예선해 놓으신 다윗을 박해하는 일입니다. 왜냐하면 다윗은 많은 시편(詩篇)들을 죽이려고 악랄하게 추격하는 사울을 피해 다니면서 기록하였던 것입니다.

㉯ 만일 사울을 일찍이 심판을 하셨다면 "시편에 나를 가리켜 기록된 모든 것이 이루어져야 하리라 한 말이 이것이라"(눅 24:44) 하신, 시편들

은 기록이 되지 못하였을 것입니다. 하나님께서는 다윗이 연고 없이 박해를 당하는 것을 통해서, 연고(緣故)없이 박해를 당하실 그리스도를 예시(豫示)케 하셨던 것입니다.

참으로 사울은 왕이 되지 않았더라면 좋았을 사람입니다. 그렇다면 나는 무엇을 위하여 세움을 입었는가 하고 각성을 하게 됩니다.

나발과 아비가일

"마온에 한 사람이 있는데 그의 생업이 갈멜에 있고 심히 부하여 양이 삼천 마리요 염소가 천 마리이므로 그가 갈멜에서 그의 양 털을 깎고 있었으니 그 사람의 이름은 나발이요 그의 아내의 이름은 아비가일이라 그 여자는 총명하고 용모가 아름다우나 남자는 완고하고 행실이 악하며 그는 갈렙 족속이었더라"(삼상 25:2-3).

이새의 아들은 누구냐

㉠ 이렇게 해서 "나발과, 아비가일"은 구속사의 무대에 등장을 합니다. 이제까지 우리는 성경에 등장하는 유명한 분들 위주로 그들이 무엇을 위하여 세움을 입었는가를 상고하였습니다. 이는 그들이 구속사에서 차지하는 비중 때문이었습니다.

㉯ 여기 그 이름이 널리 알려지지 아니한 한 여인 아비가일을 통해서, 나는 무엇을 위하여 세움을 입었는가 하는 사명감을 일깨우는 계기를 삼고자 합니다. 먼저 확고해야할 점은 성경에 등장하는 인물들은 자신을 드러내기 위해서 세움을 입은 자들이 아니라, "하늘이 하나님의 영광을 선포하고 궁창이 그의 손으로 하신 일을 나타내는도다"(시 19:1) 한 대로, 하나님의 하시는 일을 나타내고, 하나님의 영광을 위하여 세움을

입은 자들이라는 사실입니다.

ⓒ 아비가일이 등장하는 때는 다윗을 죽이려는 사울의 박해가 절정에 다다른 시기였습니다. 도피 생활을 하는 다윗에게는, "환난 당한 모든 자와 빚진 모든 자와 마음이 원통한 자가 다 그에게로 모였고 그는 그들의 우두머리가 되었는데 그와 함께 한 자가 사백 명 가량이었더라"(22:2) 한, 적지 아니한 무리들을 부양해야할 책임이 있었던 것입니다.

㉮ 다윗은 "나발이 자기 양털을 깎는다 함을 광야에서 듣게"(삼상 25:4) 됩니다. 목축업을 하는 자에게는 "양털을 깎는 날"은 추수하는 날로써 "좋은 날", 즉 잔치 날과 같았던 것입니다.

ⓒ 그래서 다윗이 소년 열 명을 보내면서,

㉮ "내 이름으로 그에게 문안하고",

㉯ "너는 평강하라 네 집도 평강하라 네 소유의 모든 것도 평강하라" 하고 축복하고,

㉰ 그리고 청하기를, '네게 양털 깎는 자들이 있다 함을 이제 내가 들었노라 네 목자들이 우리와 함께 있었으나 우리가 그들을 해하지 아니하였고 그들이 갈멜에 있는 동안에 그들의 것을 하나도 잃지 아니하였나니 네 소년들에게 물으면 그들이 네게 말하리라" 하고, 그 동안 다윗이 핍절한 중에도 나발에게 민폐를 끼치지 않았을 뿐만이 아니라, 보호해주었음을 말하고,

㉱ "그런즉 내 소년들이 네게 은혜를 얻게 하라 우리가 좋은 날에 왔은즉 네 손에 있는 대로 네 종들과 네 아들 다윗에게 주기를 원하노라"(25:5-

8) 하고, 정중하고도 겸비한 자세로 청원을 합니다.

ⓔ 다윗이 보낸 청년들의 소청을 들은 나발은, "다윗은 누구며 이새의 아들은 누구냐 요즈음에 각기 주인에게서 억지로 떠나는 종이 많도다 내가 어찌 내 떡과 물과 내 양털 깎는 자를 위하여 잡은 고기를 가져다가 어디서 왔는지도 알지 못하는 자들에게 주겠느냐"(10-11) 하고 모욕을 하여 문전박대를 합니다.

㉮ 나발은 "다윗은 누구며" 하고, 다윗만 모욕한 것이 아니라, "이새의 아들은 누구냐" 하고까지 말한 점을 주목하게 됩니다. 이를 기록하게 한 의도는 나발이 다윗을 박대한 것이 "이새의 줄기에서 한 싹이 나며" 한, 그리스도를 배척한 것이 된다는 점을 인식하기를 바라기 때문일 것입니다.

ⓜ 이 말을 들은 다윗은, "너희는 각기 칼을 차라 하니 각기 칼을 차매 다윗도 자기 칼을 차고 사백 명 가량"을 거느리고 진격을 합니다. 왜냐하면 "다윗이 이미 말하기를 내가 이 자의 소유물을 광야에서 지켜 그 모든 것을 하나도 손실이 없게 한 것이 진실로 허사라 그가 악으로 나의 선을 갚는도다 내가 그에게 속한 모든 남자 가운데 한 사람이라도 아침까지 남겨 두면 하나님은 다윗에게 벌을 내리시고 또 내리시기를 원하노라"(21-22) 하고 작심을 했기 때문입니다.

마음에 걸리는 것도 없으시리니

㉠ 남편 나발이 다윗을 박대했다는 전갈을 들은 "아비가일이 급히 떡 이백 덩이와 포도주 두 가죽 부대와 잡아서 요리한 양 다섯 마리와 볶은 곡식 다섯 세아와 건포도 백 송이와 무화과 뭉치 이백 개를 가져다가 나귀들에게 싣고"(18) 다

윗에게 달려갑니다.

ⓒ 아비가일이 마주 진격해오는 "다윗을 보고 급히 나귀에서 내려 다윗 앞에 엎드려 그의 얼굴을 땅에 대니라 그가 다윗의 발에 엎드려 이르되 내 주여 원하건대 이 죄악을 나 곧 내게로 돌리시고 여종에게 주의 귀에 말하게 하시고 이 여종의 말을 들으소서. 여종은 내 주께서 보내신 소년들을 보지 못하였나이다"(23~25) 하고 간청을 합니다.

아비가일의 탄원에는 다윗을 "내 주"라 부르는 언급이 무려 29번이나 등장을 합니다. 다윗의 마음을 움직이게 한 진술들은,

㉮ 첫째는 "내 주여 여호와께서 살아 계심을 두고 맹세하노니 내 주도 살아 계시거니와 내 주의 손으로 피를 흘려 친히 보복하시는 일을 여호와께서 막으셨다"(26)는 점과,

㉯ "여호와께서 반드시 내 주를 위하여 든든한 집을 세우시리니 이는 내 주께서 여호와의 싸움을 싸우심이요"(28) 하고, 다윗을 왕위에 앉게 하시려는 하나님의 뜻을 믿는 믿음을 고백하면서,

㉰ "사람이 일어나서 내 주를 쫓아 내 주의 생명을 찾을지라도 내 주의 생명은 내 주의 하나님 여호와와 함께 생명 싸개 속에 싸였을 것이요"(29) 하고, 그 누구도 다윗을 해할 수 없으리라는 확신을 표하고,

㉱ 결정적인 진술은, "여호와께서 내 주에 대하여 하신 말씀대로 모든 선을 내 주에게 행하사 내 주를 이스라엘의 지도자로 세우실 때에 내 주께서 무죄한 피를 흘리셨다든지 내 주께서 친히 보복하셨다든지 함으로

말미암아 슬퍼하실 것도 없고 내 주의 마음에 걸리는 것도 없으시리니" (30-31) 한 말에 있습니다.

ⓒ 그러면서 아비가일은 "다만 여호와께서 내 주를 후대하실 때에 원하건대 내 주의 여종을 생각하소서"(31) 하고 자신을 의탁을 합니다. 그렇습니다. 다윗이 나발을 진멸하였다면 당장은 마음의 분함이 풀렸을지 모르지만, 자기 백성의 피를 흘리고 왕위에 올랐다면 메시아왕국의 예표에 누를 끼치는 일이 되었을 것입니다.

여호와를 찬송할지로다

㉠ 다윗이 아비가일에게 이르되, "오늘 너를 보내어 나를 영접하게 하신 이스라엘의 하나님 여호와를 찬송할지로다" 하고, 먼저 자신의 혈기를 막아주신 하나님을 찬양합니다.

㉮ 그런 후에 "또 네 지혜를 칭찬할지며 또 네게 복이 있을 지로다 오늘 내가 피를 흘릴 것과 친히 복수하는 것을 네가 막았느니라" 하고, 아비가일의 지혜를 칭찬합니다.

㉯ "나를 막아 너를 해하지 않게 하신 이스라엘의 하나님 여호와의 살아계심을 두고 맹세하노니 네가 급히 와서 나를 영접하지 아니 하였더면 밝는 아침에는 과연 나발에게 한 남자도 남겨 두지 아니하였으리라" (32-34) 하고, 분을 다스리지 못하고 실수를 범할 뻔 했던 자신을 뉘우칩니다.

ⓛ 사울을 죽일 수 있는 결정적인 순간이 몇 번 주어졌음에도 분별력을 행사하여

그 고비를 잘 넘긴 다윗이 아니었던가? 이제 머지않아 왕위에 오르게 될 다윗이 자기 백성의 피를 흘리고 왕위에 오르게 되었다면 아비가일의 말대로 "슬퍼하는 일이 되고, 마음에 걸리는 것"이 되었을 것이요, 신정왕국에 씻을 수 없는 누가 되었을 것입니다.

㉮ 이점에서 잊지 말아야 할 점은 다윗은, 다윗의 자손으로 오실 그리스도를 예표하는 인물이라는 점입니다. 그러므로 나발이 다윗을 배척하고 박대한 것은 그리스도를 배척한 것이 되어, "한 열흘 후에 여호와께서 나발을 치시매 그가 죽으니라"(38) 하는 말을 듣게 됩니다. 하나님께서 갚아주신 것입니다.

이런 맥락에서 다윗을 향한 아비가일의 진심어린 고백과 영접은, 주께 향한 우리의 고백이 되어야 하고, 아비가일이 다윗의 아내가 되었다(42)는 것은 그리스도의 신부가 될 우리에 대한 그림자라 할 수도 있습니다. 아비가일은 이를 위해서 세움을 입은 것입니다. 그렇다면 나는 관연 무엇을 위하여 세움을 입었는가 자문하게 됩니다.

다윗의 세 용사

"이는 다윗의 마지막 말이라 이새의 아들 다윗이 말함이여 높이 세워진 자, 야곱의 하나님께로부터 기름 부음 받은 자, 이스라엘의 노래 잘 하는 자가 말하노라"(삼하 23:1).

다윗의 마지막 말

㉠ 본문에서 관심을 끄는 것은 "다윗의 마지막 말"이라는 대목인데, 목동에서 왕위에 오른 다윗이 마지막으로 진술한 말은 과연 무엇인가? 그런데 이는 다윗의 육적인 마지막 말이 아니라, "여호와의 영이 나를 통하여 말씀하심이여 그의 말씀이 내 혀에 있도다"(2) 하고, 목동인 다윗을 메시아 왕국의 예표로 왕위에 오르게 하신 하나님께서 다윗의 시대를 마감하는 "마지막" 말씀이라는 점입니다.

㉡ 본문 23장은 크게 두 부분으로 나누어지는데 첫 부분인 1-7절의 중심점은, "내 집이 하나님 앞에 이 같지 아니하냐 하나님이 나와 더불어 영원한 언약을 세우사 만사에 구비하고 견고하게 하셨으니 나의 모든 구원과 나의 모든 소원을 어찌 이루지 아니하시랴" 하신 5절인데 "핵심"

은 "영원한 언약"(言約)에 있습니다.

㉯ 그러니까 다윗에게 세워주신 메시아언약을 "어찌 이루지 아니하시랴", 즉 반드시 이루시리라는 말씀입니다. 이점을 시편에서는, "내 언약을 깨뜨리지 아니하고 내 입술에서 낸 것은 변하지 아니 하리로다 내가 나의 거룩함으로 한 번 맹세하였은즉 다윗에게 거짓말을 하지 아니할 것이라"(시 89:34-35) 하고 말씀합니다.

ⓒ 본문 둘째 부분(8-39)의 중심점은, "다윗의 용사들의 이름은 이러 하니라"(8) 한, 용사들에 대한 언급인데 초점이, "또 삼십 두목 중 세 사람이 곡식 벨 때에 아둘람 굴에 내려가 다윗에게 나아갔는데 때에 블레셋 사람의 한 무리가 르바임 골짜기에 진 쳤더라"(13) 하고, "세 사람", 즉 세 용사에 맞춰져 있습니다.

㉮ 목동 다윗이 왕위에 올라 다윗 왕국을 이룰 수 있었던 것은 첫째는 하나님의 주권적인 "언약"이 있었기 때문이요, 둘째는 다윗을 위하여 죽도록 충성한 용사들이 있었기 때문이라는 점을 잊어서는 아니 됩니다.

㉯ 다윗에게 바친 충성심이 어느 정도였는가를 보여주는 삽화가 있는데 다윗이 혼자 말 같이, "베들레헴 성문 곁 우물물을 누가 내게 마시게 할까"(16) 하고 말했다는 것입니다. 베들레헴은 다윗이 나고 자란 고향인데 당시는 블레셋 군에 의하여 장악이 되어 있는 상황이었습니다.

ⓒ 혼자 말 같이 하는 다윗의 소원을 들은 "세 용사가 블레셋 사람의 진영을 돌파하고 지나가서 베들레헴 성문 곁 우물물을 길어 가지고 다윗에게로 왔으나" 합니다. 이는 꿈속에서나 있을 법한 일이 현실적으로 실현이 된 것입니다.

다윗이 명한 바도 아니요, 당시의 상황은 이런 무모한 명을 발할 수도 없는 상황이었습니다. 그런데 다윗의 소원을 이루어 드리다니!

하나님의 말씀을 이루려함

㉠ 사도 바울은 "나는 이제 너희를 위하여 받는 괴로움을 기뻐하고 그리스도의 남은 고난을 그의 몸 된 교회를 위하여 내 육체에 채우노라" 하면서, "내가 교회의 일꾼 된 것은 하나님이 너희를 위하여 내게 주신 직분을 따라 하나님의 말씀을 이루려 함이니라"(골 1:24-25) 하고 말씀합니다.

㉮ 다시 강조합니다만 목동 다윗이 왕위에 올라 메시아왕국의 예표인 다윗 왕국이 세워질 수 있었던 것은 첫째는 "내 집이 하나님 앞에 이 같지 아니하냐 하나님이 나와 더불어 영원한 언약을 세우사 만사에 구비하고 견고하게 하셨으니"(삼하 23:5) 한, 하나님의 주권적인 언약이 있었기 때문이요,

㉯ 둘째는 "하나님의 말씀"을 이루려고 죽기까지 충성한 용사들이 있었기 때문이라는 점입니다. 다윗 왕국은 결코 다윗 혼자의 힘만으로 된 것이 아니었습니다. 그러므로 다윗의 잊을 수 없는 "마지막 말"이 무엇인가? 요약을 하면 하나님의 언약과, 이를 이루어드리기 위하여 죽도록 충성한 용사들입니다.

㉡ 본문은 세 용사의 충성심을 상술하고 있는데, "다윗의 용사들의 이름은 이러하니라 다그몬 사람 요셉밧세벳이라고도 하고 에센 사람 아디노라고도 하는 자는 군 지휘관의 두목이라 그가 단번에 팔백 명을 쳐죽였더라"(8) 합니다.

㉮ "그 다음은 아호아 사람 도대의 아들 엘르아살이니 다윗과 함께 한 세 용사 중의 한 사람이라 블레셋 사람들이 싸우려고 거기에 모이매 이스라엘 사람들이 물러간지라 세 용사가 싸움을 돋우고 그가 나가서 손이 피곤하여 그의 손이 칼에 붙기까지 블레셋 사람을 치니라 그 날에 여호와께서 크게 이기게 하셨으므로 백성들은 돌아와 그의 뒤를 따라가며 노략할 뿐이었더라"(9-10),

㉯ "그 다음은 하랄 사람 아게의 아들 삼마라 블레셋 사람들이 사기가 올라 거기 녹두나무가 가득한 한쪽 밭에 모이매 백성들은 블레셋 사람들 앞에서 도망하되 그는 그 밭 가운데 서서 막아 블레셋 사람들을 친지라 여호와께서 큰 구원을 이루시니라"(11-12) 합니다.

그리스도의 예표 다윗

㉠ "여호와의 영이 나를 통하여 말씀하심이여 그의 말씀이 내 혀에 있도다"(2) 했습니다. 그렇다면 성령께서 이를 기록하게 하시어 후대에 전해주게 하신 의도가 무엇인가 하는 점입니다.

㉮ 이는 다윗에게 이처럼 충성했다는 점을 전해주기 위해서가 아닙니다. 다윗을 예표로 하여 그리스도에게 이처럼 충성해야한다는 점을 말씀하려는 것입니다. 이점이 세 용사가 기러 온 물을 "다윗이 마시기를 기뻐하지 아니하고 그 물을 여호와께 부어 드리며 이르되 여호와여 내가 나를 위하여 결단코 이런 일을 하지 아니 하리이다 이는 목숨을 걸고 갔던 사람들의 피가 아니니이까 하고 마시기를 즐겨하지 아니 하니라 세

용사가 이런 일을 행하였더라"(16-17) 한 진술을 통해서 분명히 암시되어 있습니다.

ⓒ 계시록에서는, "네가 죽도록 충성하라 그리하면 내가 생명의 관을 네게 주리라 귀 있는 자는 성령이 교회들에게 하시는 말씀을 들을 지어다 이기는 자는 둘째 사망의 해를 받지 아니하리라"(계 2:10-11) 하고 말씀합니다.

㉮ 신약성경은 "나는 네가 순종할 것을 확신하므로 네게 썼노니 네가 내가 말한 것보다 더 행할 줄을 아노라(몬 1:21), 내가 스데바나와 브드나도와 아가이고가 온 것을 기뻐하노니 그들이 너희의 부족한 것을 채웠음이라 그들이 나와 너희 마음을 시원하게 하였으니 그러므로 너희는 이런 사람들을 알아주라" (고전 16:17-18) 하십니다.

성경은 모세가 당한 고난을 "그리스도를 위하여 받는 수모"(히:11:26)라고 말씀합니다. 다윗의 세 용사의 충성도 결국 "그리스도를 위한 충성"이었던 것입니다.

바울의 목숨을 위하여 "자기들의 목숨까지 내놓은"(롬16:4) 브리스가와 아굴라도 "그리스도를 위한 충성"이었습니다. "그렇다면 나는..."하고 심각한 각성을 하게 합니다.

다윗

"사무엘이 기름 뿔 병을 가져다가 그의 형제 중에서 그에게 부었더니 이 날 이후로 다윗이 여호와의 영에게 크게 감동되니라"(삼상 16:13).

고난과 영광을 함께 누린 다윗

㉠ 이렇게 해서 다윗은 구속사의 무대에 등장을 하게 됩니다. 다윗의 출생 기사는 룻기에 기록이 되어 있지만, 다윗이 구속사의 무대에 등장하는 것은 사무엘을 보내셔서 다윗에게 기름을 붓게 하시는 사무엘상 16장에서입니다.

㉮ 다윗은, "내 종 다윗에게 이처럼 말하라 만군의 여호와께서 이처럼 말씀하시기를 내가 너를 목장 곧 양 떼를 따라다니던 데에서 데려다가 내 백성 이스라엘의 주권자로 삼고"(대상 17:7) 하심같이, 일개 목동이었습니다.

㉯ 그런 다윗이 블레셋 군의 싸움을 돋우는 자 골리앗을 물리침으로 두각을 나타내게 되는데, 이를 다윗의 능력인 양 다윗을 부각시켜서는 아니 됩니다. 왜냐하면 그 이전에 하나님의 택하심과, 기름을 붓게 하심과,

성령으로 충만케 하심이 선행(先行)되었다는 점(삼상 16:13)을 놓쳐서는 아니 됩니다.

ⓛ 이처럼 다윗은 하나님의 택하심과 기름 부음을 받았다는 영광과 함께, 사울로부터 박해를 당하는 고난의 종이 됩니다. 왜냐하면 전승하고 돌아올 때에, "여인들이 뛰놀며 노래하여 이르되 사울이 죽인 자는 천천이요 다윗은 만만이로다"(삼상 18:7) 한 것이 사울의 노여움을 촉발시켰기 때문입니다.

㉮ 만일 하나님께서 다윗을 택하셔서 기름을 붓게 하지 않으셨다면 다윗은 사울에게 박해를 당할 이유도 없었을 것이요, 양을 치는 목동으로 평안한 일생을 보내었을 것입니다. 그렇다면 다윗은 무엇을 위하여 세움을 입었는가?

그리스도의 예표

㉠ 하나님께서는 다윗을 그리스도를 예표하는 인물로 세우셨습니다. 선지서는, "내 종 다윗이 그들의 왕이 되리니 그들 모두에게 한 목자가 있을 것이라"(겔 37:24) 하고, 다윗이 "왕과 목자"가 되리라고 예언합니다. 죽은 지 수백 년이 지난 다윗이 왕과 목자가 되리라는 말씀은 그리스도에 대한 명백한 예언이었던 것입니다.

ⓛ 다윗은 크게 세 가지 면에서 그리스도를 예표하고 있는데, 첫째는 "까닭 없이 나를 미워하는 자가 나의 머리털보다 많고 부당하게 나의 원수가 되어 나를 끊으려 하는 자가 강하였으니 내가 빼앗지 아니한 것도 물어 주게 되었나이다"(시 69:4) 한, 무고(無故)히 당한 박해입니다.

㉮ 주님께서는 이를 인용하셔서, "그러나 이는 그들의 율법에 기록된 바 그들이 이유 없이 나를 미워하였다 한 말을 응하게 하려 함이라"(요 15:25) 하고 자신에게 성취되었음을 증거하셨습니다.

ⓒ 둘째는 "내가 신뢰하여 내 떡을 나눠 먹던 나의 가까운 친구도 나를 대적하여 그의 발꿈치를 들었나이다"(시 49:9) 한 배신(背信)당함입니다.

㉮ 주님께서는 이를 인용하셔서, "그러나 내 떡을 먹는 자가 내게 발꿈치를 들었다 한 성경을 응하게 하려는 것이니라"(요 13:18) 하고, 자신에게 성취되었음을 말씀하셨습니다.

ⓔ 셋째는, "주께서 높은 곳으로 오르시며 사로잡은 자들을 취하시고 선물들을 사람들에게서 받으시며 반역자들로부터도 받으시니 여호와 하나님이 그들과 함께 계시기 때문이로다"(시 68:18) 한 승리입니다.

㉮ 사도 바울은 이를 인용하여, "그러므로 이르기를 그가 위로 올라가실 때에 사로잡혔던 자들을 사로잡으시고 사람들에게 선물을 주셨다 하였도다 올라가셨다 하였은즉 땅 아래 낮은 곳으로 내리셨던 것이 아니면 무엇이냐 내리셨던 그가 곧 모든 하늘 위에 오르신 자니 이는 만물을 충만하게 하려 하심이라"(엡 4:8-10) 하고, 그리스도에게서 성취되었음을 증언합니다.

법궤를 예루살렘에 안치함

㉠ 다윗이 통일왕국의 왕이 되어서 착수한 첫 행사가 "예루살렘"을 정복하여 수도(首都)로 삼은 일입니다. 하나님께서 아브라함에게, "네 아들 네 사랑하는 독자 이삭을 데리고 모리아 땅으로 가서 내가 네게 일러 준 한 산 거기서 그를 번제로 드리라"(창 22:2) 하신 곳이 예루살렘이요,

㉮ 모세가 죽기 전에 행한 유언과 같은 말씀에서, "유월절 제사를 네 하나님 여호와께서 네게 주신 각 성에서 드리지 말고 오직 네 하나님 여호와께서 자기의 이름을 두시려고 택하신 곳에서, 유월절 제물을 드리라"(신 16:5-7) 하고 분부하였는데, "여호와께서 자기의 이름을 두시려고 택하신 곳"이 바로 예루살렘(왕상 14:21)입니다.

㉯ 그런 "예루살렘"이 여호수아시대, 사사시대, 사울 왕을 거치는 동안에도 정복하지를 못한 채 "여부스 사람"이 점령하고 있다가(참고 수 15:63, 삼하 5:6) 그리스도의 예표로 세움을 받은 다윗 왕 때에 비로소, "다윗이 시온 산성(예루살렘)을 빼앗았으니 이는 다윗 성이더라"(삼하 5:7) 한 것은 의미심장한 일이라 하겠습니다.

㉡ 예루살렘을 수도로 삼은 후에 다윗이 행한 두 번째 일이, "우리가 우리 하나님의 궤를 우리에게로 옮겨오자 사울 때에는 우리가 궤 앞에서 묻지 아니 하였느니라"(대상 13:3) 한, 하나님의 언약궤를 메어다가 시온 곧 예루살렘에 안치한 일입니다. 이렇게 해서 "여호와께서 자기의 이름을 두시려고 택하신 곳"이라 하신 뜻을 이루어드렸던 것입니다. 이때에 지은 시로 인정이 되고 있는 시편 24편에서 다윗은,

문들아 너희 머리를 들지어다 영원한 문들아 들릴지어다

영광의 왕이 들어가시리로다

영광의 왕이 누구시냐 강하고 능한 여호와시오

전쟁에 능한 여호와시로다

문들아 너희 머리를 들지어다 영원한 문들아 들릴지어다

영광의 왕이 들어가시리로다

영광의 왕이 누구시냐 만군의 여호와께서

곧 영광의 왕이시로다 (셀라)(7-10) 합니다.

ⓒ 하나님께서 자신을 왕위에 오르게 하셨으나 자신은 예표의 인물일 뿐 진정한 "영광의 왕"은 만군의 여호와시라는 고백이었던 것입니다. 그리고 이 영광의 왕은, "이는 한 아기가 우리에게 났고 한 아들을 우리에게 주신 바 되었는데 그의 어깨에는 정사를 메었고 그의 이름은 기묘자라, 모사라, 전능하신 하나님이라, 영존하시는 아버지라, 평강의 왕이라 할 것임이라"(사 9:6) 하고, 예언한 그리스도로 성취가 되었던 것입니다.

언약 세움을 받은 당사자

㉠ 또한 다윗은 아브라함과 함께 하나님께로부터 친히 메시아언약을 세워주심을 받은 언약 당사자입니다. 다윗이 성전건축에 대한 소원을 말하자 하나님께서는, "네가 나를 위하여 내가 살 집을 건축하겠느냐, 여호와가 또 네게 이르노니 여호와가 너를 위하여 집을 짓고"(삼하 7:5, 11) 하고 말씀하셨습니다. 이는 엄

청난 말씀입니다.

㉮ 구원계획은 인간이 하나님을 위하여 이루어드리는 것이 아니라, 하나님께서 우리를 위하여 세워주시는 것이란 말씀입니다. 이점이 유대인들이, "우리가 어떻게 하여야 하나님의 일을 하오리이까" 하고 물었을 때에, "예수께서 대답하여 이르시되 하나님께서 보내신 이를 믿는 것이 하나님의 일이니라" (요 6:28-19) 하신 말씀에도 나타납니다.

㉡ 하나님께서는 다윗에게, "네 수한이 차서 네 조상들과 함께 누울 때에 내가 네 몸에서 날 네 씨를 네 뒤에 세워 그의 나라를 견고하게 하리라 그는 내 이름을 위하여 집을 건축할 것이요 나는 그의 나라 왕위를 영원히 견고하게 하리라", ㉮ "네 집과 네 나라가 내 앞에서 영원히 보전되고 네 왕위(王位)가 영원히 견고하리라" (삼하 7:12-13, 16) 하고, 언약을 세워주셨습니다. 하나님께서 세워주신 언약에는 "영원과, 견고히 하리라"가 강조되어 있습니다. 지상의 나라는 영원하지 못합니다.

첫째로 꼽을 다윗의 사역

㉠ 이를 위하여 세움을 입은 다윗의 역할 중 첫째로 꼽을 사역을 든다면 무엇이라 생각하십니까? 의외라 여길 것입니다만 저는 서슴없이 시편(詩篇)을 기록하여 전해준 일이라 하겠습니다. 우리는 언약 당사자인 아브라함이 기록하여 전해준 서책을 갖고 있지 못합니다. 그런 중에 또 한 사람의 언약 당사자인 다윗이 저술한 시편을 갖게 되었다는 것은 큰 축복입니다.

㉡ 오순절에 강림하신 성령께서는 다윗을 가리켜서, "그는 선지자(先知者)라" 하

십니다. 언약의 당사자요, 선지자의 영에 감동이 되어 시편을 기록하였다면 누구를 증언하기 위해서 기록하였겠는가? "하나님이 이미 맹세하사 그 자손 중에서 한 사람을 그 위에 앉게 하리라 하심을 알고 미리 본 고로 그리스도의 부활을 말하되"(행 2:30-31) 하고, 시편의 중심주제가 "그리스도"를 증언하는 데 있다고 말씀합니다.

㉮ 시편에는 그리스도의 "탄생, 고난, 부활, 승귀, 심판주로 재림하실 것" 등 그리스도에게서 성취될 모든 과정을 증언하고 있습니다. 그리고 문학형식이 시(詩)로 되어 있기 때문에 표현이 함축적이어서 그 내용의 높이와 깊이를 측량할 길이 없는 것입니다. 시편은 성경의 백과사전이요, 보물창고라 말할 수가 있습니다.

㉯ "그 안에는 지혜와 지식의 모든 보화가 감추어져 있느니라"(골 2:3) 한, 말씀 그대로입니다. 이러한 시편을 기록하게 하여 후대에 전해주게 하신 것이 다윗의 첫 손에 꼽을 사명이라 말할 수가 있습니다.

ⓒ 이점을 사도 바울은, "그런즉 유대인의 나음이 무엇이며 할례의 유익이 무엇이냐 범사에 많으니 우선은 그들이 하나님의 말씀을 맡았음이니라"(롬 3:1-2) 하고, "하나님의 말씀"을 기록하여 후대에 전해준 것을 유대인의 가장 큰 업적으로 꼽고 있습니다.

㉮ 그렇습니다. "그러므로 모든 육체는 풀과 같고 그 모든 영광은 풀의 꽃과 같으니 풀은 마르고 꽃은 떨어지되 오직 주의 말씀은 세세토록 있도다 하였으니 너희에게 전한 복음이 곧 이 말씀이니라"(벧전 1:24-25) 하고, "오직 주의 말씀은 세세토록 있도다" 합니다.

㉯ 예를 들어 솔로몬은 성전을 건축하는데 7년, 왕궁을 건축하는데 13년을 몰두했는데 결과는 어찌 되었는가를 생각해보시기 바랍니다. 지금 솔로몬의 성전은 없습니다. 그러나 "시편"은 세세토록 있을 것입니다. 이처럼 "불변의 말씀"을 맡았다는 것이 얼마나 큰 영광이며, 무거운 책임인가를 깨닫게 됩니다. 이것이 다름 아닌 설교자의 사명이라는 점을 명심해야 할 것입니다.

시편을 통해서 증언케 하심

㉠ 부활하신 주님께서는, "내가 너희와 함께 있을 때에 너희에게 말한바 곧 모세의 율법과 선지자의 글과 시편(詩篇)에 나를 가리켜 기록된 모든 것이 이루어져야 하리라 한 말이 이것이라 하시고", 시편의 중심주제도 그리스도를 증언하는 것임을 말씀하셨습니다.

오순절에 강림하신 성령께서도 구약성경의 많은 말씀 중 시편 16편과, 110편을 들어서 그리스도의 부활과 우편 재위(在位)를 증언하게 하신 것만 보아도 시편의 중요성을 깨닫게 합니다.

시편 22편

㉠ 22편은 이사야 53장과 함께 구약성경에 나타난 갈보리입니다. 크게 두 부분으로 나누어지는데 전반부는 그리스도의 수난에 대한 진술이요, 후반부는 사망 권세를 이기고 승리하심을 찬양하는 내용으로 되어 있습니다.

내 하나님이여 내 하나님이여 어찌 나를 버리셨나이까

나는 벌레요 사람이 아니라 사람의 비방거리요 백성의 조롱거리니이다

나를 보는 자는 다 나를 비웃으며 입술을 비쭉거리고 머리를 흔들며 말하되

그가 여호와께 의탁하니 구원하실 걸, 그를 기뻐하시니 건지실 걸 하나이다

나를 멀리 하지 마옵소서 환난이 가까우나 도울 자 없나이다

많은 황소가 나를 에워싸며 바산의 힘센 소들이 나를 둘러쌌으며

내게 그 입을 벌림이 찢으며 부르짖는 사자 같으니이다

나는 물 같이 쏟아졌으며 내 모든 뼈는 어그러졌으며

내 마음은 밀랍 같아서 내 속에서 녹았으며

내 힘이 말라 질그릇 조각 같고 내 혀가 입천장에 붙었나이다

주께서 또 나를 죽음의 진토 속에 두셨나이다

개들이 나를 에워쌌으며 악한 무리가 나를 둘러 내 수족을 찔렀나이다

내가 내 모든 뼈를 셀 수 있나이다 그들이 나를 주목하여 보고

내 겉옷을 나누며 속옷을 제비 뽑나이다

여호와여 멀리 하지 마옵소서 나의 힘이시여 속히 나를 도우소서

내 생명을 칼에서 건지시며 내 유일한 것을 개의 세력에서 구하소서

나를 사자의 입에서 구하소서 주께서 내게 응답하시고

들소의 뿔에서 구원하셨나이다(1-21).

ⓒ 1-21절 안에는 "나"라는 인칭이 28번이나 등장합니다. 이처럼 그리스도의 처절한 고난을 진술하고 있는 22편은, 21절이 분기점입니다. 왜냐하면 21절 안에는, "구하소서" 하는 간구와, "구원하셨나이다" 하는 응답이 함께 들어 있기 때문입니다. 이 분기점을 중심으로 앞부분이 어두운 밤이라면 뒷부분은 "시온의 영광이 빛나는" 아침인 것입니다.

㉮ 1-21절의 전반부는 그리스도의 고난에 대한 묘사고, 22-31절의 후반부는 사망권세를 폐하시고 승리하신 개가입니다.

내가 주의 이름을 형제에게 선포하고 회중 가운데에서 주를 찬송하리이다
여호와를 두려워하는 너희여 그를 찬송할 지어다
야곱의 모든 자손이여 그에게 영광을 돌릴 지어다
너희 이스라엘 모든 자손이여 그를 경외할지어다(22-23) 하고, 찬양이 울려 퍼짐으로 반전(反轉)이 됩니다.

겸손한 자는 먹고 배부를 것이며 여호와를 찾는 자는
그를 찬송할 것이라 너희 마음은 영원히 살지어다
땅의 모든 끝이 여호와를 기억하고 돌아오며
모든 나라의 모든 족속이 주의 앞에 예배하리니
나라는 여호와의 것이요 여호와는 모든 나라의 주재심이로다
세상의 모든 풍성한 자가 먹고 경배할 것이요

진토 속으로 내려가는 자 곧 자기 영혼을 살리지 못할 자도
다 그 앞에 절하리로다
후손이 그를 섬길 것이요 대대에 주를 전할 것이며
와서 그의 공의를 태어날 백성에게 전함이여
주께서 이를 행하셨다 할 것이로다(22:26-31) 하고.

　복음이 "모든 나라 모든 족속"에게 전파되어 구원에 참여하게 될 것과, "주께서 이를 행하셨다" 하고 대대로 전하게 될 것이 예언이 되어 있습니다.

시편 16편

㉠ 16편의 핵심은, "주의 거룩한 자를 멸망(썩지 않게)시키지 않으실 것임이니이다"(10) 한 말씀에 있습니다. 왜냐하면 오순절에 강림하신 성령께서 이를 근거로 하여 그리스도의 부활을 증언하고 있기 때문입니다.

내가 여호와를 항상 내 앞에 모심이여
그가 나의 오른쪽에 계시므로 내가 흔들리지 아니 하리로다
이러므로 나의 마음이 기쁘고 나의 영도 즐거워하며 내 육체도 안전히 살리니
이는 주께서 내 영혼을 스올에 버리지 아니하시며
주의 거룩한 자를 멸망시키지 않으실 것임이니이다

주께서 생명의 길을 내게 보이시리니 주의 앞에는 충만한 기쁨이 있고 주의 오른쪽에는 영원한 즐거움이 있나이다 (16:8-11).

ⓒ 베드로는 오순절 성령강림 후에 행한 첫 설교에서, "형제들아 내가 조상 다윗에 대하여 담대히 말할 수 있노니 다윗이 죽어 장사되어 그 묘가 오늘까지 우리 중에 있도다"(행 2:29) 합니다. 무슨 뜻인가? 다윗은 죽어 장사되어 썩음을 당했다는 것입니다. 그러므로 16편의 진술이 다윗 자신을 가리킨 말이 아니라,

㉮ "그는 선지자라 하나님이 이미 맹세하사 그 자손 중에서 한 사람을 그 위에 앉게 하리라 하심을 알고 미리 본 고로 그리스도의 부활을 말하되 그가 음부에 버림이 되지 않고 그의 육신이 썩음을 당하지 아니하시리라 하더니 이 예수를 하나님이 살리신지라 우리가 다 이 일에 증인이로다"(행 2:30-32) 합니다. 그리고 계속하여 다윗이 기록한 다른 시편을 들어 증언하는데,

110편

여호와께서 내 주에게 말씀하시기를 내가 네 원수들로
네 발판이 되게 하기까지 너는 내 오른쪽에 앉아 있으라 하셨도다
여호와께서 시온에서부터 주의 권능의 규를 내보내시리니
주는 원수들 중에서 다스리소서
주의 권능의 날에 주의 백성이 거룩한 옷을 입고 즐거이 헌신하니

새벽 이슬 같은 주의 청년들이 주께 나오는도다(1-3).
여호와는 맹세하고 변하지 아니하시리라 이르시기를
너는 멜기세덱의 서열을 따라 영원한 제사장이라 하셨도다(4).

주의 오른쪽에 계신 주께서 그의 노하시는 날에 왕들을 쳐서 깨뜨리실 것이라
뭇 나라를 심판하여 시체로 가득하게 하시고 여러 나라의 머리를 쳐서 깨뜨리시며
길 가의 시냇물을 마시므로 그의 머리를 드시리로다(5-7) 한 110편입니다.

㉠ 110편은 구약성경 중에서 신약성경에 가장 많이 인용하여 예수님이 그리스도이심을 증언하고 있는 특출 난 시편입니다. 그러므로 110편은 그리스도의 사명을 이해하는데 없어서는 아니 되는 중요한 요점들을 예시해주고 있습니다.

㉮ 첫째 연(1-3)은 그리스도를, "주는 원수들 중에서 다스리소서" 하고, 왕이심을 증언하고 있습니다.

㉯ 둘째 연(4)은, "너는 멜기세덱의 서열을 따라 영원한 제사장이라" 하고, "제사장" 이심을 증언하고,

㉰ 셋째 연(5-7)은, "주의 오른쪽에 계신 주께서 그의 노하시는 날에 왕들을 쳐서 깨뜨리실 것이라" 하고, 심판 주이심을 증언합니다.

ⓒ 오순절에 강림하신 성령께서는 구약성경의 많은 말씀 중에서 다윗을 들어 기록하게 하신 16편을 들어서 그리스도의 "부활"을 입증했고, 110편을 들어서, "다윗은 하늘에 올라가지 못하였으나 친히 말하여 이르되 주께서 내 주에게 말씀하시기를 내가 네 원수로 네 발등상이 되게 하기까지 너는 내 우편에 앉아 있으라 하셨도다"(행 2:34-35) 하고, 우편재위를 입증하면서,

㉮ "하나님이 오른손으로 예수를 높이시매 그가 약속하신 성령을 아버지께 받아서 너희가 보고 듣는 이것을 부어 주셨느니라"(33) 합니다.

㉯ 그리고 결론을 맺기를, "그런즉 이스라엘 온 집은 확실히 알지니 너희가 십자가에 못 박은 이 예수를 하나님이 주와 그리스도가 되게 하셨느니라"(36) 합니다. 너무나 분명하고 확실한 논증 앞에, "그들이 이 말을 듣고 마음에 찔려 베드로와 다른 사도들에게 물어 이르되 형제들아 우리가 어찌할꼬"(37) 하고 굴복하고 말았던 것입니다. 다윗은 이를 예언하게 하는데 쓰임을 받았던 것입니다.

메시아왕국의 예표

㉠ 다윗은 성경을 기록하여 전해준 것만이 아니라, 다윗왕국 자체가 메시아왕국의 예표였던 것입니다. 사울이 죽은 후, "다윗이 여호와께 여쭈어 아뢰되 내가 유다 한 성읍으로 올라가리이까 여호와께서 이르시되 올라가라 다윗이 아뢰되 어디로 가리이까 이르시되 헤브론으로 갈지니라"(삼하 2:1) 하고, 하나님께서는 다윗을 "헤브론"으로 올려 보내셨습니다.

㉮ 이것이 무심한 일이 아닌 것은 그곳(헤브론 막벨라)에는, "아브라함,

사라, 이삭, 리브가, 야곱, 레아"(창 49:31) 등 메시아언약을 믿고 죽은 족장들이 잠들어 있는 곳으로, 헤브론으로 올라가라 하심은 그 법통(法統)을 다윗에게 계승케 하신다는 뜻이기 때문입니다.

ⓒ 야곱이 임종 머리에서, "규가 유다를 떠나지 아니하며 통치자의 지팡이가 그 발 사이에서 떠나지 아니하기를 실로가 오시기까지 이르리니 그에게 모든 백성이 복종하리로다"(창 49:10) 한 예언이, 다윗에게서, "네 수한이 차서 네 조상들과 함께 누울 때에 내가 네 몸에서 날 네 씨를 네 뒤에 세워 그의 나라를 견고하게 하리라"(삼하 7"12) 하고 재확인이 되었다가,

㉮ "그가 큰 자가 되고 지극히 높으신 이의 아들이라 일컬어질 것이요 주 하나님께서 그 조상 다윗의 왕위를 그에게 주시리니 영원히 야곱의 집을 왕으로 다스리실 것이며 그 나라가 무궁하리라"(눅 1:32-33) 하고, 그리스도에게서 성취가 되었던 것입니다.

이처럼 다윗 왕국이 메시아왕국의 예표임이 다윗의 저작인 101편을 통해서 선명하게 나타납니다.

시편 101 편

내가 인자와 정의를 노래하겠나이다 여호와여 내가 주께 찬양하리이다
내가 완전한 길을 주목하오리니 주께서 어느 때나 내게 임하시겠나이까

내가 완전한 마음으로 내 집 안에서 행하리이다

나는 비천한 것을 내 눈 앞에 두지 아니할 것이요

배교자들의 행위를 내가 미워하오리니

나는 그 어느 것도 붙들지 아니하리이다

사악한 마음이 내게서 떠날 것이니 악한 일을 내가 알지 아니하리로다

자기의 이웃을 은근히 헐뜯는 자를 내가 멸할 것이요

눈이 높고 마음이 교만한 자를 내가 용납하지 아니 하리로다

내 눈이 이 땅의 충성된 자를 살펴 나와 함께 살게 하리니

완전한 길에 행하는 자가 나를 따르리로다

거짓을 행하는 자는 내 집 안에 거주하지 못하며

거짓말하는 자는 내 목전에 서지 못하리로다

아침마다 내가 이 땅의 모든 악인을 멸하리니

악을 행하는 자는 여호와의 성에서 다 끊어지리로다.

㉮ 101편이 우리에게 중요한 의미를 갖게 되는 것은 피로 사신 주님의 몸 된 교회가, "너희도 성령 안에서 하나님이 거하실 처소가 되기 위하여 그리스도 예수 안에서 함께 지어져 가느니라" (엡 2:22) 한, 하나님의 집 이기 때문입니다. 그러므로 우리는 교회를 101편과 같이 섬겨야 마땅한 것입니다.

다윗은 그리스도의 예표의 인물로 세움을 받아, 메시아왕국을 예표하는 왕으

로 섬겼으며, 또한 시편을 기록하여 그리스도를 증언하는 자로 세움을 받았던 것입니다. 그렇다면 나는 무엇을 위하여 세움을 입었는가 하고 각성하게 됩니다.

나단 선지자

"왕이 선지자 나단에게 이르되 볼지어다 나는 백향목 궁에 살거늘 하나님의 궤는 휘장 가운데에 있도다 나단이 왕께 아뢰되 여호와께서 왕과 함께 계시니 마음에 있는 모든 것을 행하소서 하니라"(삼하 7:2-3).

하나님의 뜻을 대언함

㉠ 이것이 나단 선지자가 구속사의 무대에 등장하는 장면입니다. 나단은 신정왕국의 왕으로 세움을 입은 다윗에게 하나님의 말씀을 대언하기 위해서 세움을 입은 선지자입니다. 그러면 나단은 무슨 말씀을 대언했는가?

㉮ 다윗이 "나는 백향목 궁에 살거늘 하나님의 궤는 휘장 가운데에 있도다" 하고 송구함을 토로하자, "여호와께서 왕과 함께 계시니 마음에 있는 모든 것을 행하소서", 즉 그런 소원이 있으시다면 "성전"을 지어드리라 하고 건의를 합니다. 그러나 이 말은 나단의 개인적인 의사였을 뿐 하나님의 뜻을 대언한 것은 아니었습니다.

㉡ "그 밤에 여호와의 말씀이 나단에게 임하여 이르시되 가서 내 종 다윗에게 말하기를 여호와께서 이와 같이 말씀하셨다" 하고, 비로소 대언할 말씀이 주어

집니다. "네가 나를 위하여 내가 살 집을 건축하겠느냐 내가 이스라엘 자손을 애굽에서 인도하여 내던 날부터 오늘까지 집에 살지 아니하고 장막과 성막 안에서 다녔나니"(7:4-6) 하십니다.

㉮ 중심점은 출애굽 이후 오늘까지 하나님께서는 "집"에 거하시지 않고, "장막과 성막"에 거하셨다는데 있습니다. 그러면 "집과, 장막"의 차이가 무엇인가?

㉯ "집"은 부동산(不動産)이나, "장막"은 이동식(移動式) 거처라는 점이 다릅니다. 출애굽 이후 하나님께서는 "집"에 거하시면서 안식하신 분이 아니라, 자기 백성들과 함께 "장막"에 거하시면서 진두지휘하신 야전군(野戰軍) 사령관과 같으셨다는 뜻입니다.

㉢ 하나님께서 예레미야 선지자로 하여금, "여호와의 집 문에 서서, 너희는 이것이 여호와의 성전이라, 여호와의 성전이라, 여호와의 성전이라 하는 거짓말을 믿지 말라"(렘 7:2-4) 하고 외치게 하신 의도가 무엇인지 아십니까? 당시의 지도자들이 인격적인 하나님을 의뢰하고 있었던 것이 아니라, "성전"이라는 그것을 의지하고 있었기 때문입니다.

㉮ 스데반 집사가 성전 모독죄로 돌에 맞아 죽게 된 이유도 증언하기를, "솔로몬이 그를 위하여 집을 지었느니라 그러나 지극히 높으신 이는 손으로 지은 곳에 계시지 아니하시나니 선지자가 말한 바 주께서 이르시되 하늘은 나의 보좌요 땅은 나의 발등상이니 너희가 나를 위하여 무슨 집을 짓겠으며 나의 안식할 처소가 어디냐 이 모든 것이 다 내 손으로 지은 것이 아니냐 함과 같으니라"(행 7:47-50) 하고 외쳤기 때문입니다.

저들은 천지의 대 주재이신 하나님께서 성전에 거하시는 양 건물에 가두려하는 어리석음을 범했던 것입니다. 왜냐하면 이를 빙자하여 교권(敎權)을 휘두르기 위해서였습니다. 건물에 갇혀 있는 것이 무엇인지 아십니까? 그것은 우상입니다. 스데반은, "너희가 참 성전으로 오신 그리스도를 죽였다" 하고 고발하였던 것입니다.

메시아언약을 대언함

㉠ 나단 선지자가 대언한 요점은, "네가 나를 위하여 내가 살 집을 건축하겠느냐(5), 네게 이르노니 여호와가 너를 위하여 집을 짓고"(11), 즉 도리어 하나님께서 다윗을 위하여 집을 이루어 주시겠다는 말씀에 있습니다.

㉮ 나단이 대언한 말씀이 다윗에게 세워주신 "메시어 언약" 인데, "네 수한이 차서 네 조상들과 함께 누울 때에 내가 네 몸에서 날 네 씨를 네 뒤에 세워 그의 나라를 견고하게 하리라 그는 내 이름을 위하여 집을 건축할 것이요 나는 그의 나라 왕위를 영원히 견고하게 하리라 나는 그에게 아버지가 되고 그는 내게 아들이 되리니",

㉯ "그가 만일 죄를 범하면 내가 사람의 매와 인생의 채찍으로 징계하려니와 내가 네 앞에서 물러나게 한 사울에게서 내 은총을 빼앗은 것처럼 그에게서 빼앗지는 아니하리라 네 집과 네 나라가 내 앞에서 영원히 보전되고 네 왕위가 영원히 견고하리라 하셨다 하라"(7:12-16) 하신 말씀입니다.

㉡ 하나님께서는 메시아언약을 다윗에게 직접 말씀하신 것이 아니라, "그 밤에 여

호와의 말씀이 나단에게 임하여 이르시되 가서 내 종 다윗에게 말하라"(4-5) 하고, 세우신 선지자를 통해서 말씀하셨다는 점입니다.

㉮ 다윗은 "나단이 이 모든 말씀들과 이 모든 계시대로 다윗에게 말하니라"(17) 한, 나단 선지자를 통해서 메시아언약을 듣게 된 것입니다. 나단 선지자는 이 메시아언약 곧 복음을 대언하기 위해서 세움을 입었던 것입니다. 그리고 이것이 대언자로 세움을 입은 설교자의 사명이기도 합니다.

㉯ 하나님께서 다윗에게 세워주신 언약 안에는, "영원히 견고케 하리라, 영원히 보전되고, 네 왕위가 영원히 견고하리라" 하고 "영원"(永遠)이라는 말이 3번이나 강조되어 있습니다. "풀은 마르고 꽃은 떨어지되 오직 주의 말씀은 세세토록 있도다 하였으니 너희에게 전한 복음이 곧 이 말씀이니라"(벧전 1:24-25) 하십니다. 세세토록 있을 복음을 대언(代言)한 나단의 임무는 얼마나 복된 사명인가!

㉰ 바로 이것입니다. "그가 또한 우리를 새 언약의 일꾼 되기에 만족하게 하셨으니"(고후 3:6) 한, 새 언약의 일꾼들은 복음을 대언하라고 세움을 입은 자들인 것입니다. 성도들에게 복음을 증언해주노라면 다윗 왕이, "여호와 앞에 들어가 앉아서 이르되 주 여호와여 나는 누구이오며 내 집은 무엇이기에 나를 여기까지 이르게 하셨나이까" 함과 같이, 감격의 눈물을 흘리며 감사기도를 드리게 되는 것입니다.

당신이 그 사람이라

㉠ 나단 선지자의 임무는 다윗에게 "복음"만을 전해주게 하기 위해서 세움을 입은 것이 아니라, "여호와께서 나단을 다윗에게 보내시니 그가 다윗에게 가서 그에게 이르되"(12:1) 하고, 다윗이 밧세바를 범한 죄를 책망한 일도 감당했다는 점을 유념해야만 합니다. 이는 누구도 감당하기를 원하지 않는 힘든 직무입니다. 이처럼 하나님의 말씀을 맡은 자들에게는 "하나님의 의가 나타났습니다" 하는 복음의 기쁜 소식과, "하나님의 진노가 나타납니다"(롬 1:17, 18) 하는 심판의 경고를 함께 전해주라고 세움을 입은 자들이라는 점을 명심해야만 합니다.

㉮ 나단 선지자는 다윗에게, "당신이 그 사람이라" 하고, 직언(直言)을 합니다. 하나님의 말씀을 맡은 자는 하나님 한 분 외에는 두려운 자가 없는 사람입니다. "이스라엘의 하나님 여호와께서 이와 같이 이르시기를 내가 너를 이스라엘 왕으로 기름 붓기 위하여 너를 사울의 손에서 구원하고 네 주인의 집을 네게 주고 네 주인의 아내들을 네 품에 두고 이스라엘과 유다 족속을 네게 맡겼느니라 만일 그것이 부족하였을 것 같으면 내가 네게 이것 저것을 더 주었으리라" 하십니다.

㉯ "그러한데 어찌하여 네가 여호와의 말씀을 업신여기고 나 보기에 악을 행하였느냐 네가 칼로 헷 사람 우리아를 치되 암몬 자손의 칼로 죽이고 그의 아내를 빼앗아 네 아내로 삼았도다 이제 네가 나를 업신여기고 헷 사람 우리아의 아내를 빼앗아 네 아내로 삼았은즉 칼이 네 집에서 영원토록 떠나지 아니하리라 하셨고 여호와께서 또 이와 같이 이르시기를

보라 내가 너와 네 집에 재앙을 일으키고 내가 네 눈앞에서 네 아내를 빼앗아 네 이웃들에게 주리니 그 사람들이 네 아내들과 더불어 백주에 동침하리라 너는 은밀히 행하였으나 나는 온 이스라엘 앞에서 백주에 이 일을 행하리라 하셨나이다" (12:7-12) 하고, 폭탄적인 선언을 합니다.

ⓛ 이럴 경우 다른 왕들은 선지자를 투옥하고 심지어 돌로 쳐 죽이기까지 했습니다. 그런데 다윗의 반응은 어떠했는가? "다윗이 나단에게 이르되 내가 여호와께 죄를 범하였노라" 하고 자백을 합니다.

바로 이점이 다윗의 다른 점입니다. 징계의 목적은 죽이는데 있는 것이 아니라 살리는데 있습니다. 나단의 충정에서 나온 책망이 다윗을 회개케 하고 살게 한 것입니다.

㉮ "나단이 다윗에게 말하되 여호와께서도 당신의 죄를 사하셨나니 당신이 죽지 아니하려니와 이 일로 말미암아 여호와의 원수가 크게 비방할 거리를 얻게 하였으니 당신이 낳은 아이가 반드시 죽으리이다 하고 나단이 자기 집으로 돌아가니라" (13-15) 합니다.

ⓒ 나단 선지자의 마지막 사명은 제사장 사독과 함께 솔로몬을 다윗의 후계자로 (왕상 1:38-39) 세운 일입니다.

㉮ 이는 하나님의 뜻을 이루어 다윗의 위를 견고케 한 일인데, 궁극적으로는 메시아가 태어나실 "의의 상속자"를 확립한 일입니다.

이것이 나단이 세움을 받아 담당한 사명입니다. 그렇다면 나는 무엇을 대언하라고 세움을 입었는가 하고 자문하면서 각성하게 됩니다.

솔로몬

"다윗이 그의 아내 밧세바를 위로하고 그에게 들어가 그와 동침하였더니 그가 아들을 낳으매 그의 이름을 솔로몬이라 하니라"(삼하 12:24).

그리스도의 예표

㉠ 이렇게 해서 솔로몬은 구속사의 무대에 등장하게 됩니다. 솔로몬이 태어나자, "여호와께서 그를 사랑하사 선지자 나단을 보내 그의 이름을 여디디야라 하시니 이는 여호와께서 사랑하셨기 때문이더라"(25) 합니다. 그렇다면 솔로몬은 무엇을 위해서 세움을 입었는가?

㉮ 솔로몬의 출생을 교훈적인 면으로만 본다면 축복받은 자라 말할 수가 없을 것입니다. 그런데 선지자 나단을 보내셔서 "여디디야"(여호와께 사랑을 입음)라 하는 이름까지 하사(下賜)하시다니, 인간의 이성으로는 이해하기 어려운 대목입니다. 여기에 하나님의 무조건적인 택하심과 선수적인 사랑이 등장하는 것입니다.

㉯ 본질상 진노의 자식이었던 우리를 가리켜서, "곧 창세 전에 그리스도

안에서 우리를 택하사 우리로 사랑 안에서 그 앞에 거룩하고 흠이 없게 하시려고 그 기쁘신 뜻대로 우리를 예정하사 예수 그리스도로 말미암아 자기의 아들들이 되게 하셨다"(엡 1:4-5)는 말씀은 우리에게 그럴만한 자격이 있었기 때문입니까? 형제는 이를 이해할 수가 있습니까? 이렇게 하신 것이 하나님의 "기쁘신 뜻대로" 라고 말씀합니다.

ⓒ 여기에는 더욱 깊은 하나님의 섭리가 있는데 솔로몬이란 "평강"이라는 뜻이요, 하나님께서 "이는 내 사랑하는 자라" 하심은 그리스도를 예표(豫表)하는 인물로 세움을 받았음을 나타냅니다. 이점이 "그는 내 이름을 위하여 집을 건축할 것이요 나는 그의 나라 왕위를 영원히 견고하게 하리라"(7:13) 하신 메시아언약에서도 나타납니다.

ⓒ 그런데 예표인 솔로몬과, 실체(實體)이신 그리스도 간에는 유사성(類似性)과 상이(相異)성이 있는 것입니다.

㉮ "다윗의 자손으로 성전을 건축한 것, 지혜가 충만하여 그 소문을 만방에 떨친 것, 인생의 밑바닥까지 낮아진 것" 등은 유사성입니다.

㉯ 주님께서는 "이 반석 위에 내 교회를 세우리라" 말씀하셨고, "다 이루었다" 하신 복음을 땅 끝까지 증언하게 하신 일, 또한 "그는 근본 하나님의 본체시나 하나님과 동등 됨을 취할 것으로 여기지 아니하시고 오히려 자기를 비워 종의 형체를 가지사 사람들과 같이 되셨고 사람의 모양으로 나타나사 자기를 낮추시고 죽기까지 복종하셨으니 곧 십자가에 죽으심이라"(빌 2:6-8) 하고, 밑바닥까지 낮아지셨습니다.

㉰ 그러나 상이성은, 솔로몬은 자신의 죄로 말미암아 시궁창까지 타락하였다가

전도자(전 1:1)로 세움을 입었으나, 우리 전도자 되시는 그리스도께서는 우리의 죄를 인하여, "말구유에서 탄생하시고, 우리 연약함을 친히 체휼하신 분이요, 십자가에 죽기까지 낮아지신"(히 4:15, 빌 2:8) 분이십니다.

㉮ 이점이 결정적으로 다른 점입니다. 주님께서는 우리의 대표자가 되셔서 대속제물이 되시기 위해서 우리의 연약을 체휼하셨으나, 솔로몬은 자신의 죄로 인하여 인생의 연약함을 체험하고는, "전도자가 이르되 헛되고 헛되며 헛되고 헛되니 모든 것이 헛되도다" 하는 전도서를 기록하였던 것입니다.

네게 무엇을 줄꼬

㉠ "솔로몬이 그의 아버지 다윗의 왕위에 앉으니 그의 나라가 심히 견고하니라"(왕상 2:12) 합니다. 솔로몬이 왕위에 오르자 우선적으로 한 일이, "이에 왕이 제사하러 기브온으로 가니 거기는 산당이 큼이라 솔로몬이 그 제단에 일천 번제를 드렸더니"(3:4) 하고, 번제를 드렸습니다.

㉮ "밤에 여호와께서 솔로몬의 꿈에 나타나시니라 하나님이 이르시되 내가 네게 무엇을 줄꼬 너는 구하라"(5) 하십니다. 이점에서 주의해야할 점은 하나님께서 "일천 번제"를 드린 것을 공로(功勞)로 여기셔서 "네게 무엇을 줄꼬" 하신 것이 아니라는 점입니다. 이것은 우려가 아니라 "일천 번제" 운운하는 현대교회가 안고 있는 치명적인 곡해 중 하나입니다.

㉯ 우리가 이제까지 상고한 대로 성경이 말씀하는 "번제"가 누구를 통해

서 성취될 그림자인가를 생각하시기를 바랍니다. 성경은 "그러므로 주께서 세상에 임하실 때에 이르시되 하나님이 제사와 예물을 원하지 아니하시고 오직 나를 위하여 한 몸을 예비하셨도다 번제와 속죄제는 기뻐하지 아니하시나니 이에 내가 말하기를 하나님이여 보시옵소서 두루마리 책에 나를 가리켜 기록된 것과 같이 하나님의 뜻을 행하러 왔나이다"(히 10:5-7)에서 성취될 그림자였던 것입니다.

ⓒ 이런 맥락에서 "내가 무엇을 줄꼬" 하신 하나님의 의도도, 모르시기 때문에 물으신 것도 아니요, 솔로몬 개인을 위해서가 아니라, 이 말씀 속에는 솔로몬을 세우신 하나님의 뜻이 있으시다는 점을 유념해야만 합니다.

㉮ 솔로몬은 "누가 주의 이 많은 백성을 재판할 수 있사오리이까"(3:9) 하고, "지혜"를 구하였는데, 이것이 바로 주의 종들이 구해야할 덕목인 것입니다. 신약성경은, "너희 중에 누구든지 지혜가 부족하거든 모든 사람에게 후히 주시고 꾸짖지 아니하시는 하나님께 구하라 그리하면 주시리라"(약 1:5) 하고 말씀합니다.

ⓒ 하나님께서는, "내가 네 말대로 하여 네게 지혜롭고 총명한 마음을 주노니 네 앞에도 너와 같은 자가 없었거니와 네 뒤에도 너와 같은 자가 일어남이 없으리라" 하십니다. 그런데 여기서 끝이신 것이 아니라 "내가 또 네가 구하지 아니한 부귀(富貴)와 영광도 네게 주노니 네 평생에 왕들 중에 너와 같은 자가 없을 것이라"(12-13) 하고, "부귀와 영광"까지 주시겠다 하시는 것이 아닌가?

부귀와 영화를 주시면 솔로몬이 타락할 것을 모르셨단 말인가? 여기에 솔로몬의 역할이 암시적으로 나타납니다.

하나님의 신실하심과 인간의 거짓됨

㉠ 솔로몬의 행적 중에 우선적으로 꼽을 수 있는 것이, "솔로몬이 칠년 동안 성전을 건축하였더라"(왕상 6:38) 한 성전(聖殿)을 건축한 일과, "솔로몬이 자기의 왕궁을 십삼 년 동안 건축하여 그 전부를 준공하니라"(왕상 7:1) 한, 왕궁(王宮)을 건축한 일일 것입니다.

㉮ 그런데 하나님께서는 솔로몬이 성전을 건축하는 중에 두 번이나 나타나시어, "만일 너희나 너희의 자손이 아주 돌아서서 나를 따르지 아니하며 내가 너희 앞에 둔 나의 계명과 법도를 지키지 아니하고 가서 다른 신을 섬겨 그것을 경배하면 내가 이스라엘을 내가 그들에게 준 땅에서 끊어 버릴 것이요 내 이름을 위하여 내가 거룩하게 구별한 이 성전이라도 내 앞에서 던져버리리니"(왕상 9:6-7) 하고 경고를 하셨습니다.

㉯ 그럼에도 불구하고 "솔로몬이 마음을 돌려 이스라엘의 하나님 여호와를 떠나므로 여호와께서 그에게 진노하시니라 여호와께서 일찍이 두 번이나 그에게 나타나시고 이 일에 대하여 명령하사 다른 신을 따르지 말라 하셨으나 그가 여호와의 명령을 지키지 않았으므로 여호와께서 솔로몬에게 말씀하시되 네게 이러한 일이 있었고 또 네가 내 언약과 내가 네게 명령한 법도를 지키지 아니하였으니 내가 반드시 이 나라를 네게서 빼앗아 네 신하에게 주리라"(11:9-11) 하고, 선고하셨습니다.

㉡ "그러나 네 아버지 다윗을 위하여 네 세대에는 이 일을 행하지 아니하고 네 아

들의 손에서 빼앗으려니와 오직 내가 이 나라를 다 빼앗지 아니하고 내 종 다윗과 내가 택한 예루살렘을 위하여 한 지파를 네 아들에게 주리라"(11:12-13) 말씀하십니다.

㉮ "네 아버지 다윗을 위하여" 라는 뜻은, 다윗에게 세워주신 메시아언약을 이루시기 위해서라는 뜻이요, "내가 택한 예루살렘을 위하여"라 하심은, 하나님의 이름과 영예가 걸려있기 때문이라는 뜻입니다. 그리하여 남겨주시리라 하신 "한 지파"가 그리스도께서 오실 유다지파였던 것입니다.

㉯ 구약성경의 분량이 많다 하여도 두 줄기의 흐름을 보여주고 있는데 첫째는, "한 사람으로 말미암아 세상에 죄가 들어오고" 한 "죄"(罪)의 줄기이고, 둘째는 "내가 — 하리라"(창 3:15) 하고 선언하신 원 복음의 은혜(恩惠)줄기입니다. 솔로몬의 타락에서 죄의 사악성을 보게 되고, "한 지파를 남겨 주리라" 하심에서 "죄가 더한 곳에 은혜가 더욱 넘쳤나니"(롬 5:20) 한 은혜의 줄기를 봅니다. 이는 무엇을 증언하고 있느냐 하면, "사람은 다 거짓되되 오직 하나님은 참되시다 할지어다"(롬 3:4) 한, 하나님의 신실하심과 인간의 거짓됨입니다. 한마디로 자력구원의 불가능성입니다.

영원히 있을 말씀

㉠ 하나님께서는 솔로몬에게 "지혜"라는 은사를 주셔서,

㉮ "다윗의 아들 이스라엘 왕 솔로몬의 잠언이라"(잠 1:1) 한 잠언서와,

㈏ "솔로몬의 아가라" (아 1:1) 한, 아가서와,

㈐ "다윗의 아들 예루살렘 왕 전도자의 말씀이라" (전 1:1) 한 전도서를 기록케 하셔서 후대에 전해주게 하셨던 것입니다. 솔로몬은 이 사명을 위해서 세움을 입었다고 말할 수가 있습니다.

ⓒ 왜냐하면 솔로몬이 건축한 성전이 아무리 화려하다 해도 그것은 불에 타고 말았으나, 그를 통해서 기록하게 하신 "잠언, 아가, 전도서"는, "그러므로 모든 육체는 풀과 같고 그 모든 영광은 풀의 꽃과 같으니 풀은 마르고 꽃은 떨어지되 오직 주의 말씀은 세세토록 있도다 하였으니 너희에게 전한 복음이 곧 이 말씀이니라"(벧전 1:24-25) 한 대로 오늘날까지 전해지고 있기 때문입니다.

㉠ 그렇다면 "잠언, 아가, 전도서"의 중심주제가 무엇인가? 그리스도를 증언(졸저, 신구약 파노라마 참조)하는 것입니다. 잠언에서는, "지혜가 그의 집을 짓고 일곱 기둥을 다듬고 짐승을 잡으며 포도주를 혼합하여 상을 갖추고 자기의 여종을 보내어 성중 높은 곳에서 불러 이르기를 어리석은 자는 이리로 돌이키라 또 지혜 없는 자에게 이르기를 너는 와서 내 식물을 먹으며 내 혼합한 포도주를 마시고 어리석음을 버리고 생명을 얻으라 명철의 길을 행하라 하느니라"(9:1-6) 합니다. 이는 주님의 천국잔치 비유와 상통합니다.

㉡ 아가(雅歌)서에서는, "너는 나를 도장 같이 마음에 품고 도장 같이 팔에 두라 사랑은 죽음 같이 강하고 질투는 스올 같이 잔인하며 불길 같이 일어나니 그 기세가 여호와의 불과 같으니라 많은 물도 이 사랑을 끄지 못하겠고 홍수라도 삼키지 못하나니 사람이 그의 온 가산을 다 주고 사

랑과 바꾸려 할지라도 오히려 멸시를 받으리라"(8:6-7) 합니다. 이 "사랑"은 "누가 우리를 그리스도의 사랑에서 끊으리요 환난이나 곤고나 박해나 기근이나 적신이나 위험이나 칼이랴"(롬 8:35) 한, 우리에게 향하신 그리스도의 사랑과 상통합니다.

하나님의 기이한 섭리

㉠ 하나님께서는 솔로몬이 구하지 아니한 "부귀와 영화"까지 주셨는데 그렇게 되면 솔로몬이 타락할 것을 모르셨단 말인가 하는 물음이 제기될 수가 있습니다. 아닙니다. 하나님께서 주신 부귀와 영화를 선용하지 않고 육체의 소욕을 추구했다는 것은 인간의 죄성(罪性)입니다.

㉦ 그런데 만일 "부귀와 영화"를 주시지 않으셨다면 "전도서"는 태어나지 못했을 것이라는 점입니다. 전도서는, "다윗의 아들 예루살렘 왕 전도자의 말씀이라"(1) 하고 시작이 됩니다. 무엇을 감추고 있는지 아십니까? "솔로몬"이라는 이름입니다. 왜 그런가? 하나님께서 솔로몬을 전도자로 세우신 데는 인간이 헤아릴 수 없는 섭리가 있었던 것입니다.

㉴ 솔로몬은 진술하기를, 나의 사업을 크게 하였노라 내가 나를 위하여 집들을 짓고 포도원을 일구며 여러 동산과 과원을 만들고 그 가운데에 각종 과목을 심었으며 나를 위하여 수목을 기르는 삼림에 물을 주기 위하여 못들을 팠으며 남녀 노비들을 사기도 하였고 나를 위하여 집에서 종들을 낳기도 하였으며 나보다 먼저 예루살렘에 있던 모든 자들보다도 내가 소와 양 떼의 소유를 더

많이 가졌으며 은 금과 왕들이 소유한 보배와 여러 지방의 보배를 나를 위하여 쌓고 또 노래하는 남녀들과 인생들이 기뻐하는 처첩들을 많이 두었노라(전 2:4-8) 하고 진술합니다.

ⓛ 그 결과로 깨닫게 된 것이 무엇인가? "그 후에 내가 생각해 본즉 내 손으로 한 모든 일과 내가 수고한 모든 것이 다 헛되어 바람을 잡는 것이며 해 아래에서 무익한 것이로다"(전 2:11) 하고 고백합니다.

㉮ 권세는 왕이요, 지혜는 추종을 불허하고, 부귀영화는 비할 자가 없었던 솔로몬이 밑바닥까지 타락했던 뼈아픈 경험이 없었다면 불신자들이 추구하는 모든 사상(思想)과 욕망과 심리상태를 꿰뚫어보고 있는 "전도서"는 기록되지 못했을 것입니다.

㉯ 하나님께서는 솔로몬의 타락을 통해서, "내가 해 아래서 행하는 모든 일을 본즉 다 헛되어 바람을 잡으려는 것이로다"(1:14) 한, 하나님을 떠난 삶의 무가치(無價値)함을 깨닫게 하여, "일의 결국을 다 들었으니 하나님을 경외하고 그 명령을 지킬 지어다"(12:13) 하고, 사람의 본분(本分)을 증언케 하셨던 것입니다.

복음 전도자 솔로몬

㉠ 이런 맥락에서 전도서에서 인간 솔로몬, 왕이라는 지위는 감추고 자신을, "전도자"(傳道者)라고만 소개하고 있는 것입니다. 전도자(傳道者)라는 말이 7번 등장하는데 하나님께서는 모든 사람들이 추구하는 "지위와 명예와 권세와 부귀와 영화" 등을 다 누리다가 헛됨을 경험한 솔로몬을 전도자로 세우셔서 "전도

서"를 기록케 하신 것입니다.

　㉮ 이것이 솔로몬이 구속사의 무대에 세움을 받아 수행한 첫 손에 꼽을 사명이라 할 수가 있습니다. 솔로몬의 행적 중 불휴의 사명은 성전이나 왕궁 건축이 아니라, "그리스도를 증언"한 일이라는 점을 명심해야만 합니다.

　㉯ 솔로몬이 건축한 "성전과, 왕궁" 이 어떻게 되었는가? "바벨론 왕 느부갓네살의 열아홉째 해 오월 칠일에 바벨론 왕의 신복 시위대장 느부사라단이 예루살렘에 이르러 여호와의 성전(聖殿)과 왕궁(王宮)을 불사르고 예루살렘의 모든 집을 귀인의 집까지 불살랐으며"(왕하 25:8-9) 하고, 불에 타버리고 말았던 것입니다.

ⓛ 이는 마치 "전에는 훼방자요 핍박자요 포행자"였던 사울을 이방인의 사도로 세우셔서, "후에 주를 믿어 영생 얻는 자들에게 본(本)이 되게"(딤전 1:13, 16) 하시고, "로마서" 등 서신서를 기록케 하신 것과 같은 섭리라 하겠습니다.

　㉮ 바울은 "이를 위하여 내가 전파(傳播)하는 자와 사도로 세움을 입은 것은 참말이요 거짓말이 아니니 믿음과 진리 안에서 내가 이방인의 스승이 되었노라"(딤전 2:7) 하고, 자신이 "전도자" 임을 "사도" 보다 앞에 내세우고 있습니다.

ⓒ 이를 통해서 나는 무엇을 위하여 세움을 입었는가 하고 성찰하게 합니다. 형제가 구속사의 무대에 세움을 입은 첫 손에 꼽을 사명도 예배당 건물을 건축하고, 사회사업을 하는 그런 것이 아니라, "하나님 앞과 살아 있는 자와 죽은 자를 심판하실 그리스도 예수 앞에서 그가 나타나실 것과 그의 나라를 두고 엄

히 명하노니 너는 말씀을 전파하라 때를 얻든지 못 얻든지 항상 힘쓰라"(딤후 2:1-2) 하신, 복음을 전파하는 일임을 명심하시기를 바랍니다.

성경은 "오직 주의 말씀은 세세토록 있도다 하였으니 너희에게 전한 복음이 곧 이 말씀이니라"(벧전 1:25) 하고, 세세토록 있을 것은 "복음"이라 말씀합니다.

르호보암

"솔로몬이 그의 조상들과 함께 자매 그의 아버지 다윗의 성읍에 장사되고 그의 아들 르호보암이 대신하여 왕이 되니라"(왕상 11:43). "솔로몬의 아들 르호보암은 유다 왕이 되었으니 르호보암이 왕위에 오를 때에 나이가 사십일 세라 여호와께서 자기 이름을 두시려고 이스라엘 모든 지파 가운데에서 택하신 성읍 예루살렘에서 십칠 년 동안 다스리니라 그의 어머니의 이름은 나아마요 암몬 사람이더라"(14:21).

분열 왕국

㉠ 이렇게 해서 르호보암은 구속사의 무대에 등장을 하게 됩니다. 이점에서 주목하게 되는 것은, "그의 어머니의 이름은 나아마요 암몬 사람이더라"(21하) 하고, 르호보암의 혈통이 솔로몬과 암몬 여인 사이에서 태어난 아들임을 밝혀주고 있는 대목입니다.

그러면 르호보암은 무엇을 위하여 구속사의 무대에 세움을 입었는가? 르호보암은 17년간이나 왕위에 있었으면서도 그의 행적은 통일왕국을 분열왕국이 되게 한 일 외에 별다른 치적이 없습니다.

㉮ 도리어 "유다가 여호와 보시기에 악을 행하되 그의 조상들이 행한 모든 일보다 뛰어나게 하여 그 범한 죄로 여호와를 노엽게 하였으니 이는 그들도 산 위에와 모든 푸른 나무 아래에 산당과 우상과 아세라 상을 세

웠음이라"(22-23) 하고, 우상을 숭배했다고 말씀합니다.

이는 솔로몬의 마음을 돌이켰던 암몬인 어머니의 영향을 받았기 때문일 것입니다.

㉯ 솔로몬이 죽은 후에 백성들은 르호보암을 예루살렘이 아닌 세겜으로 불러냅니다. 세겜은 에브라임 지파에 분배된 곳인데, 여기에 벌써 반역의 조짐이 나타나고 있는 것입니다. 그리고는 "왕의 아버지가 우리의 멍에를 무겁게 하였으나 왕은 이제 왕의 아버지가 우리에게 시킨 고역과 매운 무거운 멍에를 가볍게 하소서 그리하시면 우리가 왕을 섬기겠나이다"(4) 하고 조건부적인 제안을 합니다.

㉡ 르호보암은, "내 아버지는 너희의 멍에를 무겁게 하였으나 나는 너희의 멍에를 더욱 무겁게 할지라 내 아버지는 채찍으로 너희를 징계하였으나 나는 전갈 채찍으로 너희를 징치하리라"(14) 하고 포악한 말로 대답을 했습니다.

㉮ 그런데 성경은, "왕이 이같이 백성의 말을 듣지 아니하였으니 이 일은 여호와께로 말미암아 난 것이라"(15) 말씀하고 있다는 점입니다. 이로 인하여 10지파가 떨어져나감으로 분열왕국이 되고 맙니다.

㉯ 이는 솔로몬이 타락하였을 때에 하나님께서 아히야를 통해서, "여로보암에게 이르되 너는 열 조각을 가지라 이스라엘의 하나님 여호와의 말씀이 내가 이 나라를 솔로몬의 손에서 찢어 빼앗아 열 지파를 네게 주고 오직 내 종 다윗을 위하고 이스라엘 모든 지파 중에서 택한 성읍 예루살렘을 위하여 한 지파를 솔로몬에게 주리니"(11:31-32) 하신 말씀을 이루게 하심이라 합니다.

ⓒ 이 사건을 통해서도 하나님의 주권(主權)과, 인간의 책임(責任)간의 갈등을 보게 됩니다. 왕국이 분열이 된 원인을 인간의 책임(責任)중심으로 본다면, 르호보암은 포악한 말로 대답하지 말았어야 합니다. 왜냐하면 아버지 솔로몬의 타락으로 인한 하나님의 징벌에 대해서 겸비했어야 마땅하기 때문입니다.

㉮ 또한 10지파는, "우리가 다윗과 무슨 관계가 있느냐 이새의 아들에게서 받을 유산이 없도다 이스라엘아 너희의 장막으로 돌아가라 다윗이여 이제 너는 네 집이나 돌아보라"(12:16) 하고, 자기 장막으로 돌아가지 말았어야만 합니다. 왜냐하면 10지파는 다윗의 집을 배신한 차원이 아니라, 다윗에게 세워주신 메시아언약을 "배반"(대하 13:6)하는 일이었기 때문입니다.

㉯ 그러니까 "영생의 말씀이 주께 있사오니 우리가 뉘게로 가오리까" 하는 태도를 취했어야 옳았다는 말씀입니다. 19절을 보십시오. "이에 이스라엘이 다윗의 집을 배반하여 오늘까지 이르렀더라" 합니다.

㉰ 이점을 시편에서는 "에브라임 자손(10지파를 대표하는)은 무기를 갖추며 활을 가졌으나 전쟁의 날에 물러갔도다 그들이 하나님의 언약(言約)을 지키지 아니하고 그의 율법 준행을 거절하며 여호와께서 행하신 것과 그들에게 보이신 그의 기이한 일을 잊었도다"(시 78:9-11) 하고 말씀합니다.

㉮ 떨어져나간 그들은 "그가 또 산당들을 짓고 레위 자손 아닌 보통 백성으로 제사장을 삼고 여덟째 달 곧 그 달 열 다섯째 날로 절기를 정하여 유다의 절기와 비슷하게 하고, 그가 만든 송아지에게 제사를 드렸으며 그가 지은 산당의 제사장을 벧엘에서 세웠더라"(왕상 12:31-32), 즉 "다

른 복음"을 좇다가 결국은 앗수르에 의하여 멸망을 받아 흩어져서, 끝내 돌아오지 못하고 말았던 것입니다.

남은 자의 교리

㉠ 그런데 이 사건을 하나님의 주권(主權)중심으로 보게 되면, "이 일은 여호와께로 말미암아 난 것이라"(왕상 12:15) 합니다. 르호보암이 배신한 10지파를 공격하여 나라를 회복하려 하였을 때에도, "여호와의 말씀이 너희는 올라가지 말라 너희 형제 이스라엘 자손과 싸우지 말고 각기 집으로 돌아가라 이 일이 나로 말미암아 난 것이라"(24) 하고 막으셨던 것입니다.

㉮ 그러므로 중요한 요점은 이처럼 분열왕국이 되는 것을 허용하신 하나님의 의도가 어디에 있는가 하는 점입니다. 왜냐하면 하나님께서는 악을 선으로 바꾸셔서 계획하신 바를 이루어 나가시는 분이시기 때문입니다.

㉡ 이점에서 "한 지파를 남겨주시겠다" 하신, "남은 자"의 교리가 등장하게 됩니다. 이점을 구속사라는 넓은 문맥으로 추적해본다면, 남겨주시겠다 하신 "한 지파, 한 등불"이 유다지파임은 분명하지만, 그렇다고 혈통적으로 유다지파에 속한 모든 사람들만이 "남은 자"는 아니었다는 점입니다.

㉮ 이점을 신약성경에서는, "무릇 표면적 유대인이 유대인이 아니요 표면적 육신의 할례가 할례가 아니니라 오직 이면적 유대인이 유대인이며 할례는 마음에 할지니 영에 있고 율법 조문에 있지 아니한 것이라"(롬 2:28-29) 하고 말씀합니다.

㉯ 그렇습니다. 떨어져나간 10지파 중에서도, "온 이스라엘의 제사장들과 레위 사람들이 그들의 모든 지방에서부터 르호보암에게 돌아오되, 이스라엘 모든 지파 중에 마음을 굳게 하여 이스라엘의 하나님 여호와를 찾는 자들이 레위 사람들을 따라 예루살렘에 이르러 그들의 조상들의 하나님 여호와께 제사하고자 한지라"(대하 11:13, 16) 하고 말씀한다는 점을 주목해야만 합니다.

㉰ 그러니까 "이스라엘 모든 지파 중에 마음을 굳게 하여 이스라엘의 하나님 여호와를 찾는 자들"이라 한 이들이 "한 지파, 한 등불"이란 말씀입니다. 그래서 성경은 남겨주시겠다는 한 지파를, 유다 지파라 하지 않고 "한 지파, 한 등불"(11:36)이라고 말씀하고 있는 것입니다.

㉮ 그러므로 이 사건은 옛날이야기가 아니라, "그런즉 이와 같이 지금도 은혜로 택하심을 따라 남은 자가 있느니라"(롬 11:5) 한 현대교회의 문제이기도 한 것입니다. 그러니까 "무릇 표면적 그리스도인이 그리스도인"이 아니라는 말씀입니다. 오늘날도 교파는 난립하고 복음진리는 혼잡이 되었어도 하나님께서 남겨주신 "한 교회, 한 등불"이 있음을 믿기에 어떤 경우에도 낙심하지 않을 수가 있는 것입니다.

㉱ 하나님께서는 어느 시대를 막론하고 남은 자를 통해서 구원계획을 이루어 나가시는 것입니다. 예루살렘이 멸망을 당하고, 백성들이 포로가 되는 암담한 상황에서도 이사야 선지자로 예언케 하시기를, "이스라엘이여 네 백성이 바다의 모래 같을지라도 남은 자만 돌아오리니 넘치는 공의로 파멸이 작정되었음이라"(사 10:22) 하십니다.

㉮ 또 말씀하시기를, "그 중에 십분의 일이 아직 남아 있을지라도 이것도 황폐하게 될 것이나 밤나무와 상수리나무가 베임을 당하여도 그 그루터기는 남아 있는 것 같이 거룩한 씨가 이 땅의 그루터기니라"(사 6:13) 하십니다.

그러므로 하나님의 백성들은 표면(表面)에 나타난 현실적인 인간의 책임만을 바라보고 낙담할 것이 아니라, 역사의 이면(裏面)에서 역사하시는 하나님의 주권적인 섭리를 신뢰할 수 있어야만 하는 것입니다.

㉤ 분열왕국을 낳게 한 르호보암, 원인을 제공한 솔로몬, 이를 빙자하여 다윗에게 세워주신 메시아언약을 배신하고 떨어져 나간 자들, 하나님께서는 이 사건을 통해서 어떤 상황에서도 구원계획을 중단하심이 없이, "남은 자"를 통해서 성취하시고야 만다는 점을 드러내시는 것입니다.

㉮ 그러므로 주목해야할 점은, "우리가 다윗과 무슨 관계가 있느냐 이새의 아들에게서 받을 유산이 없도다"(12:16) 하면서 떨어져 나간 것과, "오직 내 종 다윗을 위하여 한 지파를 솔로몬에게 주리니" 한 말씀이 내조되어 있다는 점입니다.

㉯ 이점을 신약성경에서는, "어떤 자들이 믿지 아니하였으면 어찌 하리요 그 믿지 아니함이 하나님의 미쁘심을 폐하겠느냐 그럴 수 없느니라 사람은 다 거짓되되 오직 하나님은 참되시다 할지어다"(롬 3:3-4) 하고 말씀합니다. 솔로몬, 르호보암, 떨어져나간 자들이 "믿지 아니하였으

면 어찌 하리요", 하나님께서는 "한 지파, 한 등불", 즉 다윗의 자손으로 오실 그리스도를 통해서 구원계획을 기어코 완성하신다는 점을 드러내고 있는 것입니다.

"오직 여호와는 그 성전에 계시니 온 땅은 그 앞에서 잠잠할 지니라"(합 2:20). 그렇다면 나는 이 혼란한 시대에 무엇을 위하여 세움을 입었는가 하고 자문하게 합니다.

무명전사의 묘

"보라 그 때에 하나님의 사람이 여호와의 말씀으로 말미암아 유다에서부터 벧엘에 이르니 마침 여로보암이 제단 곁에 서서 분향하는지라"(왕상 13:1).

보냄을 받은 하나님의 사람

㉠ 여기 이름을 남기지 않은 이름 없는 "하나님의 사람"이 등장합니다. 그에 관해서는 그가 하나님의 보내심을 받아 벧엘에 가서, 금송아지 우상의 산당에 분향을 하는 여로보암 왕에게 하나님의 심판을 대언(代言)한, "하나님의 사람"이라는 것 외에는 일체 알려진 바가 없습니다.

㉮ 13장에는 "하나님의 사람"이라는 말이 16번이나 등장하지만 끝내 이름은 밝히고 있지 아니합니다. 그렇다면 그는 어찌하여 이름을 밝히지 않고 있으며, 이름을 남기지 않은 무명(無名)의 "하나님의 사람"은 무엇을 위하여 세움을 입었는가 하는 점입니다.

㉡ 본문의 배경은 10지파가 하나님께서 다윗에게 세워주신 메시아언약을 배신하고 떨어져 나가 북이스라엘을 세움으로 분열왕국이 된 상황에서 일어난 사건

입니다. 북이스라엘의 초대 왕이 된 여로보암은 백성들이 남쪽 유다에 있는 예루살렘으로 예배하러 가는 것을 막기 위해서 금송아지 우상 둘을 만들어 벧엘과 단에 세우고는, "이스라엘아 이는 너희를 애굽 땅에서 인도하여 올린 너희 신이라"(왕상 12:28) 하고 말했던 것입니다.

㉠ 보냄을 받은 하나님의 사람은 이에 대한 심판을 경고하기 위해서 부름을 받아 보냄을 받은 자입니다. "하나님의 사람"은 여로보암이 분향하고 있는 단을 향하여, "여호와께서 말씀하시기를 다윗의 집에 요시야라 이름 하는 아들을 낳으리니 저가 네 위에 분향하는 신당 제사장을 네 위에 제사할 것이요 또 사람의 뼈를 네 위에 사르리라"(2) 하고 대언을 합니다.

㉡ 그리고 그 징조(徵兆)로, "단이 갈라지며 그 위에 재가 쏟아지리라"(3) 했습니다. 즉 단이 갈라지는 이것이 심판 경고에 대한 진정성을 입증(立證)하는 표적(表迹)이 되리라는 것입니다. 선언한 대로 단은 갈라졌고, 이를 저지하려던 여로보암의 손은 "말라 다시 거두지 못하게"(4), 즉 마른 막대기 같이 굳어지고 말았던 것입니다.

㉢ 하나님의 사람의 간구로 여로보암의 손은 회복이 되었고 여로보암은, "나와 함께 집에 가서 몸을 쉬라 내가 네게 예물을 주리라"(7) 합니다. 그러나 하나님의 사람은 일언직하에 거절해 버립니다.

㉠ 왜냐하면, "여호와의 말씀이 내게 명하여 이르시기를 떡도 먹지 말고 물도 마시지 말고 왔던 길로 도로 가지도 말라"(9) 하셨기 때문이라는 것입니다. 즉 그런 자들의 자리에는 앉지도 말고, 식사교제도 하지 말

라 하신 것입니다. 하나님의 사람은 말씀하신 대로 다른 길로 가고 오던 길로 돌아가지 아니 하니라 합니다.

㉯ 그리고 "하나님의 사람"의 예언은 약 300년 후에 역사적으로 성취(왕하 23:15-16)가 되었던 것입니다.

늙은 선지자의 거짓말

㉠ 그런데 벧엘에 한 늙은 "선지자가 살더니"(11) 하고, 늙은 선지자(18, 20, 25, 26, 29)가 등장을 하여 이야기는 전개(展開)가 됩니다. 늙은 선지자의 아들들이 되어진 사실을 고합니다. 늙은 선지자는 어떤 마음에서였든지 "하나님의 사람의 뒤를 좇아가서 상수리나무 아래 앉아"(14) 있는 하나님의 사람을 만나,

늙은 선지자 : "나와 함께 집으로 가서 떡을 먹으라"(15).

하나님의 사람 : "나는 그대와 함께 돌아가지도 못하고 그대와 함께 들어가지도 못하겠으며 내가 이곳에서 그대와 함께 떡도 먹지 아니하고 물도 마시지 아니하리니 이는 여호와의 말씀이 내게 이르시기를 네가 거기서 떡도 먹지 말고 물도 마시지 말며 또 네가 오던 길로 돌아가지도 말라 하셨음이로라"(16-17).

늙은 선지자 : "나도 그대와 같은 선지자(先知者)라 천사가 여호와의 말씀으로 내게 이르기를 그를 네 집으로 데리고 돌아가서 그에게 떡을 먹이고 물을 마시우라 하였느니라"(18). 이렇게 말한 것은, "이는 그 사람을 속임이라"(18하) 합니다.

㉡ 이리하여 하나님의 사람은 늙은 선지자의 집에 들어가서 "떡을 먹으며 물을 마시게"(19) 되었던 것입니다. 저희가 상 앞에 앉았을 때에 여호와의 말씀이 그

늙은 선지자에게 임합니다.

㉮ "하나님의 사람을 향하여 외쳐 가로되, 여호와의 말씀에 네가 여호와의 말씀을 어기며 네 하나님 여호와가 명한 명령을 지키지 아니하고 돌아와서 여호와가 너더러 떡도 먹지 말고 물도 마시지 말라 한 곳에서 떡을 먹고 물을 마셨으니 네 시체가 네 열조의 묘실에 들어가지 못하리라" (20-22) 하시는 것이 아닌가?

㉯ 그리고 돌아가던 하나님의 사람은 말씀하신 대로 사자에게 죽임을 당하고 맙니다. "나귀는 그 곁에 섰고 사자도 그 시체 곁에 섰더라(24). 나귀와 사자는 그 시체 곁에 섰는데 사자가 시체를 먹지도 아니하였고 나귀를 찢지도 아니 하였더라" (28) 하고, 거듭 말씀하고 있는 것은 이 일이 우연히 발생한 일이 아니라, 하나님의 섭리 중에 일어난 일이라는 점을 드러내기 위해서입니다.

여호와의 말씀을 어긴 하나님의 사람

㉠ 이제 생각해보아야만 하겠습니다. 늙은 선지자는 왜 하나님의 사람을 좇아가서 거짓말로 그를 초청을 했는가? 벧엘에 있으면서도 여로보암의 가증한 일을 묵과하고 있는 자신이 부끄러웠기 때문일 수가 있습니다. 그래서 용기 있고 담대한 "하나님의 사람"이 존경스러워서 대접하고 싶고 교제하고 싶은 마음에서일 수도 있습니다.

㉮ 아니면 늙은 선지자를 통한 하나님의 시험일 수도 있고, 사탄의 유혹일 수도 있습니다.

ⓒ 그러면 누구의 죄질이 더 나쁜가 하는 점입니다. 늙은 선지자일 수가 있습니다. 왜냐하면 하나님의 사람은, 여호와께서 늙은 선지자에게 "말씀하셨다" 했기에 좇아간 것이기 때문입니다.

㉮ 그런데 본문을 통해서 말씀하시려는 바는 이런 궁금증을 풀어주려는 데 있는 것이 아니라는 점입니다. 그러면 이 사건을 통해서 말씀하시려는 바가 무엇인가? 본문에 있어서 핵심적인 포인트는 왜 늙은 선지자가 아닌, 하나님의 사람이 죽임을 당해야만 했는가 하는 당위성(當爲性)을 깨닫는 데에 있습니다. 그 답변이 본문에 있습니다.

ⓒ "이는 여호와의 말씀을 어긴 하나님의 사람이로다"(26), 이는 그의 묘비명(墓碑銘)이요, 우리의 질문에 대한 답변이라 할 수가 있습니다.

㉮ 그렇습니다. 하나님의 말씀을 벧엘과 여로보암에게 대언(代言)한 사람은, 늙은 선지자가 아니라 "하나님의 사람" 이었기에 눈물을 머금고 그는 죽임을 당해야만 했던 것입니다. 왜냐하면 하나님의 사람이 여호와의 말씀을 어겼음에도 "말씀하신 대로" 죽임을 당하지 않는다면 그를 통해서 선포케 하신, 즉 "다윗의 집에 요시야라 이름 하는 아들을 낳으리니"(2) 하고 예언케 하신, 하나님의 말씀도 믿을 수 없다는 진정'성(眞正性)이 훼손이 되고 말기 때문입니다.

여호와의 말씀의 엄위

㉠ 본문에는 "여호와의 말씀"이, 13번(1, 2, 2, 3, 5, 9, 17, 18, 20, 21, 21, 26, 32)이나 등장합니다. 여호와의 말씀은 "낮과 밤의 규정(規定)을 폐할 수 없음같이, 천

지는 없어지겠으나 내 말은 없어지지 아니하리라"(렘 31:36, 마 24:35) 하십니다. 어떤 경우에도 "여호와의 말씀"이 훼손이 되는 것은 용납이 될 수가 없고, 그 권위는 지켜져야만 하는 것입니다.

㉮ 하나님의 사람은 여호와의 말씀의 진정성(眞正性)을 위해서 "단이 갈라지리라, 이는 여호와의 말씀이 성취되리라는 징조라"(3) 하고 말했습니다. 그런데 "여호와의 말씀을 어긴 하나님의 사람"은 자신의 죽음을 통해서, 여호와의 말씀의 불변성(不變性)에 대한 또 하나의 징조가 되었던 것입니다.

㉯ "믿음 장"에서는 가인에게 죽임을 당한 아벨을 가리켜서, "그가 죽었으나 그 믿음으로써 지금도 말하느니라"(히 11:4) 하고 증언하고 있는데, "하나님의 사람"도 죽었으나 그는 자신의 죽음을 통해서, "하나님의 말씀은 이점일획도 어긋남이 없이 응하여진다" 하고, 이제도 증언하고 있는 셈입니다.

ⓒ 32절을 보십시오, "그가 여호와의 말씀으로 벧엘에 있는 단을 향하고 또 사마리아 성읍들에 있는 모든 산당을 향하여 외쳐 말한 것이 반드시 이룰 것임이니라" 하십니다. 이것이 본문을 통해서 말씀하시려는 엄위(嚴威)입니다.

너 하나님의 사람아

㉠ 이처럼 "하나님의 사람"이, "다윗의 집에 요시야라 이름 하는 아들을 낳으리니"(2) 하고 대언한 말씀이 300년 후에 그대로 성취가 되었다는 점과, "여호와의 말씀을 어긴 하나님의 사람"이 말씀하신 대로 죽임을 당했다는 "여호와의

말씀"의 진정성과 엄위를 통해서 드러내고자 하는 궁극적인 목적은,

ⓛ "이새의 줄기에서 한 싹이 나며 그 뿌리에서 한 가지가 나서 결실할 것이요(사 11:1), 그러므로 주께서 친히 징조로 너희에게 주실 것이라 보라 처녀가 잉태하여 아들을 낳을 것이요 그 이름을 임마누엘이라 하리라"(사 7:14) 하신 예언도 반드시 성취되리라는 확증(確證)입니다.

㉮ 바울은 디모데를 향해서, "오직 너 하나님의 사람아" (딤전 6:11) 합니다. "하나님의 사람" 은 하나님의 말씀의 대언(代言)자들입니다. 이 직분은 영광스러움만 있는 것이 아니라, 막중한 책임을 수반합니다. 왜냐하면 성도들의 사활(死活)이 그들이 증언하는 말씀에 달려있기 때문입니다. 이를 알았기에 야고보는, "내 형제들아 너희는 선생 된 우리가 더 큰 심판받을 줄을 알고 많이 선생이 되지 말라" (약 3:1) 하십니다.

ⓒ 말씀을 벧엘에 대언한 "하나님의 사람"은 즉결심판을 받았으나, 그를 속인 "늙은 선지자"는 죽임을 당하지 않았습니다. 오늘날 자신이 설교한 "여호와의 말씀"대로 살지 않는 설교자들도 직결심판을 당하지는 않습니다.

㉮ 이점에서 주목할 점은 본문은 "하나님의 사람이나, 늙은 선지자" 의 이름을 밝히고 있지 않다는 점입니다. 이는 바로 우리를 향해서 "당신이 그 사람이라" (삼하 12:7) 말씀하고 있는 것이 아니겠는가!

그러므로 이상의 말씀이 우리의 거울이 되고 경계가 되고 예시(豫示)가 된다는 점을 명심, 또 명심해야만 하겠습니다.

ⓔ 왜냐하면 늙은 선지자나, 자신이 설교한 대로 솔선수범하지 않는 설교자에 대한 심판은 주님이 다시 오시는 그 날에 시행이 될 것이기 때문입니다. 이것이

"여호와의 말씀을 어긴 하나님의 사람"입니다.

㉮ "하나님의 사람"은 첫째는, 말로 대언을 하고, 둘째는 죽음으로 그 진정성을 입증(立證)하여, "하나님의 사람들"의 경계가 되기 위하여 세움을 입었던 것입니다.

그렇다면 나는 무엇을 대언하라고 세움을 입었으며, 과연 어떻게 처신하고 있는가 하고 성찰하게 합니다.

아비야

"여로보암 왕 열여덟째 해에 아비야가 유다의 왕이 되고 예루살렘에서 삼 년 동안 다스리니라 그의 어머니의 이름은 미가야요 기브아 사람 우리엘의 딸이더라 아비야가 여로보암과 더불어 싸울새 아비야는 싸움에 용감한 군사 사십만 명을 택하여 싸움을 준비하였고 여로보암은 큰 용사 팔십만 명을 택하여 그와 대진한지라"(대하 13:1-3).

증언의 싸움

㉠ 르호보암의 뒤를 이어 유다의 제 2대 왕위에 오른 "아비야"는 이렇게 해서 구속사의 무대에 등장을 합니다. 아비야는 3년이라는 짧은 동안 왕위에 있었고, 그의 치적도 본문에 기록된 여로보암과의 전쟁 기사가 전부입니다. 그렇다면 아비야는 무엇을 위하여 구속사에 세움을 입었는가?

㉮ 본문은 분열왕국이 된 남북(南北) 왕국 간의 전쟁 기사인데, 다윗에게 세워주신 메시아언약을 배신하고 떨어져나간 10지파의 북이스라엘 80만 대군과, 남 유다의 40만이 싸움을 하게 된 것입니다. 이는 중과부족으로 당초부터 상대가 되지 않는 싸움으로 여겨집니다. 그러나 결과는 40만으로 80만 중, "죽임을 입고 엎드러진 자가 50만이었더라"(17) 한 불가사의한 승리를 얻게 됩니다.

㉯ 우선적으로 유념할 점은 이 전쟁은 블레셋이나 바벨론과 같은 이방과의 싸움이 아니라, 같은 이스라엘, 즉 구약교회 내부적(內部的)인 싸움이라는 점입니다. 다시 말하면 메시아언약을 계승한 남 유다와, 이를 배신하고 금송아지 우상 위에 세워진 진리와 비 진리 간의 전쟁이라는 점입니다.

㉰ 이 전쟁 기사가 현대교회에 적실성이 있는 것은 첫째로, "진리와, 비 진리"의 싸움이라는 점이요, 둘째는 영적 전쟁이란 "증언"(證言)의 싸움이요, 셋째는 승리의 비결이 무엇인가 하는 점을 증언해주고 있기 때문입니다. 아비야는 이를 증언하기 위하여 세움을 입은 자라 할 수가 있는 것입니다.

㉡ "아비야가 에브라임 산 중 스마라임 산 위에 서서 이르되 여로보암과 이스라엘 무리들아 다 들으라"(4) 하고 선포를 합니다. 칼과 창으로 싸우는 것이 아니라 증언(證言)의 싸움이라는 점을 유념하시기 바랍니다. 우리가 싸워야하는 싸움도, "또 우리 형제들이 어린양의 피와 자기들이 증언하는 말씀으로써 그를 이겼으니"(계 12:11) 한, 증언의 싸움인 것입니다. 그러면 아비야는 무엇을 증언했는가?

㉮ "이스라엘 하나님 여호와께서 소금 언약으로 이스라엘 나라를 영원히 다윗과 그의 자손에게 주신 것을 너희가 알 것 아니냐"(5) 하고, 제일 앞에 "소금 언약"(言約)을 앞세웁니다.

㉯ 그런데 "여로보암이 일어나 자기의 주를 배반하고"(6), 즉 너희는 소금 언약 곧 "메시아언약"을 배반한 배신자(背信者)들이라고 외칩니다.

㉰ "난봉꾼과 잡배가 모여 따르므로 스스로 강하게 되어 솔로몬의 아들 르호보암을 대적하였으나"(7) 하고, 언약을 배신한 자들을 "난봉꾼과 잡배", 즉 오합지졸에 불과하다고 규정합니다.

㉱ "이제 너희가 또 다윗 자손의 손으로 다스리는 여호와의 나라를 대적하려 하는도다"(8상) 하고, 저들이 대적하는 것은 메시아언약 위에 세워진 "여호와의 나라"임을 선언합니다.

너희에게 있는 것

㉠ 아비야는 계속해서 선포하기를, "너희는 큰 무리요 또 여로보암이 너희를 위하여 신으로 만든 금송아지들이 너희와 함께 있도다"(8하) 하고, 저들에게 있는 것은 무엇이고 우리에게 있는 것은 무엇인가 하는 점을 지적합니다. 이점이 참 왕국과 거짓왕국, 즉 참 교회와 거짓교회의 표지이기 때문입니다.

㉮ 저들에게 있는 것이 비록 "큰 무리"이나,

㉯ 저들에게 있는 것은 "금송아지들이 너희와 함께 있도다" 한 우상이요.

㉰ 또한 "너희가 아론 자손인 여호와의 제사장들과 레위 사람들을 쫓아내고 이방 백성들의 풍속을 따라 제사장을 삼지 아니하였느냐 누구를 막론하고 어린 수송아지 한 마리와 숫양 일곱 마리를 끌고 와서 장립을 받고자 하는 자마다 허무한 신들의 제사장이 될 수 있도다"(9) 하고, 거짓 제사장(祭司長)들을 가졌노라고 지적합니다.

우리에게 있는 것

㉠ 그러면 우리에게 있는 것이 무엇인가? "우리에게는 여호와께서 우리 하나님이 되시니 우리가 그를 배반하지 아니하였고"(10상) 하고, 언약을 보수하는 언약백성임을 증언하고,

　㉮ "여호와를 섬기는 제사장들이 있으니 아론의 자손이요 또 레위 사람들이 수종드는" 참 제사장이 있어서,

　㉯ "매일 아침저녁으로 여호와 앞에 번제를 드리며 분향하며 또 깨끗한 상에 진설병을 놓고 또 금 등잔대가 있어 그 등에 저녁마다 불을 켜나니"(10하-11), 즉 "신령과 진리"로 드려지는 참 예배가 있다고 말합니다.

㉡ 이것이 옛날이야기가 아니라 현대교회가 직면하고 있는, 참 교회와 거짓 교회의 시금석(試金石)이 된다는 점을 인식해야만 합니다. 그러니까 참 교회와 거짓 교회의 분별은,

　㉮ 말씀이 바르게 선포되고 있는가?

　㉯ 성례가 바르게 시행되고 있는가?

　㉰ 권징이 행해지고 있는가 하는 점입니다.

㉢ 그러므로 "하나님이 우리와 함께 하사 우리의 머리가 되시고 그의 제사장들도 우리와 함께 하여 전쟁의 나팔을 불어 너희를 공격하느니라"(12상) 하고, 하나님께서 유대 왕국의 "머리"가 되신다고 논증합니다.

　㉮ 도달하게 되는 결론은, "이스라엘 자손들아 너희 조상들의 하나님 여호와와 싸우지 말라 너희가 형통하지 못하리라"(12) 하고, 하나님과 싸우게 되면 필연적으로 망하게 되리라고 결론을 맺습니다.

형제가 이스라엘 군사로서 이 증언을 들었다면 어떠했을 것인가를 생각해보시기를 바랍니다. 아비야의 설교는 이스라엘의 군대의 사기(士氣)를 완전히 땅에 떨어지게 했을 것이 분명합니다.

많은 군대로 구원 얻은 왕이 없으며

㉠ 그런데 눈에 보이는 현실상황은 어떠했는가? "여로보암이 유다의 뒤를 둘러 복병(伏兵)하였으므로 그 앞에는 이스라엘 사람들이 있고 그 뒤에는 복병이 있는지라"(13) 합니다. 이는 마치 앞에는 홍해가 가로놓여 있고, 뒤에는 바로의 군대가 추격해오는 진퇴양난의 상황이었던 것입니다.

㉮ 그리하여 "유다 사람이 뒤를 돌아보고 자기 앞 뒤의 적병으로 말미암아 여호와께 부르짖고 제사장들은 나팔을 부니라"(14) 합니다. "유다 사람이 소리 지르매 유다 사람이 소리 지를 때에 하나님이 여로보암과 온 이스라엘을 아비야와 유다 앞에서 치시니"(15),

㉯ "이스라엘 자손이 유다 앞에서 도망하는지라 하나님이 그들의 손에 넘기셨으므로 아비야와 그의 백성이 크게 무찌르니 이스라엘이 택한 병사들이 죽임을 당하고 엎드러진 자들이 오십만 명이었더라"(16-17) 합니다.

㉡ 하나님의 군대들이 당면한 영적전쟁에서의 승리의 비결이 무엇인가? "그 때에 이스라엘 자손이 항복하고 유다 자손이 이겼으니 이는 그들이 그들의 조상들의 하나님 여호와를 의지하였음이라"(18) 한 하나님의 언약을 믿는 믿음으로 승리한 것입니다. 진리로 이긴 것입니다.

㉮ 난공불락의 여리고 성을 정복할 수 있었던 비결도, "이에 백성은 외치고 제사장들은 나팔을 불매 백성이 나팔 소리를 들을 때에 크게 소리 질러 외치니 성벽이 무너져 내린지라" (수 6:20) 하고 동일한 병법(兵法)이었음을 상기하시기 바랍니다.

㉡ 현대교회가 이처럼 무기력하게 된 원인이 무엇인가? "우리에게 있는 것"이 무엇인가를 망각했기 때문입니다. 그것은, "은과 금은 내게 없거니와 내게 있는 이것을 네게 주노니 나사렛 예수 그리스도의 이름으로 일어나 걸으라"(행 3:6) 한, 예수 그리스도입니다.

㉮ 그리고 "내가 복음을 부끄러워하지 아니하노니 이 복음은 모든 믿는 자에게 구원을 주시는 하나님의 능력이 됨이라" (롬 1:16) 한, 복음의 능력입니다.

㉯ 아비야는 이를 증언하기 위하여 세움을 입었으며, 성령께서는 이를 기록하여 후대에 전해주게 하신 것입니다. 사도 바울은, "또 나를 위하여 구할 것은 내게 말씀을 주사 나로 입을 열어 복음의 비밀을 담대히 알리게 하옵소서 할 것이니" (엡 6:19) 합니다.

형제여, "입을 열어", 그렇습니다. 형제의 입은 진리의 포문(砲門)과 같은 것입니다. 입을 열어 복음의 폭탄을 쾅! 쾅! 선포하시기를 바랍니다. 이것이 승리의 비결이요, 복음전도자는 이를 위해서 부름을 받은 자들인 것입니다.

많은 군대로 구원 얻은 왕이 없으며 용사가 힘이 세어도 스스로 구원하지 못하는도다

구원하는 데에 군마는 헛되며 군대가 많다 하여도 능히 구하지 못하는도다

여호와는 그를 경외하는 자 곧 그의 인자하심을 바라는 자를 살피사

그들의 영혼을 사망에서 건지시며 그들이 굶주릴 때에 그들을 살리시는도다.

우리 영혼이 여호와를 바람이여 그는 우리의 도움과 방패시로다.

우리 마음이 그를 즐거워함이여 우리가 그의 성호를 의지하였기 때문이로다.

여호와여 우리가 주께 바라는 대로 주의 인자하심을 우리에게 베푸소서 -아멘-(시 33:16-22).

처음은 좋았던 아사 왕

"이스라엘의 여로보암 왕 제 이십년에 아사가 유다 왕이 되어 예루살렘에서 사십 일년 동안 다스리니라 그의 어머니의 이름은 마아가라 아비살롬의 딸이더라"(왕상 15:9-10).

조상들의 하나님을 구한 아사

㉠ "아사"는 아비얌의 뒤를 이어 남 왕국 3대 왕으로 구속사의 무대에 등장을 합니다. 그렇다면 아사는 무엇을 위하여 세움을 입었는가? "아사가 그의 조상 다윗 같이 여호와 보시기에 정직하게 행하여 남색하는 자를 그 땅에서 쫓아내고 그의 조상들이 지은 모든 우상을 없애고"(15:11-12) 합니다.

㉮ 어느 정도로 철저했느냐 하면, "그의 어머니 마아가가 혐오스러운 아세라 상을 만들었으므로 태후의 위를 폐하고 그 우상을 찍어 기드론 시냇가에서 불살랐다"(13) 할 정도로 엄중했다고 증언합니다. 대대적인 개혁운동을 전개한 것입니다.

㉡ 이점을 역대하에서는, "아사가 그의 하나님 여호와 보시기에 선과 정의를 행하여 이방 제단과 산당을 없애고 주상을 깨뜨리며 아세라 상을 찍고 유다 사

람에게 명하여 그 조상들의 하나님 여호와를 찾게 하며 그의 율법과 명령을 행하게 하고 또 유다 모든 성읍에서 산당과 태양상을 없애매 나라가 그 앞에서 평안함을 누리니라"(대하 14:2-5) 하고 진술합니다.

㉮ 특히 주목할 점은 우상은 깨뜨리고, "그 조상들의 하나님 여호와를 찾게 했다"는 대목인데, 이는 조상들에게 세워주신 메시아언약으로 돌아가게 했다는 뜻입니다. 그리하여 "평안함을 누리게" 하셨다고 말씀합니다.

ⓒ 당시 "구스 사람 세라가 그들을 치려하여 군사 백만 명과 병거 삼백 대를 거느리고"(9) 공격해 왔습니다. "아사가 그의 하나님 여호와께 부르짖어 이르되 여호와여 힘이 강한 자와 약한 자 사이에는 주밖에 도와 줄 이가 없사오니 우리 하나님 여호와여 우리를 도우소서 우리가 주를 의지하오며 주의 이름을 의탁하옵고 이 많은 무리를 치러 왔나이다 여호와여 주는 우리 하나님이시오니 원하건대 사람이 주를 이기지 못하게 하옵소서"(11) 하고 간구합니다.

㉮ 기도의 요점은 자신들은 "주의 이름"으로 일컬음을 받는 "하나님의 백성"들이라는 것과, 그러므로 대적이 자신들을 이긴다면 "하나님을 이기는 것"이 된다는 논리에 있습니다. "여호와께서 구스 사람들을 아사와 유다 사람들 앞에서 치시니 구스 사람들이 도망하는지라"(12), 하나님의 이름을 인하여 승리하게 하신 것입니다.

찾으라, 그리하면 만나리라

㉠ 승리하고 돌아오는 아사에게 선지자 "아사랴"를 통해서 불변의 진리의 말씀이

주어집니다. "그가 나가서 아사를 맞아 이르되 아사와 및 유다와 베냐민의 무리들아 내 말을 들으라 너희가 여호와와 함께 하면 여호와께서 너희와 함께 하실지라 너희가 만일 그를 찾으면 그가 너희와 만나게 되시려니와 너희가 만일 그를 버리면 그도 너희를 버리시리라"(대하 15:2) 합니다.

㉮ "그런즉 너희는 강하게 하라 너희의 손이 약하지 않게 하라 너희 행위에는 상급이 있음이라"(7) 하고 격려합니다. 아사가 선지자 오뎃의 아들 아사랴의 증언을 듣고, "마음을 강하게 하여 가증한 물건들을 유다와 베냐민 온 땅에서 없애고 또 에브라임 산지에서 빼앗은 성읍들에서도 없애고 또 여호와의 낭실 앞에 있는 여호와의 제단을 재건하고"(8),

㉯ "그 날에 노략하여 온 물건 중에서 소 칠백 마리와 양 칠천 마리로 여호와께 제사를 지내고"(11), "또 마음을 다하고 목숨을 다하여 조상들의 하나님 여호와를 찾기로 언약하고 이스라엘 하나님 여호와를 찾지 아니하는 자는 대소 남녀를 막론하고 죽이는 것이 마땅하다 하고"(12-13),

㉰ "무리가 큰 소리로 외치며 피리와 나팔을 불어 여호와께 맹세하매 온 유다가 이 맹세를 기뻐한지라 무리가 마음을 다하여 맹세하고 뜻을 다하여 여호와를 찾았으므로 여호와께서도 그들을 만나 주시고 그들의 사방에 평안을 주셨더라"(14-15) 합니다.

ⓛ 이 대목에는 "여호와를 찾았다"(14:4, 7, 7, 15:2, 4, 12, 13, 15)는 말이 강조되어 있는데 이는 주님께서, "구하라 그리하면 너희에게 주실 것이요 찾으라 그리하면 찾아낼 것이요 문을 두드리라 그리하면 너희에게 열릴 것이니"(마 7:7) 하

신 말씀을 연상하게 합니다. 그리하여 "평안을 주셨다"(14:1, 5, 6, 6, 7)는 점이 강조되어 있습니다.

㉮ 아모스서에는, "그 날에 내가 다윗의 무너진 장막을 일으키고 그것들의 틈을 막으며 그 허물어진 것을 일으켜서 옛적과 같이 세우고"(암 9:11) 하는 말씀이 있습니다. 역사서를 상고해보면, 악한 왕이 일어나 "다윗의 천막", 즉 메시아언약을 훼파하면 하나님께서는 조상 다윗의 길로 행하는 선한 왕을 세우셔서 "다윗의 무너진 장막을 일으키고 그것들의 틈을 막으며 그 허물어진 것을 일으켜서 옛적과 같이 세우게" 하셨던 것입니다.

㉯ 아사는 조부 르호보암과, 부친 아비얌이 훼파한 "다윗의 무너진 장막"을 세우는 역할을 담당하는 자로 세움을 입은 선한 왕이었습니다.

끝이 나쁜 아사

㉠ 그리하여 역대하 15장은, "이때부터 아사 왕 제 삼십 오년까지 다시는 전쟁이 없으니라"(19), 즉 오랫동안 평화가 있었다고 마치고 있습니다. 이는 아사 왕이 여호와를 찾고 구하여 다윗의 길로 행하였기 때문입니다.

㉮ 그런 중에 "아사 왕 제 삼십 육년에 이스라엘 왕 바아사가 유다를 치러 올라와서"(16:1) 하고, 북이스라엘이 공격해 왔다는 것입니다. 그런데 이것이 웬 일인가? 하나님을 찾고 의지하던 아사, 그렇게 하기로 굳게 언약을 했던, "아사가 여호와의 전 곳간과 왕궁 곳간의 은금을 내어다가 다메섹에 사는 아람 왕 벤하닷에게 보내며"(2) 그에게 도움을 구하

고 있는 것이 아닌가?

㉴ 하나님께서는 선견자 하나니를 들어서, "구스 사람 세라가 군사 100만"을 이끌고 공격해 왔을 때에 승리케 하신 일(14:9)을 상기시키면서, "왕이 아람 왕을 의지하고 왕의 하나님 여호와를 의지하지 아니하였으므로 아람 왕의 군대가 왕의 손에서 벗어났나이다"(16:7) 하면서,

ⓒ "여호와의 눈은 온 땅을 두루 감찰하사 전심으로 자기에게 향하는 자들을 위하여 능력을 베푸시나니 이 일은 왕이 망령되이 행하였은즉 이후부터는 왕에게 전쟁이 있으리이다"(9) 하고, 선언합니다.

㉮ "아사가 노하여 선견자를 옥에 가두었으니 이는 그의 말에 크게 노하였음이며 그 때에 아사가 또 백성 중에서 몇 사람을 학대하였더라"(16) 합니다.

㉯ 또한 아사가 "그의 발이 병들어 매우 위독했으나 병이 있을 때에 그가 여호와께 구하지 아니하고 의원들에게 구하였더라"(12) 한 것이 아사의 마지막 모습입니다. 시작은 좋았으나 유종의 미를 거두지 못하는 모습은 우리들에게 큰 경종이 된다 하겠습니다.

마지막이 나쁘다

㉠ 열왕(列王)들을 살펴보면 시작(始作)은 좋았던 왕들도 마지막에 가서는 나빴다는 점입니다. 그 대표적인 왕이 솔로몬이라 할 수가 있습니다.

㉮ 웃시야 왕도 만년에, "웃시야여 여호와께 분향하는 일은 왕이 할 바가 아니요 오직 분향하기 위하여 구별함을 받은 아론의 자손 제사장들이

할 바니 성소에서 나가소서"(대하 26:18) 하는 책망을 받고는 나병이 발하게 됩니다.

㈐ 히스기야 왕은 만년에 바벨론 사신들에게 자신을 과시하다가 "하나님이 히스기야를 떠나시고 그의 심중에 있는 것을 다 알고자 하사 시험하셨더라"(대하 32:31) 하고 낙제가 됩니다.

㈑ 요시야 같은 선한 왕도 마지막에는 나서지 말아야 할 전쟁에 나섰다가, "하나님의 입에서 나온 느고의 말을 듣지 아니하고 므깃도 골짜기에 이르러 싸우다가"(대하 35:22) 젊은 날에 전사하고 말았습니다.

ⓛ 이와 같은 역사의 증언은 무엇을 말씀해주는가? 사람은 다 거짓되되 하나님은 참되시다(롬 3:4)는 점과, 인간의 행위로는 그의 앞에 의롭다함을 얻을 수 없다는 자력구원의 불가능성입니다.

㈎ 아사 왕은 무엇을 위하여 세움을 입었는가? "열조의 하나님을 구하면"(14:4), 즉 아브라함과 이삭과 야곱에게 세워주신 메시아언약을 보수(保守)하면 복을 받게 된다는 점과, "여호와의 눈은 온 땅을 두루 감찰하사 전심으로 자기에게 향하는 자들을 위하여 능력을 베푸신다"(16:9)는 점입니다.

이를 통해서 자신의 행위를 점검하게 하면서, 그렇다면 나는 무엇을 위하여 세움을 입었는가 하고 자문하게 합니다.

여호사밧과 아합

"아사가 그의 조상들과 함께 자매 그의 조상들과 함께 그의 조상 다윗의 성읍에 장사되고 그의 아들 여호사밧이 대신하여 왕이 되니라"(왕상 15:24).

조상 다윗의 처음 길로 행함

㉠ 이렇게 해서 여호사밧은 유다왕국의 제 4대 왕으로 왕위에 올라 구속사의 무대에 등장을 하게 됩니다. 그러면 여호사밧은 무엇을 위하여 세움을 입었는가?

㉮ 다윗의 왕위가, "다윗→솔로몬→르호보암→아비야→아사→여호사밧" 으로 이어져 내려왔습니다. 이는 마태복음 1장에 수록된 예수 그리스도의 계보(마 1:6-8)와 일치합니다. 남 왕국의 왕위가 이렇게 계승되어 내려올 동안,

㉯ 북 왕국에서는 3번이나 모반이 일어나면서, "여로보암→나답→(모반) 바아사→엘라→(모반) 시므리→(모반) 오므리→아합→아하시야" 로 이어져 내려왔는데, 유다 왕 여호사밧은 아합과 그의 아들 아하시야와 같은 시대(時代)에 왕위에 있었습니다.

ⓛ "여호와께서 여호사밧과 함께 하셨으니 이는 그가 그의 조상 다윗의 처음 길로 행하여 바알들에게 구하지 아니하고 오직 그의 아버지의 하나님께 구하며 그의 계명을 행하고 이스라엘의 행위를 따르지 아니하였음이라"(대하 17:3-4) 합니다.

㉮ "그러므로 여호와께서 나라를 그의 손에서 견고하게 하시매 유다 무리가 여호사밧에게 예물을 드렸으므로 그가 부귀와 영광을 크게 떨쳤더라 그가 전심으로 여호와의 길을 걸어 산당들과 아세라 목상들도 유다에서 제거하였더라"(5-6) 합니다.

ⓒ 또한 방백, 제사장, 레위인들을 각 성에 보내어, "그들이 여호와의 율법 책을 가지고 유다에서 가르치되 그 모든 유다 성읍들로 두루 다니며 백성들을 가르쳤더라"(9) 합니다. 이처럼 여호사밧은 선한 일에 열심 있는 왕이었습니다. 그런데 너무나 선해서 분별력이 약했던 것은 아닐까요,

아합 집과 연합함

㉠ 치명적으로 잘못 판단한 일이 있었는데 첫째는 아합 집과 통혼(通婚)을 한 일입니다. 남북 왕조의 관계를 보면,

㉮ 첫째 시기는, "르호보암과 여로보암 사이에 사는 날 동안 전쟁이 있었더니 아비얌과 여로보암 사이에도 전쟁이 있으니라"(왕상 15:6-7) 하고, 전쟁(戰爭)이 계속되는 대립의 관계였다가,

㉯ 둘째 시기인 여호사밧 때에 와서는, "여호사밧이 이스라엘의 왕과 더불어 화평(和平)하니라"(왕상 22:44) 하고 화목한 시기였습니다. "여

호사밧이 부귀와 영광을 크게 떨쳤고 아합 가문과 혼인함으로 인척 관계를 맺었더라"(대하 18:1) 하고, "혼인"을 통해서 합쳐졌던 것입니다. '메시아언약'을 배신하고 떨어져 나가 금송아지 우상을 섬기고 있는 북왕조와 어떻게 "통혼을 하고, 화평" 할 수가 있단 말인가?

ⓛ 하나님께서는 "여자의 후손과, 뱀의 후손이 원수가 되니"(창 3:15) 하고, 두 부류로 갈라지게 될 것을 말씀하셨는데 구속사에 있어서 합쳐지는 것을 보면 언제나 여자의 후손이 "뱀의 후손" 쪽으로 합쳐지고 있다는 점입니다.

㉮ 노아 당시도 "하나님의 아들들이 사람의 딸들의 아름다움을 보고 자기들이 좋아하는 모든 여자를 아내로 삼는지라"(창 6:2) 하고 성(性)을 통해서 합쳐졌었는데, 여호사밧 때도 성을 통해서 하나로 합쳐졌던 것입니다.

ⓒ 연혼을 한, "이년 후에 그(여호사밧)가 사마리아의 아합에게 내려갔더니" 합니다. 내려가서는 아니 되고, 저들이 "올라와야" 하는 것입니다. 그런데 내려간 것입니다.

㉮ "아합이 그와 시종을 위하여 양과 소를 많이 잡고 함께 가서 길르앗 라못 치기를 권하였더라 이스라엘 왕 아합이 유다 왕 여호사밧에게 이르되 당신이 나와 함께 길르앗 라못으로 가시겠느냐"(대하 18:2-3) 하고, 연혼한 데서 한걸음 더 나아가 연합군(聯合軍)을 이루어 함께 싸우러 가자고 제의합니다.

㉯ 여호사밧이 범한 두 번째 오류는, "나는 당신과 다름이 없고 내 백성은 당신의 백성과 다름이 없으니 당신과 함께 싸우리이다"(3하) 한 것입

니다. 이는 정체성을 망각한 말입니다. 어떻게 다윗의 왕위와 아합의 왕위가 다름이 없고, 하나님의 백성이 금송아지를 섬기는 아합의 백성과 다름이 없다는 말인가?

거짓말하는 영

㉠ 그런데 이어지는 본문은 설교자들에게 경종이 되는 말씀입니다. 여호사밧 왕은 "청하건대 먼저 여호와의 말씀이 어떠하신지 물어 보소서"(왕상 22:5) 하고, 말합니다. 그래도 여호사밧의 이런 점이 아합과 다른 점이라 하겠습니다. 그래서 400명 쯤 되는 선지자들을 소집하여 놓고, "내가 길르앗 라못에 가서 싸우랴 말랴" 하고 묻습니다. "그들이 이르되 올라가소서 주께서 그 성읍을 왕의 손에 넘기시리이다"(6) 하고, 한 입으로 말하듯이 영합하는 말을 합니다.

㉮ 그들의 말에 진실성이 없어보이므로 "여호사밧이 이르되 이 외에 우리가 물을 만한 여호와의 선지자"가 없느냐 하고 말합니다. 그리하여 미가야 선지자에게 묻게 되었는데, 하나님께서 보여주신 환상을 말합니다.

㉡ "여호와께서 말씀하시기를 누가 아합을 꾀어 그를 길르앗 라못에 올라가서 죽게 할꼬 하시니 하나는 이렇게 하겠다 하고 또 하나는 저렇게 하겠다 하였는데 한 영이 나아와 여호와 앞에 서서 말하되 내가 그를 꾀겠나이다" 하는 것이 아닌가?

㉮ "여호와께서 그에게 이르시되 어떻게 하겠느냐 이르되 내가 나가서 거짓말하는 영이 되어 그의 모든 선지자들의 입에 있겠나이다" 하고 그

의 전략을 말하니, "여호와께서 이르시되 너는 꾀겠고 또 이루리라 나가서 그리하라" (20-22) 하셨다는 것입니다.

ⓒ 하나님께서 아합을 심판하시는데 이 방법 외에는 없으셨다는 말인가? 또한 성령께서 이 장면을 기록하게 하신 의도가 무엇이란 말인가? 이는 각 시대의 설교자들에게 큰 충격과 각성을 하게 합니다. 핵심은 "거짓말하는 영"에 있는데, 그렇다면 선지자의 입에 "거짓말하는 영"을 넣은 자가 누구란 말인가?

㉮ 주님께서 당시의 종교지도자들을 향해서, "너희는 너희 아비 마귀에게서 났으니 너희 아비의 욕심대로 너희도 행하고자 하느니라 그는 처음부터 살인한 자요 진리가 그 속에 없으므로 진리에 서지 못하고 거짓을 말할 때마다 제 것으로 말하나니 이는 그가 거짓말쟁이요 거짓의 아비가 되었음이라" (요 8:44) 하신 마귀인 것입니다.

우리도 전에는 속은 자요

㉠ 성경에 등장하는 거짓선지자, 거짓 선생, 거짓 목자들 자신도 아담 하와가 그러했듯이 사탄에게 기만을 당하고 있다는 점을 명심해야만 합니다. 주님 당시의 제사장 서기관 장로들 자신이 "뱀들아 독사의 새끼들아" 하신 점을 알았단 말인가? 거짓선지자는 자신이 거짓선지자라는 사실을 알고 있는가? 이단은 자신이 이단임을 알고 있는가? 모르고 있는 것입니다. 왜냐하면 그들 자신도 "거짓말 하는 영"에 의하여 기만을 당하고 있기 때문입니다.

㉮ 이점이 "그나아나의 아들 시드기야가 가까이 와서 미가야의 뺨을 치며 이르되 여호와의 영이 나를 떠나 어디로 가서 네게 말씀하시더냐" (24)

하는데서 드러납니다.

ⓒ 그래서 바울 자신도 "우리도 전에는 속은 자요"(딛 3:3) 하면서, "그들로 깨어 마귀의 올무에서 벗어나 하나님께 사로잡힌바 되어 그 뜻을 따르게 하실까 함이라"(딤후 2:26) 말씀하고 있는 것입니다.

㉮ "깨어" 하는 것은 저들이 최면에 걸리듯 하고 있다는 뜻이고, "마귀의 올무에서 벗어나" 하는 것은 사탄에게 사로잡혀 하수인 노릇을 하고 있음을 나타냅니다.

믿는 것과 아는 일에 하나가 되어

㉠ 오늘날 NCC, WCC 하는 연합운동은 일견 좋은 것으로 여겨지지만 성경은, "우리가 다 하나님의 아들을 믿는 것과 아는 일에 하나가 되어 온전한 사람을 이루어 그리스도의 장성한 분량이 충만한 데까지 이르리니"(엡 4:13) 하고, 연합함에 있어서 선결문제가 "믿는 것과 아는 일에 하나"가 되는 것이라고 말씀합니다.

ⓒ "이스라엘의 왕과 유다의 여호사밧 왕이 길르앗 라못으로 올라가니라"(왕상 22:29) 하고, 기어코 연합군을 이루어 함께 싸우러 간 것입니다. 이때 아합의 궤계가 드러나는데, "이스라엘의 왕이 여호사밧에게 이르되 나는 변장(變裝)하고 전쟁터로 들어가려 하노니 당신은 왕복(王服)을 입으소서 하고 이스라엘의 왕이 변장하고 전쟁터로 들어가니라"(30) 합니다.

㉮ 무슨 계략인가? 적군으로 하여금 자기 대신 여호사밧을 공격하도록 표적이 되게 한 것입니다. 이것이 사탄의 궤계입니다. 그런데 하나님의

공의는 아합을 심판하시고, 하나님의 자비는 "유다 왕 여호사밧이 평안히 예루살렘에 돌아와서 그의 궁으로 들어가니라"(대하 19:1), 즉 혼비백산해서 목숨을 부지하고 돌아왔다는 것입니다.

ⓒ "하나니의 아들 선견자 예후가 나가서 여호사밧 왕을 맞아 이르되 왕이 악한 자를 돕고 여호와를 미워하는 자들을 사랑하는 것이 옳으니이까 그러므로 여호와께로부터 진노하심이 왕에게 임하리이다"(대하 19:2) 하고 선언합니다.

㉮ "그러나 왕에게 선한 일도 있으니 이는 왕이 아세라 목상들을 이 땅에서 없애고 마음을 기울여 하나님을 찾음이니이다"(3) 하고, 선한 일도 잊지를 아니합니다. 이는 오늘의 복음주의자들에게 경계가 되는 말씀입니다.

되풀이 되는 악순환

㉠ 이런 일이 있은 후에도, "유다 왕 여호사밧이 나중에 이스라엘 왕 아하시야(아합의 아들)와 교제하였는데 아하시야는 심히 악을 행하는 자였더라"(대하 20:35) 합니다. "두 왕이 서로 연합하고 배를 만들어 다시스로 보내고자 하여 에시온게벨에서 배를 만들었더니",

㉮ "마레사 사람 도다와후의 아들 엘리에셀이 여호사밧을 향하여 예언하여 이르되 왕이 아하시야와 교제하므로 여호와께서 왕이 지은 것들을 파하시리라 하더니 이에 그 배들이 부서져서 다시스로 가지 못하였더라"(36-37) 하고, 하나님께서 깨치셨다고 말씀합니다.

ⓛ "여호사밧", 그는 참으로 선한 왕이었습니다. 그러나 영적 통찰력이 부족하여

아합과 연합함으로 다음 단원에서 보게 될 것입니다만 다윗 왕위에 큰 위기를 자초했던 것입니다.

㉑ 사도 바울은 "그들에게 일어난 이런 일은 본보기가 되고 또한 말세를 만난 우리를 깨우치기 위하여 기록되었느니라"(고전 10:11) 하고 말씀합니다. 현대교회 신학자, 목회자들 중에는 진실하고 충성스러운 분들이 많이 있습니다. 그런데 영적인 통찰력이 부족하여 특히 복음 진리에 있어서 사탄에게 기만을 당하는 일들이 비일비재한 것입니다.

여호사밧은 무엇을 위하여 세움을 받았는가? 각 시대의 복음주의자들에게 분별력과, 나아갈 방향을 제시해주고 있다 하겠습니다. 그렇다면 나는 과연 무엇을 위하여 세움을 받았으며, 분별력을 행사하고 있는가? 성찰하게 합니다.

선한 왕과 악한 왕의 잣대

"이는 그들이 나를 버리고 시돈 사람의 여신 아스다롯과 모압의 신 그모스와 암몬 자손의 신 밀곰을 경배하며 그의 아버지 다윗이 행함 같지 아니하여 내 길로 행하지 아니하며 나 보기에 정직한 일과 내 법도와 내 율례를 행하지 아니 함이니라"(왕상 11:33).

다윗의 길과, 여로보암의 길

㉠ 모든 왕들을 살펴보기에는 지면이 부족할 것입니다. 성경이 평가하는 "선한 왕과, 악한 왕"에 대한 잣대가 있는데 그것은 "다윗의 길과, 여로보암의 길" 중 어느 길로 행했느냐 하는 점입니다. 이점에서 유념해야할 점은 이는 도덕적인 기준이 아니라, 메시아언약 곧 복음을 보수했느냐? 아니면 황금송아지 우상, 즉 다른 복음을 좇았느냐 하는 신학적인 잣대라는 점입니다. 그리고 하나님과의 관계가 바르게 되면 이웃과의 관계에도 필연적으로 의를 행하게 된다는 점입니다.

㉮ 하나님께서는 솔로몬에게, "네가 만일 내가 명령한 모든 일에 순종하고 내 길로 행하며 내 눈에 합당한 일을 하며 내 종 다윗이 행함 같이 내 율례와 명령을 지키면 내가 너와 함께 있어 내가 다윗을 위하여 세운 것

같이 너를 위하여 견고한 집을 세우고 이스라엘을 네게 주리라"(왕상 11:38) 하십니다.

㉯ "히스기야가 그의 조상 다윗의 모든 행위와 같이 여호와께서 보시기에 정직하게 행하여"(왕상 18:3) 말씀하고,

㉰ "요시야가 여호와 보시기에 정직히 행하여 그의 조상 다윗의 모든 길로 행하고 좌우로 치우치지 아니 하였더라"(왕하 22:2) 말씀하고.

㉱ "여호와께서 여호사밧과 함께 하셨으니 이는 그가 그의 조상 다윗의 처음 길로 행하여 바알들에게 구하지 아니하고"(대하 17:3) 합니다.

㉲ "요시야가 왕위에 오를 때에 나이가 팔세라 예루살렘에서 삼십일 년 동안 다스리며 여호와 보시기에 정직하게 행하여 그의 조상 다윗의 길로 걸으며 좌우로 치우치지 아니하고"(대하 34:1-2) 하고 말씀합니다.

이것이 "조상 다윗의 길"로 행한 왕들입니다.

㉡ 이와는 대조적으로 "바아사가 여호와 보시기에 악을 행하되 여로보암의 길로 행하며 그가 이스라엘에게 범하게 한 그 죄 중에 행하였더라"(왕상 15:34) 말씀하고.

㉮ 바아사를 책망하시기를, "내가 너를 티끌에서 들어 내 백성 이스라엘 위에 주권자가 되게 하였거늘 네가 여로보암의 길로 행하며 내 백성 이스라엘에게 범죄하게 하여 그들의 죄로 나를 노엽게 하였은즉"(16:2) 하시고,

㉯ 시므리는 "그가 여호와 보시기에 악을 행하여 범죄하였기 때문이니라 그가 여로보암의 길로 행하며 그가 이스라엘에게 죄를 범하게 한 그 죄

중에 행하였더라"(16:19) 합니다.

㉰ 아합의 아들 아하시야가, "여호와 앞에서 악을 행하여 그의 아버지의 길과 그의 어머니의 길과 이스라엘에게 범죄하게 한 느밧의 아들 여로보암의 길로 행하며 바알을 섬겨 그에게 예배하여 이스라엘의 하나님 여호와를 노하시게 하기를 그의 아버지의 온갖 행위 같이 하였더라"(왕상 22:52-53) 합니다.

ⓒ 참 교회와 거짓교회, 참 목자와 거짓목자가 무엇에 의하여 구별이 되는가? "너는 진리의 말씀을 옳게 분별하며 부끄러울 것이 없는 일꾼으로 인정된 자로 자신을 하나님 앞에 드리기를 힘쓰라"(딤후 2:15) 하신, 말씀이 바르게 선포되고 있느냐 하는 잣대에 의해서 구분이 된다는 점을 명심해야만 합니다.

㉮ 다시 말하면 "너는 그리스도 예수 안에 있는 믿음과 사랑으로써 내게 들은 바 바른 말을 본받아 지키고 우리 안에 거하시는 성령으로 말미암아 네게 부탁한 아름다운 것을 지키라"(딤후 1:13-14) 하신, 복음을 보수하는 여부로 분별이 된다는 점입니다.

㉯ 이처럼 하나님과의 관계가 바르게 되면 이웃과의 관계인 윤리에서도 의를 행하게 되는 것입니다. 그러나 우선하는 것은 하나님과의 관계입니다.

그렇다면 나는 두 길 중 어느 길로 행하고 있는가? 성찰하게 됩니다. 중간은 없습니다.

엘리야

"길르앗에 우거하는 자 중에 디셉 사람 엘리야가 아합에게 말하되 내가 섬기는 이스라엘의 하나님 여호와께서 살아 계심을 두고 맹세하노니 내 말이 없으면 수 년 동안 비도 이슬도 있지 아니하리라 하니라"(왕상 17:1).

엘리야의 핵심적인 임무

㉠ 이렇게 해서 "엘리야"는 구속사의 무대에 등장을 합니다. 엘리야는 홀연히 나타났다가 불 말과 불 수레에 호위되어 홀연히 살아집니다. 그야말로 엘리야는 구약에 나타난 "광야의 외치는 자의 소리"입니다. 그렇다면 엘리야는 무엇을 위하여 세움을 입었는가?

㉮ 형제는 엘리야의 사역 중 핵심적인 사역이 무엇이라고 생각하십니까? 갈멜산에서 거짓선지자와 대결한 것이라 할 것입니다. 그렇습니다. 문제는 그 사건을 통해서 말씀하시려는 핵심이 어디에 있는가 하는 점입니다. 많은 분들은 하늘에서 임한 "불"이라고 여기고, "우리도 이 밤에 불이 임하게 하자" 하고 말을 합니다. 아닙니다.

㉡ 핵심은 엘리야의 고백적인 기도에 나타나는데 엘리야는 절체절명의 순간에,

"아브라함과 이삭과 이스라엘의 하나님 여호와여 주께서 이스라엘 중에서 하나님이신 것과 내가 주의 종인 것과 내가 주의 말씀대로 이 모든 일을 행하는 것을 오늘 알게 하옵소서, 이 백성에게 주 여호와는 하나님이신 것과 주는 그들의 마음을 되 돌이키심을 알게 하옵소서"(36, 37) 하고 간구합니다. 여기에 핵심적인 요소들이 있습니다.

㉮ 첫째는, "아브라함과 이삭과 이스라엘의 하나님" 이라는 호칭인데, 이는 족장들에게 메시아언약을 세워주신 하나님이심을 믿는다는 고백적인 진술입니다. 엘리야는 "언약의 하나님"을 붙잡고 간구하고 있는 것입니다.

㉯ 둘째는, "주는 그들의 마음을 되 돌이키심을 알게 하옵소서", 즉 바알을 섬기는 데서 메시아언약 안으로 돌아오기를 원하시는 하나님이심을 알게 해달라는 간구인데 이것이 엘리야가 북이스라엘에 보냄을 받은 사명이었던 것입니다.

ⓒ 이점이 "엘리야야 네가 어찌하여 여기 있느냐" 하는 하나님의 말씀에, "이는 이스라엘 자손이 주의 언약(言約)을 버리고 주의 제단을 헐며 칼로 주의 선지자들을 죽였음이오며 오직 나만 남았거늘 그들이 내 생명을 찾아 빼앗으려 하나이다"(18:14) 한, "언약(言約)을 버렸다" 한 진술에서도 드러납니다.

㉮ 엘리야는 선지자요, 말씀의 대언(代言)자입니다. 성경의 중심주제가, "이 성경이 곧 내게 대하여 증언하는 것이니라"(요 5:39) 하신 그리스도를 증언하는데 있음과 같이, 대언자들을 세워서 증언케 하시고자 하는 핵심도, "메시아언약" 곧 복음인 것입니다. 왜냐하면 여기에 구원

이 있고 사활(死活)이 걸려 있기 때문입니다.

㉴ "이새의 아들에게 업이 없도다" 하고 배척하고 나가서, 금송아지 우상을 섬기는 데까지 타락한 북 왕국 이스라엘을 메시아언약 안으로 돌아오게 하시려는, 이것이 엘리야를 북왕국으로 파송하신 목적이요, 세움을 받은 주 사명입니다.

말씀과 함께 임하는 은혜의 단비

㉠ 엘리야는 "내 말이 없으면 수 년 동안 비도 이슬도 있지 아니하리라" 했습니다. 이는 사사로이 한 말이 아니라, 자신이 하나님의 말씀의 대언(代言)자이기 때문에 한 말입니다. 저들은 바알이 비를 내려주는 신으로 믿고 숭배하고 있으나 우주만물의 주관자는 하나님이심을 증언하는 말이었던 것입니다.

㉡ "여호와의 말씀이 엘리야에게 임하여 이르시되 너는 여기서 떠나 동쪽으로 가서 요단 앞 그릿 시냇가에 숨고 그 시냇물을 마시라 내가 까마귀들에게 명령하여 거기서 너를 먹이게 하리라"(2-4) 하십니다.

㉮ 17장 안에는 "여호와의 말씀"이 6번(2, 5, 8, 14, 16, 24)이나 강조되어 있는데, 말씀의 대언자인 선지자가 숨는다는 것은 곧 "여호와의 말씀"을 듣지 못하게 되리라는 뜻입니다. 이는 "비도 이슬도 있지 아니하리라" 한 것과 결부되는 것으로, 은혜의 단비는 말씀과 함께 임하기 때문입니다.

㉯ 이점을 아모스 선지자는, "주 여호와의 말씀이니라 보라 날이 이를지라 내가 기근을 땅에 보내리니 양식이 없어 주림이 아니며 물이 없어 갈

함이 아니요 여호와의 말씀을 듣지 못한 기갈이라"(암 8:11) 합니다. 엘리야는 하나님의 말씀의 대언자로, 은혜의 통로로 세움을 입었던 것입니다.

ⓒ "여호와의 말씀이 엘리야에게 임하여 이르시되 너는 일어나 시돈에 속한 사르밧으로 가서 거기 머물라 내가 그곳 과부에게 명령하여 네게 음식을 주게 하였느니라"(8-9) 하십니다.

㉮ 주님께서는 이를 인용하셔서, "내가 참으로 너희에게 이르노니 엘리야 시대에 하늘이 삼년 육 개월 간 닫히어 온 땅에 큰 흉년이 들었을 때에 이스라엘에 많은 과부가 있었으되 엘리야가 그 중 한 사람에게도 보내심을 받지 않고 오직 시돈 땅에 있는 사렙다의 한 과부에게 뿐이었으며"(눅 4:25-26) 하십니다. 이는 이스라엘 땅에서는 선지자가 머리 둘 곳이 없었음을 나타냅니다. 다시 말하면 하나님의 말씀을 배척했다는 뜻입니다.

㉯ "그 통의 가루가 떨어지지 아니하고 그 병의 기름이 없어지지 아니하리라"(왕상 17:14) 합니다. "이 일 후에 그 집 주인 되는 여인의 아들이 병들어 증세가 심히 위중하다가 숨이 끊어진지라"(17) 합니다.

ⓔ 하나님의 보냄을 받은 하나님의 사람을 모시고 섬기는 과부의 집에 이런 불상사가 발생을 했다는 것은 필시 하나님의 뜻하신 바가 있으시기 때문일 것입니다. 이를 통해서 무엇이 입증이 되었는가? "여호와께서 엘리야의 소리를 들으시므로 그 아이의 혼이 몸으로 돌아오고 살아난지라"(22),

㉮ "여인이 엘리야에게 이르되 내가 이제야 당신은 하나님의 사람이시요

당신의 입에 있는 여호와의 말씀이 진실한 줄 아노라"(24) 한, "여호와의 말씀"의 진실성입니다.

진실한 여호와의 말씀

㉠ 이점에서 사활적으로 중요한 요점은, "진실한 여호와의 말씀"의 핵심이 무엇인가 하는 점입니다. 그것은 "통의 밀가루가 다하지 아니하리라, 병의 기름이 없어지지 아니하리라" 하신 말씀이 아니라는 점입니다. 그런데 사람들의 관심은 온통 "밀가루와, 기름, 오병이어"에 쏠려 있는 것이 아닌가!

㉮ 물론 모든 "여호와의 말씀"은 진실한 것입니다. 그런 중에 진실한 여호와의 말씀의 핵심은, "아브라함과 이삭과 이스라엘의 하나님", 즉 족장들에게 세워주신 메시아언약이 진실한 여호와의 말씀이라는 점입니다. 그래서 "그들의 마음이 언약 안으로 돌아오기를 원하시는" 것입니다.

㉡ 주님은 죽은 나사로의 무덤에서, "항상 내 말을 들으시는 줄을 내가 알았나이다 그러나 이 말씀하옵는 것은 둘러선 무리를 위함이니 곧 아버지께서 나를 보내신 것을 그들로 믿게 하려 함이니이다 이 말씀을 하시고 큰 소리로 나사로야 나오라 부르시니 죽은 자가 수족을 베로 동인 채로 나오는데 그 얼굴은 수건에 싸였더라"(요 11:42-44) 합니다.

㉮ 이를 통해서 무엇이 입증이 되었는가? 사람들의 시선은 온통 죽은 지 나흘 만에 살아난 나사로에게 집중이 되어 있으나, 예수 그리스도를 바라보아야만 하는 것입니다. 예수님이 하나님께서 보내신 그리스도시

라는 점이 입증이 된 것입니다.

여호와 그는 하나님이시로다

㉠ 같은 맥락에서 엘리야는 "이세벨의 상에서 먹는 바알의 선지자 사백오십 명과 아세라의 선지자 사백 명을 갈멜 산으로 모아 내게로 나아오게 하소서"(18:19) 한 후에, 백성들에게 선언합니다. "너희가 어느 때까지 둘 사이에서 머뭇머뭇 하려느냐 여호와가 만일 하나님이면 그를 따르고 바알이 만일 하나님이면 그를 따를 지니라"(20-21) 합니다. 여호와가 하나님이심을 입증하려는 것입니다.

㉮ "이에 그들이 큰 소리로 부르고 그들의 규례를 따라 피가 흐르기까지 칼과 창으로 그들의 몸을 상하게 하더라 이같이 하여 정오가 지났고 그들이 미친 듯이 떠들어 저녁 소제 드릴 때까지 이르렀으나 아무 소리도 없고 응답하는 자나 돌아보는 자가 아무도 없더라"(28-29) 합니다.

㉡ "저녁 소제 드릴 때에 이르러 선지자 엘리야가 나아가서 말하되 아브라함과 이삭과 이스라엘의 하나님 여호와여 주께서 이스라엘 중에서 하나님이신 것과 내가 주의 종인 것과 내가 주의 말씀대로 이 모든 일을 행하는 것을 오늘 알게 하옵소서 여호와여 내게 응답하옵소서 내게 응답하옵소서 이 백성에게 주 여호와는 하나님이신 것과 주는 그들의 마음을 되 돌이키심을 알게 하옵소서 하매"(36-37),

㉮ "이에 여호와의 불이 내려서 번제물과 나무와 돌과 흙을 태우고 또 도랑의 물을 핥은지라 모든 백성이 보고 엎드려 말하되 여호와 그는 하나님이시로다 여호와 그는 하나님이시로다 하니"(38) 합니다. 이 이상 어

떻게 여호와의 하나님 되심을 입증할 수가 있단 말인가?

ⓝ "엘리야가 그들에게 이르되 바알의 선지자를 잡되 그들 중 하나도 도망하지 못하게 하라 하매 곧 잡은지라 엘리야가 그들을 기손 시내로 내려다가 거기서 죽이니라"(40) 합니다. 여기가 엘리야가 세움을 입은 사역의 절정입니다.

ⓒ 그렇다면 저들은 이제 결단하고 돌이켰어야 옳지 않은가? 그러나 도리어 엘리야는 죽이려는 이세벨을 피하여, "광야로 들어가 하룻길쯤 가서 한 로뎀 나무 아래에 앉아서 자기가 죽기를 원하여 이르되 여호와여 넉넉하오니 지금 내 생명을 거두시옵소서"(19:4) 하고, 죽기를 구하고 있는 것이 아닌가? 또한 호렙산 "그곳 굴에 들어가 거기서 머물더니"(9상) 한 엘리야를 대한다는 것은, 선을 행하다가 피곤하여지고 낙심하고 있는 바로 우리들의 모습이기도 합니다.

㉮ 이점에서 상기하게 되는 말씀은, "그 중에 이 세상의 신이 믿지 아니하는 자들의 마음을 혼미하게 하여 그리스도의 영광의 복음의 광채가 비치지 못하게 함이니"(고후 4:4) 한 말씀입니다. 가공할 악의 세력의 사악성과, 인간의 거짓됨, 이런 것들과 싸우는 복음전도는 지상 최대의 전쟁이라는 각성입니다.

나만 남았거늘

㉠ "여호와의 말씀이 그에게 임하여 이르시되 엘리야야 네가 어찌하여 여기 있느냐"(19:9하) 하십니다. "그가 대답하되 내가 만군의 하나님 여호와께 열심이 유별하오니 이는 이스라엘 자손이 주의 언약을 버리고 주의 제단을 헐며 칼로 주

의 선지자들을 죽였음이오며 오직 나만 남았거늘 그들이 내 생명을 찾아 빼앗으려 하나이다"(10) 하고 대답합니다.

㉮ "나만 남았거늘" 하는 말에서 당시의 상황을 짐작하게 하는데, "나만 남았거늘" 하는 말은 극도의 고독(孤獨)을 나타내는 말입니다. 그러면 자신이 하나님의 보냄을 받은 선지자라는 점과, 하나님께서 함께 하신다는 것을 잊었단 말인가? 이점에서 상기하게 되는 말씀은 절체절명의 순간에 모르드개가 한 말, "이 때에 네가 만일 잠잠하여 말이 없으면 유다인은 다른 데로 말미암아 놓임과 구원을 얻으려니와 너와 네 아버지 집은 멸망하리라"(에 4:14) 한, 하나님의 주권을 의뢰하는 말입니다.

㉡ "여호와께서 이르시되 너는 나가서 여호와 앞에서 산에 서라 하시더니 여호와께서 지나가시는데 여호와 앞에 크고 강한 바람이 산을 가르고 바위를 부수나 바람 가운데에 여호와께서 계시지 아니하며",

㉯ "바람 후에 지진이 있으나 지진 가운데에도 여호와께서 계시지 아니하며"(11),

㉰ "또 지진 후에 불이 있으나 불 가운데에도 여호와께서 계시지 아니하더니",

㉢ "불 후에 세미한 소리가 있는지라"(12), 무엇을 계시하시려는 것인가? 엘리야는, 그리고 우리들은 "산을 가르는 바람, 지진, 불" 같은 권능으로 저들을 돌이키게 할 것으로 여기고 있으나 하나님께서는 "세미한 소리", 즉 말씀으로만이 가능하여진다는 점을 계시하시는 것입니다.

㉮ 다시 상기시킵니다만 "세미한 소리"는, "통의 가루가 다하지 아니하

고 병의 기름이 없어지지 아니하리라" 하는 말씀이 아니라 두 번이나 강조되어 있는 저들이 버린 "언약"(10, 14) 곧 메시아언약을 통하여, 그리고 "번제물"(33, 38)로 상징이 된 그리스도의 구속, 즉 복음(福音)으로만이 가능하여진다는 것을 나타내는 것입니다.

복음은 외롭지가 않다 남은 자가 있다

㉠ 그렇다면 이런 물음이 제기될 수가 있습니다. 엘리야 선지자는 승리자인가? 아니면 실패자인가? 엘리야만이 아닙니다. 예루살렘의 멸망을 막은 선지자는 단 한 사람도 없습니다. 그렇다면 모든 선지자들은 실패자란 말인가?

㉮ 하나님의 아들 그리스도께서 십자가에 못 박히는 현장에 제자들의 모습은 보이지가 않습니다. 바울의 경우는 어떠했습니까? 그는 마지막 서신에서, "내가 처음 변명할 때에 나와 함께 한 자가 하나도 없고 다 나를 버렸으나 그들에게 허물을 돌리지 않기를 원하노라"(딤후 4:16) 하고 말합니다.

㉡ "그러나 내가 이스라엘 가운데에 칠천 명을 남기리니 다 바알에게 무릎을 꿇지 아니하고 다 바알에게 입 맞추지 아니한 자니라"(19:18) 하십니다. 인간은 낙망하나 하나님께서는, "남은 자"가 있다는 소망을 말씀하십니다.

㉮ 송아지 우상을 섬기는 북이스라엘에 "바알에게 무릎을 꿇지 아니한 자" 7000명이 남아 있었다니, 이들은 어디에서 난 자들이란 말인가? 갈멜산의 표징을 보고 마음을 돌이켜 "메시아언약" 안으로 들어온 자들이 아니겠는가? 엘리야는 그들을 알지를 못하고 보지를 못함으로 낙망

하고 있으나, 하나님께서는 보고 계셨던 것입니다.

불 수레와 불 말

㉠ "여호와께서 회오리바람으로 엘리야를 하늘로 올리고자 하실 때에 엘리야가 엘리사와 더불어 길갈에서 나가더니"(왕하 2:1) 합니다. 엘리야는 "회리바람" 처럼 나타났다가 바람처럼 살아집니다. 어찌하여 "불 수레와 불 말"로 호위하여 데려가시는가? 이에 대한 빛을 엘리야를 데려가시기 전에 행하게 하신 상황들을 통해서 받을 수가 있습니다. 하나님께서는 엘리야를 곧바로 데려가신 것이 아니라, "길갈(1), 벧엘(2), 여리고(4), 요단"(6) 등으로 보내십니다. 왜 그렇게 하셨는가?

㉮ 보내시는 곳마다, "선지자의 제자들이 엘리사에게로 나아와 그에게 이르되 여호와께서 오늘 당신의 선생을 당신의 머리 위로 데려가실 줄을 아시나이까"(3, 5, 7) 하는, "선지자의 제자들"이 나타난다는 점입니다.

㉡ 그리고 당시는 시대적으로 암흑한 최악의 상황이었습니다. 이런 상황에서 "선지자의 제자들"이 메시아언약을 보수할 수가 있단 말인가? 하나님께서는 선지자의 대표자 격인 엘리야를, "불 수레와 불 말들이 두 사람을 갈라놓고 엘리야가 회오리바람으로 하늘로 올라가더라"(11) 한 이 장면을 선지자의 제자들에게 보여줌으로 용기를 주고 격려하고 계시는 것이라 할 수가 있습니다.

㉯ 야곱도 요셉이 살아 있어 애굽의 총리가 되었다는 말을 듣고는 믿지를 않았으나, "요셉이 자기를 태우려고 보낸 수레를 보고서야 기운이 소생한지라 이스라엘이 이르되 족하도다 내 아들 요셉이 지금까지 살아

있으니 내가 죽기 전에 가서 그를 보리라"(창 45:27-28) 합니다.

㉯ 또한 "불 수레와 불 말들"에 호위되어 승천했다는 것은 개선장군임을 나타냅니다. 엘리야는 그리고 형제는 결코 패배자가 아닙니다. 이는 인간 엘리야를 이렇게 대접하신 것이 아니라 6번(17:2, 5, 8, 14, 16, 24)이나 강조되어 있는 "여호와의 말씀"의 승리를 뜻합니다.

변화산상에 나타난 엘리야

㉠ 이렇게 승천한 엘리야가, "문득 두 사람이 예수와 함께 말하니 이는 모세와 엘리야라 영광 중에 나타나서 장차 예수께서 예루살렘에서 별세하실 것을 말할새"(눅 9:30) 하고, 변화산상에 나타나는 것을 대한다는 것은 경이로운 일입니다. 이들은 개인 자격으로가 아니라, "모세"는 율법의 대표자로, "엘리야"는 선지자의 대표로 나타난 것입니다.

㉡ 모세와 엘리야의 나타남을 통해서 계시하시려는 바가 무엇인가? 이들의 증언을 통해서 드러나는데, "예수께서 예루살렘에서 별세(別世)하실 것을 말할 새" 합니다.

㉮ 이는 첫째로, 예수 그리스도의 핵심적인 사명이 "별세", 즉 내속세물이 되시는 것이라는 점이고,

㉯ 둘째는 구약성경의 중심주제, 즉 "율법과 선지자"의 중심주제도 "여자의 후손"이 죽으시고 다시 사심을 통하여 사탄을 정복하게 된다는 점임을 말씀해줍니다. 이점을 바울은, "이제는 율법 외에 하나님의 한 의가 나타났으니 율법과 선지자들에게 증거(證據)를 받은 것이라"(롬

3:21) 하고 증언합니다. 이런 맥락으로 본다면 엘리야의 승천은 예수 그리스도께서 승천하실 것에 대한 예표가 된다 하겠습니다.

ⓒ 현대교회의 상황은 어떠한가? 성경은 "때가 이르리니 사람이 바른 교훈을 받지 아니하며 귀가 가려워서 자기의 사욕을 따를 스승을 많이 두고 또 그 귀를 진리에서 돌이켜 허탄한 이야기를 따르리라"(딤후 4:3-4) 하고 말씀합니다. 형제가 세움을 받은 이 시기가 엘리야 당시의 시대상과 다름이 없습니다.

하나님께서는 엘리야를 들어서 "나는 무엇을 위하여 세움을 입었는가" 하는 사명을 각성케 하시고, 그를 불 수레와 불 말로 데려가심을 통해서 형제의 기운을 소생케 하십니다. 그런데 나 자신은 "나만 남았는데" 하고 낙망하고 있는 것은 아닙니까?

엘리사

"엘리야가 거기서 떠나 사밧의 아들 엘리사를 만나니 그가 열두 겨릿소를 앞세우고 밭을 가는데 자기는 열두째 겨릿소와 함께 있더라 엘리야가 그리로 건너가서 겉옷을 그의 위에 던졌더니"(왕상 19:19).

긍휼히 여기는 사역

㉠ 이렇게 해서 엘리사는 엘리야의 후계자로 구속사의 무대에 등장을 하게 됩니다. 그런데 이는 엘리야의 임의로 한 것이 아니라, "너는 또 님시의 아들 예후에게 기름을 부어 이스라엘의 왕이 되게 하고 또 아벨므홀라사밧의 아들 엘리사에게 기름을 부어 너를 대신하여 선지자가 되게 하라"(왕상 19:16) 하신 하나님의 명에 의한 것이었습니다. 그렇다면 엘리사는 무엇을 위하여 세움을 받았는가?

㉮ 주님께서는 세례 요한을 가리켜 "오리라한 엘리야"라 말씀하셨는데, 세례 요한의 사역에서 보는바 대로 엘리야의 주된 사역은 죄를 고발하고 심판을 선언한 하나님의 공의(公義)를 대언하는 사역이었습니다.

㉯ 그런데 엘리사의 주된 사역은 주님께서 백성들을 불쌍히 여기고 돌아

보심과 같은, 백성을 긍휼(矜恤)히 여긴 사역이라 할 수가 있습니다. 이 점이 부름을 받을 때에, "엘리사가 그를 떠나 돌아가서 한 겨릿소를 가져다가 잡고 소의 기구를 불살라 그 고기를 삶아 백성(百姓)에게 주워 먹게 하고 일어나 엘리야를 따르며 수종들었더라"(왕상 19:21) 한 말씀에 이미 암시적으로 나타나고 있습니다. 그러므로 엘리야만이 아니라 엘리사 선지자를 세워주신 하나님을 찬양해야합니다.

ⓒ 엘리사가 행한 첫 사역은, "그 성읍 사람들이 엘리사에게 말하되 우리 주인께서 보시는 바와 같이 이 성읍의 위치는 좋으나 물이 나쁘므로 토산이 익지 못하고 떨어지나이다"(왕하 2:19) 한 문제(問題)에 대하여, "엘리사가 물 근원으로 나아가서 소금을 그 가운데에 던지며 이르되 여호와의 말씀이 내가 이 물을 고쳤으니 이로부터 다시는 죽음이나 열매 맺지 못함이 없을 지니라 하셨느니라"(21) 하고, 좋지 못한 물을 단물로 해결(解決)해준 사역입니다.

㉮ 또한 "선지자의 제자들의 아내 중의 한 여인이 엘리사에게 부르짖어 이르되 당신의 종 나의 남편이 이미 죽었는데 당신의 종이 여호와를 경외한 줄은 당신이 아시는 바니이다 이제 빚 준 사람이 와서 나의 두 아이를 데려가 그의 종을 삼고자 하나이다"(4:1) 하는, 절박한 문제(問題)를 가지고 찾아왔을 때,

㉯ "엘리사가 그에게 이르되 내가 너를 위하여 어떻게 하랴 네 집에 무엇이 있는지 내게 말하라 그가 이르되 계집종의 집에 기름 한 그릇 외에는 아무것도 없나이다"(2) 한, "한 그릇의 기름"으로 많은 그릇에 차고 넘치게 하여, "너는 가서 기름을 팔아 빚을 갚고 남은 것으로 너와 네 두

아들이 생활하라"(7) 하고 해결(解決)해줍니다.

　　㉰ 수넴 여인의 죽은 아들을 살려주고(4:36),

　　㉱ "보리떡 이십 개"를 가지고, 백 명이 먹고도 남게 한 일(44),

　　㉲ 아람 왕의 군대 장관 나아만의 문둥병을 깨끗하게 고쳐준 일(5:14) 등은 주님께서 행하신 이적들과 너무나 상통합니다.

ⓒ 예수 그리스도께서 행하신 이적들의 의미는 첫째는, "예수님이 누구신가"를 나타내는 "표적"이었고 둘째는, "예수께서 제자들을 불러 이르시되 내가 무리를 불쌍히 여기노라 그들이 나와 함께 있은 지 이미 사흘이매 먹을 것이 없도다 길에서 기진할까 하여 굶겨 보내지 못하겠노라"(마 15:32) 하신, "불쌍히 여기심"이었습니다.

　　㉮ 주님을 찾아온, "소경, 문둥병자, 귀신 들린 자, 자식을 잃은 자, 각색 병든 자" 등은 한결같이, "우리를 불쌍히 여기소서" 하고 호소하였던 것입니다. "예수께서 나오사 큰 무리를 보시고 그 목자 없는 양 같음으로 인하여 불쌍히 여기사 이에 여러 가지로 가르치시더라"(막 6:34) 합니다.

ⓓ 우리 주님께서는 "곧 이 때에 자기의 의로우심을 나타내사"(롬 3:26) 한, 하나님의 공의만을 위해서가 아니라, 우리를 "사랑하시고, 불쌍히 여기심"으로 목숨을 버리셨던 것입니다.

　　㉮ 또한 우리 주님은 우리의 영적인 문제만이 아니라, "길에서 기진할까 하여 굶겨 보내지 못하겠노라" 하고 우리의 필요를 아시고 때를 따라 도우시는 주님이십니다. 엘리야와 엘리사 선지자는 이와 같은 그리스

도의 두 가지 면의 예표로 세움을 입었다고 말할 수가 있습니다.

패역한 북이스라엘을 위하여

㉠ 하나님께서는 어떤 자들을 위하여 엘리야와 엘리사 선지자를 보내셔서 이처럼 불쌍히 여기고 돌아보게 하셨는가? 두 선지자는 북쪽 이스라엘, 그것도 가장 암흑한 시기에 보냄을 받은 "하나님의 사람"들이었습니다.

㉮ 그들은 "우리가 다윗과 무슨 관계가 있느냐 이새의 아들에게서 받을 유산이 없도다 이스라엘아 너희의 장막으로 돌아가라 다윗이여 이제 너는 네 집이나 돌아보라"(왕상 12:16) 하고, 메시아언약을 배신하고 떨어져 나가 금송아지 우상, 바알 우상을 섬기는 자들입니다.

㉯ 하나님께서는 북이스라엘을 위하여 최후로 보냄을 받은 호세아 선지자를 통해서도, "여호와께서 내게 이르시되 이스라엘 자손이 다른 신을 섬기고 건포도 과자를 즐길지라도 여호와가 그들을 사랑하나니" 하십니다.

㉡ "너는 또 가서 타인의 사랑을 받아 음녀가 된 그 여자를 사랑하라 하시기로 내가 은 열다섯 개와 보리 한 호멜 반으로 나를 위하여 그를 사고"(호 3:1-2) 합니다. 무슨 뜻인가? 하나님께서는 음녀와 같이 된 이스라엘을 그래도 사랑하신다는 것입니다. 그러니 호세아야 너도 너를 배신하고 다른 남자를 따라간 고멜을 사랑하라 하시는 것입니다. 그래서 호세아 선지자가 "은 열다섯 개와 보리 한 호멜 반으로 나를 위하여 그를 샀다"는 것입니다.

㉮ 이것은 이스라엘이나 고멜의 이야기가 아니라 우리들의 이야기입니

다. 우리가 북이스라엘보다 났다고 생각하십니까? 하나님께서는 우리가 "연약할 때에, 죄인 되었을 때에, 원수 되었을 때에" 자기 아들의 죽으심으로 말미암아, 즉 자기 아들의 피로 값을 주고 사주셨다는 것이 복음인 것입니다. 엘리사 선지자는 하나님의 사랑의 마음 곧 그리스도의 사역을 예표하는 자로 세움을 입었던 것입니다.

지금이 어찌 돈을 받을 때냐

㉠ 엘리사의 사역 중 절정은, "나아만이 이에 내려가서 하나님의 사람의 말대로 요단강에 일곱 번 몸을 잠그니 그의 살이 어린 아이의 살 같이 회복되어 깨끗하게 되었더라"(왕하 5:14) 한 사역을 통해서 드러납니다.

㉮ "나아만이 모든 군대와 함께 하나님의 사람에게로 도로 와서 그의 앞에 서서 이르되 내가 이제 이스라엘 외에는 온 천하에 신이 없는 줄을 아나이다" 하고 고백을 합니다. 그런데 정작 선민 이스라엘은 이를 모르고 있다니!

㉯ 주님께서는 당시 유대인들의 완악함을, "선지자 엘리사 때에 이스라엘에 많은 나병환자가 있었으되 그 중의 한 사람도 깨끗함을 얻지 못하고 오직 수리아 사람 나아만뿐이었느니라"(눅 4:27) 하고 책망하시자, "회당에 있는 자들이 이것을 듣고 다 크게 화가 나서 일어나 동네 밖으로 쫓아내어 그 동네가 건설된 산 낭떠러지까지 끌고 가서 밀쳐 떨어뜨리고자 했다"는 것입니다.

㉡ 나아만은 "청하건대 당신의 종에게서 예물을 받으소서" 합니다. "내가 섬기는

여호와께서 살아 계심을 두고 맹세하노니 내가 그 앞에서 받지 아니하리라 하였더라 나아만이 받으라고 강권하되 그가 거절하니라"(15-16) 합니다. 복음이란 값없이 거저 주는 것입니다. 왜냐하면 하나님의 아들 그리스도께서 우리를 대신하여 값을 다 청산하셨기 때문입니다.

㉯ 이점이 탐욕을 품고 달려가 돈과 의복을 받은 게하시에게 엘리사가, "지금이 어찌 은을 받으며 옷을 받으며 감람원이나 포도원이나 양이나 소나 남종이나 여종을 받을 때이냐" 하면서, "나아만의 나병이 네게 들어 네 자손에게 미쳐 영원토록 이르리라"(5:26-27) 한 말에 나타납니다.

엘리사 사역의 절정

㉠ "나아만이 이르되 그러면 청하건대 노새 두 마리에 실을 흙을 당신의 종에게 주소서 이제부터는 종이 번제물과 다른 희생 제사를 여호와 외 다른 신에게는 드리지 아니하고 다만 여호와께 드리겠나이다"(왕하 17) 합니다.

㉮ 여기가 엘리사가 선지자로 세움을 받은 역할의 절정입니다. 엘리야는 우상을 섬기는 선지자 850명을 죽이는 사역을 통해서 "여호와 그는 하나님이시로다"(왕상 18:39)를 드러냈으나,

㉯ 엘리사는 치료하는 사역을 통해서 이방인 나아만의 입을 통해서, "내가 이제 이스라엘 외에는 온 천하에 신이 없는 줄을 아나이다 번제물과 다른 희생 제사를 여호와 외 다른 신에게는 드리지 아니하고 다만 여호와께 드리겠나이다" 하고 고백하게 했습니다.

㉰ 이는 베드로가 공회 앞에서, "다른 이로써는 구원을 받을 수 없나니 천하 사람 중에 구원을 받을 만한 다른 이름을 우리에게 주신 일이 없음이라"(행 4:12) 한 선언과 상통하는 말인 것입니다. 엘리사는 이를 증언케 하기 위하여 세움을 받았던 것입니다.

㉡ 승천하는 엘리야에게 한 엘리사의 소청이 무엇이며, 그 후에 엘리사는 어떻게 하였는가? 엘리야의 몸에서 떨어진 겉옷을 주워 가지고 돌아와 요단 언덕에 서서, "엘리야의 하나님 여호와는 어디 계시니이까 하고 그도 물을 치매 물이 이리 저리 갈라지고 엘리사가 건너니라"(왕하 2:13-14) 합니다.

㉮ "엘리야의 몸에서 떨어진 겉옷"이 강조되어 있는데 엘리사는 부름을 받을 당시도, "엘리야가 겉옷을 그의 위에 던짐"(왕상 19:19)으로 따르게 되었던 것입니다. 이는, "당신의 영감이 갑절이나 내게 있기를 구하나이다"(9) 한, 엘리야의 "영감"이 임하였음을 상징합니다.

㉯ 이 장면은 주님께서, "올라가실 때에 제자들이 자세히 하늘을 쳐다보고 있는데 흰 옷 입은 두 사람이 그들 곁에 서서 이르되 갈릴리 사람들아 어찌하여 서서 하늘을 쳐다보느냐 너희 가운데서 하늘로 올려지신 이 예수는 하늘로 가심을 본 그대로 오시리라"(행 1:10-11) 한 장면을 연상하게 합니다.

㉢ 그런데 형제여, 우리에게는 주님의 "겉옷"이 아니라, "오직 성령이 너희에게 임하시면 너희가 권능을 받고 예루살렘과 온 유대와 사마리아와 땅 끝까지 이르러 내 증인이 되리라"(1:8) 하신, "성령"을 보내주셨다는 점을 명심하십시다.

㉮ 또 있습니다. "지금까지는 너희가 내 이름으로 아무 것도 구하지 아니

하였으나 구하라 그리하면 받으리니"(요 16:24) 하고, 자신의 이름을 주셨습니다. 엘리사도 "엘리야의 하나님 여호와는 어디 계시니이까" 하고, 엘리야의 이름으로 말하고 있는 것을 보게 됩니다.

이름을 주셨다는 것은 자기 자신을 주심과 같은 의미인 것입니다. 그렇다면 이름을 주심과, 성령 보내주심을 입은 나는 무엇을 위하여 세움을 받았는가 하고 각성하게 됩니다.

아달랴

"아하시야가 왕이 될 때에 나이가 이십 이세라 예루살렘에서 일년을 통치하니라 그의 어머니의 이름은 아달랴라 이스라엘 왕 오므리의 손녀이더라"(왕하 8:26).

여호사밧의 치명적인 과오

㉠ 이렇게 해서 "아달랴"가 구속사의 무대에 등장하게 되는데, 그렇다면 아달랴는 무엇을 위하여 세움을 입었는가 하는 점입니다. 이점에서 먼저 유념해야할 점은 아합의 딸이 어떻게 해서 다윗 왕가에 침입하게 되었는가를 살펴보는 일입니다.

㉮ 유다 왕국의 4대 왕 여호사밧은 죽기 전에 왕위를 아들 여호람(요람)에게 물려주었습니다. 그런데 그 아들 여호람이 선한 아버지 여호사밧과는 달리, "이스라엘 왕들의 길을 가서 아합의 집과 같이 하였으니" 합니다. 아들이 아버지 여호사밧을 닮지 아니하고, 어찌하여 아합의 집 길을 가게 되었는가? "이는 아합의 딸이 그의 아내가 되었음이라"(왕하 8:18) 하고, 그 원인을 말씀해줍니다.

㉯ 우리는 앞 단원에서 여호사밧이 아합 집과 통혼했다는 사실을 상고했는데 자기 아들을 아합과 이세벨 사이에서 태어난 "아달랴"와 결혼을 시킨 것입니다. 그리하여 "그가 여호와 보시기에 악을 행하였다", 즉 "아합 집과 같이" 바알 우상을 섬기는 자가 되었다는 것입니다.

㉡ 여호사밧은 참으로 치명적인 잘못을 범한 것입니다. 이를 교훈적으로 본다면 "햇빛" 정책을 쓴 것으로 잘못이라 할 수가 없을 것입니다. 여호사밧이 아합 집과 연혼을 함으로 전쟁을 하지 않게 되고, 화합을 하게 되었다는 것은 육적인 안목으로 보면 선한 일일 수가 있습니다. 그러므로 어느 시대를 막론하고 치명적인 죄는 윤리적인 죄가 아니라 신학적(神學的)인 과오임을 인식해야만 합니다.

㉮ 성경은 "육신의 생각은 하나님과 원수가 되나니 이는 하나님의 법에 굴복하지 아니할 뿐 아니라 할 수도 없음이라 육신에 있는 자들은 하나님을 기쁘시게 할 수 없느니라"(롬 8:7-8) 하고 말씀합니다. 오늘날 자유주의 신학, 종교 다원주의, 사회 구원을 주장하는 자들이 비록 사람 앞에서는 선하고 칭찬을 듣는 자라 해도 하나님 앞에서는 악한 자일 수가 있다는 경각심을 가져야만 하는 것입니다. 거짓선지자들이 그러했던 것입니다.

㉯ 그러나 "여호와께서 그의 종 다윗을 위하여 유다 멸하기를 즐겨하지 아니하셨으니 이는 그와 그의 자손에게 항상 등불을 주겠다고 말씀하셨음이더라"(왕하 8:19) 합니다. 인간은 얼마나 거짓되고 미련하나, 하나님은 참되시다 하고 말할 것 밖에는 없는 것입니다.

음부의 권세가 이기지 못하리라

㉠ 아달랴는 남편 "여호람"만을 아합 집의 길을 따르게 한 것이 아니라 아들, "아하시야가 왕이 될 때에 나이가 이십 이세라 예루살렘에서 일년을 통치하니라 그의 어머니의 이름은 아달랴 이스라엘 왕 오므리의 손녀이더라 아하시야가 아합의 집 길로 행하여 아합의 집과 같이 여호와 보시기에 악을 행하였으니 그는 아합의 집의 사위가 되었음이러라"(왕하 8:26-27) 하고, 아들까지 바알 우상을 섬기는 자로 만들었던 것입니다.

㉮ 그런데 하나님께서 예후를 들어 아합 집을 심판하실 때에 문병(問病)을 갔던 아달랴의 소생인 유다 왕 아하시야도 함께 죽임을 당하게(왕하 9:27) 됩니다.

㉡ "아하시야의 어머니 아달랴가 그의 아들이 죽은 것을 보고 일어나 왕의 자손을 모두 멸절하였으나"(왕하 11:1) 합니다. 모두 멸절시켰다는 "왕의 자손"이 누구들인가? 친 손자들입니다. 다윗 왕의 씨입니다.

㉮ 이점을, "여호와께서 그의 종 다윗을 위하여 유다 멸하기를 즐겨하지 아니하셨으니 이는 그와 그의 자손에게 항상 등불을 주겠다고 말씀하셨음이더라"(왕하 8:19) 한 점과 결부시켜 보십시오. 13:23절에서도, "여호와께서 아브라함과 이삭과 야곱과 더불어 세우신 언약 때문에 이스라엘에게 은혜를 베풀며 그들을 불쌍히 여기시며 돌보사 멸하기를 즐겨하지 아니하시고 이때까지 자기 앞에서 쫓아내지 아니하셨더라" 합니다.

㉯ 아브라함과 다윗에게 세워주신 메시아언약을 이루시기 위해서 "등

불"을 끄지 아니하시고, "씨"를 남겨주신 하나님에 대하여, 아달랴는 "왕의 씨"를 진멸하려 한 것입니다. 아달랴는 사탄의 사자라는 자신의 정체를 드러낸 것입니다.

ⓒ 그러나 하나님께서는, "요람 왕의 딸 아하시야의 누이 여호세바가 아하시야의 아들 요아스를 왕자(王子)들이 죽임을 당하는 중에서 빼내어 그와 그의 유모를 침실에 숨겨 아달랴를 피하여 죽임을 당하지 아니하게 한지라"(11:2) 하고, 씨를 보존케 하셨던 것입니다. 하나님께서는 "네 위가 영원하리라" 하고 다윗에게 세워주신 언약을 지켜주신 것입니다.

㉮ 그리하여 "요아스가 그와 함께 여호와의 성전에 육년을 숨어 있는 동안에 아달랴가 나라를 다스렸더라"(3) 합니다. 그 기간 동안 다윗에게 세워주신 "메시아언약"을 바라고 있던 경건한 성도들은 얼마나 낙망을 했을 것인가!

㉯ 하나님께서는 간교한 뱀과 같은 아달랴가 다윗 왕국에 침입하는 것을 어찌하여 허용을 하셨는가? 다시 말하면 아달랴는 무엇을 위하여 세움을 입었는가? 첫째는 구속사(救贖史)에 때로는 "이제는 너희 때요 어둠의 권세로다"(눅 22:53) 하는 절망적인 시기가 있다는 점과, 그러나 둘째는 "내가 이 반석 위에 내 교회를 세우리니 음부의 권세가 이기지 못하리라"(마 16:18)는 점을 드러내기 위해서라 할 수가 있습니다.

박수하며 왕의 만세를 부름

㉮ "왕의 씨"를 진멸하려했다는 이 사건을 통해서 하나님의 아들 그리스도를 십

자가에 못을 박아 죽인 사건을 생각하게 됩니다. 왜냐하면 주님께서 말씀하신 비유 중에, "농부들이 그 아들을 보고 서로 말하되 이는 상속자니 자 죽이고 그의 유산을 차지하자 하고 이에 잡아 포도원 밖에 내쫓아 죽였느니라"(마 21:38) 하신 말씀이 이 상황을 반영해주고 있기 때문입니다.

㉮ 주님께서 죽임을 당하시고 무덤에 장사지낸바 되었을 당시 제자들은 얼마나 낙망했던가! 그러나 주님께서는 "내가 진실로 진실로 너희에게 이르노니 너희는 곡하고 애통하겠으나 세상은 기뻐하리라 너희는 근심하겠으나 너희 근심이 도리어 기쁨이 되리라"(요 16:20) 하셨습니다.

㉯ "저들은 "하나님의 아들"을 진멸하고 승리한 줄로 알았으나 주님께서는, "그러나 내가 너희에게 이르노니 이후에 인자가 권능의 우편에 앉아 있는 것과 하늘 구름을 타고 오는 것을 너희가 보리라"(마 26:64) 하십니다.

㉡ 때가 되매, "여호야다가 왕자(王子)를 인도하여 내어 왕관을 씌우며 율법 책을 주고 기름을 부어 왕으로 삼으매 무리가 박수하며 왕의 만세를 부르니라"(왕하 11:12) 합니다. 그리고 "온 백성이 즐거워하고 온 성이 평온하더라 아달랴를 무리가 왕궁에서 칼로 죽였더라"(20), 이것이 다윗 왕국에 침입하여 왕의 씨를 진멸하려던 아달랴의 종말입니다.

㉮ 그렇습니다. 하늘 성전에 계시던 왕 중 왕께서 나타나시는 날 우리는 "박수하며 왕의 만세"를 부르게 될 것입니다. "볼지어다 그가 구름을 타고 오시리라 각 사람의 눈이 그를 보겠고 그를 찌른 자들도 볼 것이요 땅에 있는 모든 족속이 그로 말미암아 애곡하리니 그러하리라 아멘"

(계 1:7).

ⓒ 구속사나 교회사에 있어서 때로는 왕이 없는 것 같은 암흑한 때가 있습니다. 그런 시기는 주님께서 잡히시던 날 밤에 말씀하신, "그러나 이제는 너희 때요 어둠의 권세로다"(눅 22:53) 하신, "어둠의 때"인 것입니다. 그런 시기에도 왕이 없는 것이 아니라 다만 성전에 숨어 계실 뿐임을 믿으시기 바랍니다.

㉮ 다시 강조합니다만 하나님께서는 우리에게 무엇을 계시하시기 위해서 아달랴를 세우셨는가? "내가 이 반석 위에 내 교회를 세우리니 음부의 권세가 이기지 못하리라"(마 16:18) 하신 불변의 진리입니다. 그렇다면 나는 무엇을 위하여 이때에 세움을 입었는가 하고 자문하게 합니다.

아합 집 심판의 몽둥이 예후

"여호와께서 그에게 이르시되 너는 네 길을 돌이켜 광야를 통하여 다메섹에 가서 이르거든 하사엘에게 기름을 부어 아람의 왕이 되게 하고 너는 또 님시의 아들 예후에게 기름을 부어 이스라엘의 왕이 되게 하고 또 아벨므홀라 사밧의 아들 엘리사에게 기름을 부어 너를 대신하여 선지자가 되게 하라"(왕상 19:15-16).

아합 집을 심판하실 몽둥이

㉠ 본문은 엘리야에게 부여된 마지막 임무라 할 수가 있는데, 엘리야의 후계자로 "엘리사"를 세우라는 것과, 아합 집을 심판할 몽둥이로 "예후"를 준비케 하심입니다. 예후는 북이스라엘의 장수 중 한 사람입니다.

㉮ 이 명령이 엘리야에게 주어졌으나 시행이 된 것은, "선지자 엘리사가 선지자의 제자 중 하나를 불러 이르되 너는 허리를 동이고 이 기름병을 손에 가지고 길르앗 라못으로 가라 거기에 이르거든 님시의 손자 여호사밧의 아들 예후를 찾아 들어가서 그의 형제 중에서 일어나게 하고 그를 데리고 골방으로 들어가 기름병을 가지고 그의 머리에 부으며 이르기를 여호와의 말씀이 내가 네게 기름을 부어 이스라엘 왕으로 삼노라 하셨느니라"(왕하 9:1-3) 하고, 엘리사에 의하여 시행이 됩니다.

ⓒ 이렇게 해서 예후는 기름 부음을 받고 북 이스라엘의 10대 왕으로 구속사의 무대에 세움을 받게 되는데, 그렇다면 예후는 무엇을 위하여 세움을 받았는가? "이스라엘 하나님 여호와의 말씀이 내가 네게 기름을 부어 여호와의 백성 곧 이스라엘의 왕으로 삼노니 너는 네 주 아합의 집을 치라 내가 나의 종 곧 선지자들의 피와 여호와의 종들의 피를 이세벨에게 갚아 주리라"(9:6-7) 하신, 아합 집을 심판하실 도구로 세움을 받은 것입니다.

ⓒ "예후가 병거를 타고 이스르엘로 가니 요람 왕이 거기에 누워 있었음이라"(16), "요람"은 아합의 손자인데, 그곳에는 문병 차 내려온 유다의 왕 "아하시야"도 있었습니다. "요람이 예후를 보고 이르되 예후야 평안하냐 하니 대답하되 네 어머니 이세벨의 음행과 술수가 이렇게 많으니 어찌 평안이 있으랴 하였더라"(22).

㉮ 예후에 의하여 심판을 당한 요람의 시체는 그들에 의하여 억울하게 죽임을 당한 나봇의 포도밭에 던짐을 당함으로 행한 대로 보응을 받게 됩니다. 그리고 문병을 갔던 유다 왕 아하시야도 므깃도까지 도망을 치다가 죽임을 당하게 되는데, 다윗 왕위를 계승하였으면서도 아합의 길로 행한 당연한 보응이었던 것입니다. 이점에서 여호사밧이 아합 집과 연혼한 것이 얼마나 큰 잘못인가 하는 점이 드러납니다.

죽었으나 살아 있는 이세벨

㉠ "예후가 이스르엘에 오니 이세벨이 듣고 눈을 그리고 머리를 꾸미고 창에서 바라보다가 예후가 문에 들어오매 이르되 주인을 죽인 너 시므리여 평안하냐"(왕

하 9:30-31) 하고, 마지막까지 간교한 뱀과 같은 모습으로 등장을 합니다.

㉮ "예후가 얼굴을 들어 창을 향하고 이르되 내 편이 될 자가 누구냐 누구냐 하니 두어 내시가 예후를 내다보는지라 이르되 그를 내려 던지라 하니 내려던지매 그의 피가 담과 말에게 튀더라 예후가 그의 시체를 밟으니라"(32-33).

㉯ "가서 장사하려 한즉 그 두골과 발과 그의 손 외에는 찾지 못한지라 돌아와서 전하니 예후가 이르되 이는 여호와께서 그 종 디셉 사람 엘리야를 통하여 말씀하신 바라 이르시기를 이스르엘 토지에서 개들이 이세벨의 살을 먹을지라 그 시체가 이스르엘 토지에서 거름같이 밭에 있으리니 이것이 이세벨이라고 가리켜 말하지 못하게 되리라 하셨느니라 하였더라"(9:35-37), 이것이 이세벨의 최후입니다.

㉡ 그런데 우리가 경각심을 가져야 하는 것은 주님께서 두아디라교회를 향하여, "그러나 네게 책망할 일이 있노라 자칭 선지자라 하는 여자 이세벨을 네가 용납함이니 그가 내 종들을 가르쳐 꾀어 행음하게 하고 우상의 제물을 먹게 하는도다"(계 2:20) 하고 책망하시는 말씀을 대하게 되기 때문입니다.

㉮ 이세벨은 죽었으나 그녀를 조종하던 "영"은 죽지 않고 신약교회에 침투하여 또 다른 "이세벨", 즉 거짓선지자를 통하여 역사하고 있다는 점을 명심해야만 하겠습니다. "행음하게 하고, 우상의 제물을 먹게 한다"는 것이 문자적인 의미만이 아니라, 복음을 혼잡(混雜)되게 하여 다른 복음을 좇게 하는 것을 가리킨다고 보아야할 것입니다. 그렇다면 이세벨을 용납한 교회는 현대교회 내에도 많다는 것이 됩니다.

엄위한 보응

㉠ "너는 네 주 아합의 집을 치라 내가 나의 종 곧 선지자들의 피와 여호와의 종들의 피를 이세벨에게 갚아 주리라"(왕하 9:7) 하신 보응(報應)은 엄위(嚴威)하게 나타나고 있다는 점을 주목해야만 합니다.

 ㉮ 먼저 아합의 왕위를 계승한 요람을 심판(9:24)함으로, 왕조를 폐하시고,

 ㉯ 다음은 이세벨을 심판(33)하고,

 ㉰ 이세벨의 혈통인 왕자 70명을 심판(10:7) 하고,

 ㉱ 아합에게 속한 남은 자를 진멸하고(17),

 ㉲ 바알 제사장들을 한 곳에 모아 한 사람도 남음이 없게 심판(25)을 하고,

 ㉳ 아합 집과의 연혼으로 인하여 인척관계가 된 유다 왕 아하시야(9:27)와, 문병하러 갔던 그의 형제 40인도 심판(14)을 당하게 됩니다. 참으로 행한 대로 심판을 당하는 것을 보게 됩니다.

㉡ 이점을 성경은, "그런즉 이제 너희는 알라 곧 여호와께서 아합의 집에 대하여 하신 말씀은 하나도 땅에 떨어지지 아니하리라 여호와께서 그의 종 엘리야를 통하여 하신 말씀을 이제 이루셨도다"(왕하 10:10) 합니다. 이처럼 예후는 아합 집을 심판하는 몽둥이로 세움을 받은 자입니다.

㉢ 그렇다면 이렇게 해서 이스라엘 10대 왕이 된 예후 자신은 어떠했는가? "예후가 이와 같이 이스라엘 중에서 바알을 멸하였으나 이스라엘에게 범죄하게 한 느밧의 아들 여로보암의 죄 곧 벧엘과 단에 있는 금송아지를 섬기는 죄에서는 떠나지 아니하였더라"(왕하 10:29) 합니다. 왜 그랬는가? 이 "금송아지"를 백

성을 통치하는 수단으로 이용했기 때문입니다.

㉰ "여호와께서 예후에게 이르시되 네가 나보기에 정직한 일을 행하되 잘 행하여 내 마음에 있는 대로 아합 집에 다 행하였은즉 네 자손이 이스라엘 왕위를 이어 사대를 지내리라" 하십니다. 무슨 뜻이냐 하면, "금송아지" 우상에서 떠나지 아니하였기"(10:31-32) 때문에 예후 왕조(王朝)도 4대만에 심판을 당하게 된다는 뜻입니다.

㉱ 하나님께서는 북이스라엘을 심판하실 때는 앗수르를 몽둥이로 쓰셨고, 남 유다를 심판하실 때는 바벨론을 몽둥이로 들어 쓰셨습니다. 그러나 그들도, "앗수르 사람은 화 있을진저 그는 내 진노의 막대기요 그 손의 몽둥이는 내 분노라"(사 10:5) 하고 "화가 있으리라", 즉 심판을 당하게 될 것을 말씀하십니다.

㉲ 왜냐하면 "그의 뜻은 이 같지 아니하며 그의 마음의 생각도 이 같지 아니하고"(사 10:7), 즉 자신의 능력인 양 교만히 행했기 때문이라는 것입니다. 예후도 예외는 아니었던 것입니다.

그렇다면 이 말씀을 대하는 나는 무엇을 위하여 세움을 입었으며, 어떤 자세로 섬기고 있는가 하고 자신을 성찰하게 합니다.

네 명의 나병환자

"성문 어귀에 나병환자 네 사람이 있더니 그 친구에게 서로 말하되 우리가 어찌하여 여기 앉아서 죽기를 기다리랴 만일 우리가 성읍으로 가자고 말한다면 성읍에는 굶주림이 있으니 우리가 거기서 죽을 것이요 만일 우리가 여기서 머무르면 역시 우리가 죽을 것이라 그런즉 우리가 가서 아람 군대에게 항복하자 그들이 우리를 살려 두면 살 것이요 우리를 죽이면 죽을 것이라 하고"(왕하 7:3-4).

우리를 죽이면 죽을 것이라

㉠ 이렇게 해서 네 명의 나병환자는 구속사의 무대에 등장을 하게 됩니다. 역사적인 배경은 "이 후에 아람 왕 벤하닷이 그의 온 군대를 모아 올라와서 (북이스라엘의 수도) 사마리아를 에워싸니 아람 사람이 사마리아를 에워싸므로 성중이 크게 주려서"(왕하 6:24-25), 부모가 자기 자식을 잡아먹는 사태가 벌어진 공황상태에 빠진 상황에서 일어난 일입니다.

㉮ 이렇게 되리라는 경고는 이미 레위기에서, "너희가 이같이 될지라도 내게 청종하지 아니하고 내게 대항할진대 내가 진노로 너희에게 대항하되 너희의 죄로 말미암아 칠 배나 더 징벌하리니 너희가 아들의 살을 먹을 것이요 딸의 살을 먹을 것이며(레 26:27-29) 하고, 경고하신 바인데 슬프게도 문자적으로 임하고야 말았던 것입니다.

㉡ 이런 상황 하에서 선지자 엘리사는, "여호와의 말씀을 들을 지어다 여호와께서 이르시되 내일 이맘때에 사마리아 성문에서 고운 밀가루 한 스아를 한 세겔로 매매하고 보리 두 스아를 한 세겔로 매매하리라 하셨느니라"(7:1) 하고, 도저히 믿을 수 없는 소망을 말합니다.

㉮ 이 말을 들은 한 장관이, "여호와께서 하늘에 창을 내신들 어찌 이런 일이 있으리요" 하고 선지자가 대언한 하나님의 말씀을 불신하자 엘리사는, "네 눈으로 보리라 그러나 그것을 먹지는 못하리라"(왕하 7:2) 하고 선언합니다.

㉯ 이런 상황에서 나병환자들이 아람 진영으로 간 것은, 여기 있어도 굶어 죽을 것이요, 성으로 들어간다 해도 자식을 삶아먹는 판이니 굶어죽을 것이니, "아람 군대에게 항복하자 그들이 우리를 살려 두면 살 것이요 우리를 죽이면 죽을 것이라", 이판사판이라는 생각에서 취한 행동이었던 것입니다.

㉢ 그런데 아람 진영에 이르러 본즉 놀라운 일이 벌어져 있는 것이 아닌가! "그 곳에 한 사람도 없으니 이는 주께서 아람 군대로 병거 소리와 말 소리와 큰 군대의 소리를 듣게 하셨으므로 아람 사람이 서로 말하기를 이스라엘 왕이 우리를 치려하여 헷 사람의 왕들과 애굽 왕들에게 값을 주고 그들을 우리에게 오게 하였다 하고 해질 무렵에 일어나서 도망하되 그 장막과 말과 나귀를 버리고 진영을 그대로 두고 목숨을 위하여 도망하였음이라"(7:5-7) 합니다.

㉮ "그 나병환자들이 진영 끝에 이르자 한 장막에 들어가서 먹고 마시고 거기서 은과 금과 의복을 가지고 가서 감추고 다시 와서 다른 장막에 들

어가 거기서도 가지고 가서 감추니라"(8) 하고, 배불리 먹고 마신 것만이 아니라, "은과 금과 의복을 감추니라" 하고, 이런 극한상황 속에서도 탐욕(貪慾)을 부리는 인간의 구제불능의 모습을 보십시오.

㉰ 그러다가 "나병환자들이 그 친구에게 서로 말하되 우리가 이렇게 해서는 아니 되겠도다 오늘은 아름다운 소식이 있는 날이거늘 우리가 침묵하고 있도다 만일 밝은 아침까지 기다리면 벌이 우리에게 미칠지니 이제 떠나 왕궁에 가서 알리자 하고"(8-9), 비로소 자신들의 임무가 무엇인가를 자각하기에 이릅니다.

아름다운 소식이 있는 날이거늘

㉠ 이 사건은 우연히 일어난 일이 아니라 첫째는, 선지자 엘리사로 예언한 바요, 둘째는, "주께서 아람 군대로 병거 소리와 말 소리와 큰 군대의 소리를 듣게 하셔서" 선지자로 하신 말씀을 성취하신 여호와의 행사라는 점입니다.

㉮ 그렇다면 이렇게 행하신 하나님의 행사를 굶주림으로 죽어가는 저 성중에 누가 전해줄 것인가 하는 점이 문제로 대두가 됩니다. 그러므로 이 사건을 통해서 말씀하시려는 바는, 하나님께서 행해놓으신 아름다운 행사를 성중에서는 모르고 굶어죽고 있다는 점과,

㉯ 하나님께서는 놀랍게도, "세상의 천한 것들과 멸시 받는 것들과 없는 것들을 택하사"(고전 1:28), 즉 네 명의 "나병환자"를 이 기쁜 소식을 전해줄 자로 세우셨다 는데 있습니다.

㉡ 나병환자들은 "오늘은 아름다운 소식이 있는 날이거늘 우리가 침묵하고 있도

다 만일 밝은 아침까지 기다리면 벌이 우리에게 미칠지니" 하고 말합니다.

㉮ 이사야 선지자로 말씀하시기를, "그 날에 너희가 또 말하기를 여호와께 감사하라 그의 이름을 부르며 그의 행하심을 만국 중에 선포하며 그의 이름이 높다 하라 여호와를 찬송할 것은 극히 아름다운 일을 하셨음이니 이를 온 땅에 알게 할지어다" (사 12:4-5) 하십니다.

사도 바울은 고백하기를, "헬라인이나 야만인이나 지혜 있는 자나 어리석은 자에게 다 내가 빚진 자라" (롬 1:14) 하면서, "내가 복음을 전할지라도 자랑할 것이 없음은 내가 부득불 할 일임이라 만일 복음을 전하지 아니하면 내게 화가 있을 것이로다" (고전 9:16) 합니다.

㉰ 그리하여 선지자로 말씀하심과 같이 "사마리아 성문에서 보리 두 스아를 한 세겔에 매매하고 고운 밀가루 한 스아를 한 세겔로 매매하게 되었고,
㉮ 선지자로 하신 말씀을 불신하여, "네 눈으로 보리라 그러나 그것을 먹지는 못하리라"는 선고를 받은 장관은 백성들의 발에 밟혀서 죽임을 당함으로 성취가 되었던 것입니다.
그렇다면 나는 무엇을 위하여 세움을 입었는가 하고 자문하게 됩니다.

스룹바벨

"옛적에 바벨론 왕 느부갓네살에게 사로잡혀 바벨론으로 갔던 자들의 자손들 중에서 놓임을 받고 예루살렘과 유다 도로 돌아와 각기 각자의 성읍으로 돌아간 자 곧 스룹바벨과 예수아와"(스 2:1-2) 하고, 포로에서 귀환한 자들의 명단에 스룹바벨의 이름이 제일 먼저 등장을 합니다.

다윗의 씨를 보존하심

㉠ 이렇게 해서 스룹바벨은 구속사의 무대에 등장하게 되는데, 그러면 스룹바벨은 무엇을 위하여 세움을 입었는가? 1차적으로는 바벨론 포로가 귀환할 때에 인도자의 역할을 담당하게 됩니다. 출애굽 당시도 "모세와 아론"이 주도하였는데, 출 바벨론 당시도 총독 스룹바벨과 대제사장 여호수아(예수아)가 인도하였던 것입니다.

㉡ 또한 스룹바벨과 여호수아는 귀환한 후에 성전을 건축하는 일에도 주도적인 역할을 합니다. "스알디엘의 아들 스룹바벨과 요사닥의 아들 예수아가 일어나 예루살렘에 있던 하나님의 성전(聖殿)을 다시 건축하기 시작하매 하나님의 선지자들이 함께 있어 그들을 돕더니"(5:2) 하고, 파괴당한 성전을 재건하는 일을 담당케 하기 위하여 세움을 입었습

니다.

ⓛ 그런데 스룹바벨을 세우셔서 담당케 하시고자 하는 구속사적인 역할은, "바벨론으로 사로잡혀 간 후에 여고냐는 스알디엘을 낳고 스알디엘은 스룹바벨을 낳고"(마 1:12) 한, "여자의 후손" 곧 그리스도께서 오실 계보를 잇는 의의 상속자(相續者)가 되게 하신 사명입니다.

㉮ 마태복음 1장에 등장하는 예수 그리스도의 족보는, "그런즉 모든 대(代) 수가 아브라함부터 다윗까지 열 네 대요 다윗부터 바벨론으로 사로잡혀 갈 때까지 열 네 대요 바벨론으로 사로잡혀 간 후부터 그리스도까지 열 네 대더라"(마 1:17) 하고, 세 부분으로 구분을 하고 있다는 점입니다. 이렇게 하는 의도가 무엇인가?

㉯ 예루살렘이 멸망을 당하고 백성들이 포로가 되어 바벨론으로 사로잡혀가는 환난 중에서도 하나님께서는, 아브라함에게 언약하시고 다윗에게, "네 집과 네 나라가 내 앞에서 영원히 보전되고 네 왕위가 영원히 견고하리라"(삼하 7:16) 하고 세워주신 메시아언약은 중단되거나 폐하여짐이 없이 묵묵히 이루어 오셨다는 점을 드러내기 위해서요,

ⓒ 궁극적으로는 "그가 큰 자가 되고 지극히 높으신 이의 아들이라 일컬어질 것이요 주 하나님께서 그 조상 다윗의 왕위를 그에게 주시리니 영원히 야곱의 집을 왕으로 다스리실 것이며 그 나라가 무궁하리라"(눅 1:32-33) 하고, 그리스도에게서 성취하셨음을 증언하기 위해서인 것입니다.

그리스도의 예표의 인물

㉠ 구약시대의 "왕과, 제사장"은 그리스도를 예표하고 있는데, 이런 맥락에서 총독 스룹바벨은 그리스도의 예표의 인물로 세움을 받은 것입니다. 학개서는 "너희는 산에 올라가서 나무를 가져다가 성전을 건축하라"(학 1:8) 하고, 성전건축으로 시작이 되지만,

㉮ "만군의 여호와가 말하노라 스알디엘의 아들 내 종 스룹바벨아 여호와가 말하노라 그 날에 내가 너를 세우고 너를 인장으로 삼으리니 이는 내가 너를 택하였음이니라"(학 2:23) 하고, "스룹바벨"로 끝을 맺고 있습니다.

무슨 뜻인가 하면 하나님의 나라건설은 "성전"이라는 건물로 이루어지는 것이 아니라, "스룹바벨"이라는 인물(人物), 즉 그리스도로 성취가 된다는 점을 나타내고 있는 것입니다.

㉯ "내가 너를 택하였음이니라" 하시면서, "너를 인장(印章)으로 삼으리니" 하시는 것은 "왕"으로 삼으시겠다(렘 22:24)는 뜻인데, 이는 스룹바벨이라는 예표를 통해서 그리스도를 계시하신 예언이었던 것입니다.

㉡ 이점을 스가랴서에서는, "여호와의 말씀이 또 내게 임하여 이르시되 스룹바벨의 손이 이 성전의 기초를 놓았은즉 그의 손이 또한 그 일을 마치리라"(슥 4:8-9) 하십니다. 이는 성전건축을 시작한 스룹바벨이 또한 완성(完成)하리라는 예표를 통해서, 하나님의 나라건설을 시작하신 그리스도께서 또한 완성하리라는

말씀입니다.

㉯ 이점을 주님께서는, "보라 내가 속히 오리니 내가 줄 상이 내게 있어 각 사람에게 그가 행한 대로 갚아 주리라 나는 알파와 오메가요 처음과 마지막이요 시작과 마침이라"(계 22:12-13) 하고 선언하십니다. "스룹바벨"은 그리스도의 예표의 인물로, 그리고 그리스도가 오실 상속자로, 세움을 입은 자입니다.

그렇다면 나는 무엇을 위하여 세움을 입었는가 하고 자문하게 됩니다.

16명의 문서 선지자들

성경을 기록하게 하여 후대에 전해주게 하신 사명을 담당한 문서 선지자는 16명입니다. 선지자들은 메시지를 구두(口頭)로 전했습니다. 그런데 하나님께서는 예레미야 선지자에게, "너는 두루마리 책을 가져다가 내가 네게 말하던 날 곧 요시야의 날부터 오늘까지 이스라엘과 유다와 모든 나라에 대하여 내가 네게 일러 준 모든 말을 거기에 기록(記錄)하라"(렘 36:2)하고, 기록하게 하셨던 것입니다.

선지자들은 멸망을 예언함

㉠ 이는 당대를 위해서 기록하게 하신 것이 아니라 선지자로 말씀하신 바를 망각하지 않도록 자손 대대로 전해주기 위해서요, 이렇게 하신 분은 주 성령님이시라는 점입니다. 그러면 선지서를 통해서 말씀하시려는 중심주제가 무엇이란 말인가?

㉮ 선지서(先知書)의 내용은 주로 4가지 주제(主題)로 되어 있는데, ① 죄를 책망하고, ② 심판을 경고하고, ③ 회개를 촉구하고, ④ 포로에서 돌아오게 하리라는 회복을 약속하고 있습니다.

㉡ 그러면 형제는 4가지 주제 중 하나님께서 선지서를 통해서 말씀하시려는 중심주제가 무엇이라고 생각하십니까? 이에 대한 인식은 선지서를 해석하는 대단히 중요한 키포인트가 됩니다. 왜냐하면 이에 따라 선지서를 본문으로 하여 설

교하는 설교의 중심점이 좌우되기 때문입니다. "죄를 책망하고, 심판을 경고하고, 회개를 촉구"하는 것은 대단히 중요하고 필요한 것입니다만,

㉮ 그러나 이것들은 인간이 행해야할 책임(責任)입니다. 그런데 인간의 행위로는 해답이 없다는 점입니다. 왜냐하면 성경은 인간의 행위로는 "그의 앞에 의롭다함을 얻을 육체가 없다"(롬 3:20), 즉 자력구원의 불가능성을 말씀하고 있기 때문입니다.

㉯ 이러한 자력구원의 불가능성이, 십계명을 기록한 돌비가 현장에서 깨어진 사건, "너희의 구한 왕 너희의 택한 왕" 이라 한 사울 왕이 자살로 종말을 고한 일, 성전을 건축한 솔로몬의 타락, 예루살렘의 멸망과 바벨론의 포로가 된 사건 등이 증언해주고 있는 것입니다.

선지자들은 회복을 예언함

㉠ 그러므로 선지자들의 메시지는 공통적으로 멸망으로 끝나고 있는 것이 아니라, 한결같이 "돌아오게 하리라" 하고 회복을 약속하고 있다는 점입니다. 하나님께서는 구약시대에 두 가지 역사적인 사건을 통해서 구원계획을 예시해주셨는데 그것은 "출애굽 사건과, 출 바벨론" 사건입니다.

㉮ 하나님께서는 바벨론 포로귀환을 예표로 하여 사탄의 포로에서 돌아오게 하실 복음을 계시하셨던 것입니다. 이점이 선지서의 중심주제 라는 점에 확고해야만 합니다.

㉯ 이런 맥락에서 선지서들의 구조(構造)를 보면 앞부분에서는 심판을 경고하고 있으나, 뒷부분에서는 공통적으로 회복시켜주시리라는 기

쁜 소식, 즉 복음을 약속하고 있다는 것입니다. 예를 들면 이사야서는, "포로 된 자에게 자유를, 갇힌 자에게 놓임을 선포하며"(사 61:1) 말씀하고, 예레미야서는 "보라 날이 이르리니 내가 이스라엘 집과 유다 집에 새 언약을 맺으리라"(렘 31:31) 하십니다.

ⓒ 좀 더 확고하기 위해서 앞에서 언급한 질문을 제기하고자 합니다. 예루살렘이 멸망을 당하지 않고, 포로로 끌려가지 않았다면 어떻게 되는가? 그렇다면 바벨론 포로귀환을 예표로 하여 사탄으로부터의 포로귀환을 계시하시려는 바가 불가능해졌을 것입니다.

㉮ 그리하여 이사야서로부터 말라기서까지의 선지(先知)서는 기록이 되지 못하였을 것이요, 선지서가 기록이 되지 못하였다면, "이 복음은 하나님이 선지자들을 통하여 그의 아들에 관하여 성경에 미리 약속하신 것이라"(롬 1:2) 하신 선지서의 중심주제인 "복음"(福音)은 계시할 수가 없었을 것입니다.

㉯ 이 질문은 그리스도께서 오셨을 때에 유대인들이 환영을 하고 영접을 했다면 어떻게 되는가 하는 물음과도 결부가 됩니다. 그러면 십자가 사건도 없었을 것이요, 복음서는 물론 서신서들까지 기록이 되지 않았을 것입니다. 그러면 다시 묻습니다. 이렇게 하여 "반드시 죽으리라" 하신 문제의 해답이 주어지느냐? 다시 말하면 인류의 구원이 가능하여지느냐 하는 점입니다.

하나님께서 행하시는 일

㉠ 다시 강조합니다만 선지서의 중심주제는 "돌아오게 하리라" 하는 회복에 있는 것입니다. 주님께서는 "내 아버지께서 이제까지 일하시니 나도 일한다"(요 5:17) 하고 말씀하셨는데, 하나님께서 하시는 일은 "출애굽이나, 출 바벨론"이 아닙니다. 바벨론의 포로귀환을 예표로 하여, "주의 성령이 내게 임하셨으니 이는 가난한 자에게 복음을 전하게 하시려고 내게 기름을 부으시고 나를 보내사 포로 된 자에게 자유를, 눈 먼 자에게 다시 보게 함을 전파하며 눌린 자를 자유롭게 하고"(눅 4:18) 하신, 사탄의 포로 된 자들을 돌아오게 하시려는 바를 계시하시려는 것이 선지서의 중심주제입니다.

㉮ "새 언약"을 통해서 돌아오게 해주겠다(렘 31:31), "새 영, 새 마음"을 주어서 돌아오게 하겠다(겔 36:26), 다윗을 "왕과, 목자"가 되게 하여 돌아오게 하시겠다(겔 37:24) 하고 말씀하십니다.

㉡ 그러므로 복음서들은, "이 모든 일이 된 것은 주께서 선지자(先知者)로 하신 말씀을 이루려 하심이니 이르시되 보라 처녀가 잉태하여 아들을 낳을 것이요 그의 이름은 임마누엘이라 하리라 하셨으니 이를 번역한즉 하나님이 우리와 함께 계시다 함이라"(마 1:22-23), "이르되 유대 베들레헴이오니 이는 선지자(先知者)로 이렇게 기록된바 또 유대 땅 베들레헴아 너는 유대 고을 중에서 가장 작지 아니하도다 네게서 한 다스리는 자가 나와서 내 백성 이스라엘의 목자가 되리라 하였음이니이다"(2:5-6) 하고, 그리스도께서 이루신 복음을 선지서들을 들어서 입증(立證)하고 있는 것입니다.

㉮ 이것이 선지서만이 아니라 구약성경 전체의 기록목적이요, 중심주제

이기도 합니다. 그래서 신약성경의 첫 말씀은 "아브라함과 다윗의 자손 예수 그리스도의 계보라"(마 1:1) 하고 시작을 하여 족보를 제시하고 있는데, "이 족보를 보아라", 예수가 하나님께서 아브라함과 다윗에게 언약하신 그리스도시라는 증거라는 뜻입니다. 그러므로 구약성경을 주심이 아니었다면 "예수가 그리스도" 이심을 입증할 증거(證據)를 갖지 못하는 것이 되는 것입니다.

선지자들은 복음을 증언함

㉠ 부활하신 주님께서는 엠마오의 두 제자에게 나타나시어, "이르시되 미련하고 선지자(先知者)들이 말한 모든 것을 마음에 더디 믿는 자들이여 그리스도가 이런 고난을 받고 자기의 영광에 들어가야 할 것이 아니냐 하시고 이에 모세와 모든 선지자(先知者)의 글로 시작하여 모든 성경에 쓴바 자기에 관한 것을 자세히 설명하시니라"(눅 24:25-27) 말씀하고,

㉮ 열한 사도에게 나타나시어서도, "또 이르시되 내가 너희와 함께 있을 때에 너희에게 말한바 곧 모세의 율법과 선지자(先知者)의 글과 시편에 나를 가리켜 기록된 모든 것이 이루어져야 하리라 한 말이 이것이라 하시고 이에 그들의 마음을 열어 성경을 깨닫게"(24:44-45) 하셨던 것입니다.

㉡ 사도 바울은, "예수 그리스도의 종 바울은 사도로 부르심을 받아 하나님의 복음(福音)을 위하여 택정함을 입었으니 이 복음은 하나님이 선지자(先知者)들을 통하여 그의 아들에 관하여 성경에 미리 약속하신 것이라"(롬 1:1-2) 말씀하면

서, "이제는 율법 외에 하나님의 한 의가 나타났으니 율법과 선지자(先知者)들에게 증거를 받은 것이라"(롬 3:21) 하고 증언합니다.

㉮ 선지서의 중심주제도, "이 성경이 곧 내게 대하여 증언하는 것이니라" (요 5:39) 하신 그리스도와 복음을 증언하기 위해서 기록이 된 것이라는 점에 확고해야만 합니다. 자세한 것은 제 책 "성경은 문제에 대한 해답이다"를 참고하시기를 바라고, 여기서는 선지자들은 무엇을 증언하라고 세움을 입었는가 하는 요점만을 언급하는 것으로 마치려 합니다.

이사야 선지자

"유다 왕 웃시야와 요담과 아하스와 히스기야 시대에 아모스의 아들 이사야가 유다와 예루살렘에 관하여 본 계시라"(사 1:1).

이사서의 두 주제, 보좌와 어린양

㉠ 이렇게 해서 이사야 선지자는 구속사의 무대에 세움을 입게 되는데, 남 유다의 10대 왕 웃시야 시대로부터 시작하여, 요담, 아하스를 거쳐 13대 왕 히스기야 시대까지 4대에 걸쳐 활동을 한 선지자입니다. 구전에 의하면 이사야 선지자는 히스기야의 뒤를 이어 왕이 된 므낫세에 의하여 톱으로 켬(히 11:37)을 당하여 순교했다고 전합니다.

㉤ 그러면 하나님께서는 무엇을 후대에 전해주게 하시려고 선지자로 하여금 이사야서를 기록하게 하셨는가 하는 점입니다. 이에 확고해야만 오늘의 대언(代言)자로 세움을 입은 설교자들이 선지서를 기록한 목적대로 바르게 사용할 수가 있는 것입니다.

㉡ 이사야서에는 기둥과 같은 두 주제가 등장하는데 첫째는, "웃시야 왕이 죽던

해에 내가 본즉 주께서 높이 들린 보좌에 앉으셨는데"(6:1) 한, "보좌"(寶座)이고, 또 한 주제는, "우리는 다 양 같아서 그릇 행하여 각기 제 길로 갔거늘 여호와께서는 우리 모두의 죄악을 그에게 담당시키셨도다 그가 곤욕을 당하여 괴로울 때에도 그의 입을 열지 아니하였음이여 마치 도수장으로 끌려가는 어린 양과 털 깎는 자 앞에서 잠잠한 양 같이 그의 입을 열지 아니 하였도다"(53:6-7) 한, "어린양"입니다.

ⓒ "높이 들린 보좌에 앉으신 하나님과, 우리 모두의 죄악을 지고 도수장으로 끌려가는 어린양" 같은 그리스도, 이것이 이사야서의 두 축을 이루고 있는 주제입니다. 나머지는 이에 대한 상론이라 할 수가 있습니다. 그러므로 이사야서에는 메시아에 대한 영광스러운 예언이 풍성하고도 넘치고 있습니다.

㉮ 복음서의 두 주제도, "보라 세상 죄를 지고 가는 하나님의 언린양이로다(요 1:29), 하나님 (보좌)이 세상을 이처럼 사랑하사 독생자 (어린양)를 주셨으니 이는 그를 믿는 자마다 멸망하지 않고 영생을 얻게 하려 하심이라 (요 3:16) 한, "보좌와, 어린양" 입니다. 구원계획이란 하나님께서 자기 아들을 어린양으로 삼으셔서 인류의 죄를 대속하게 하심으로 구원하여주셨다는 것으로 요약이 됩니다.

㉡ 계시록의 두 주제도 44회 등장하는 "보좌"와, 29회 등장하는 "어린양"입니다. "이일 후에 내가 보니 각 나라와 족속과 백성과 방언에서 아무도 능히 셀 수 없는 큰 무리가 나와 흰옷을 입고 손에 종려 가지를 들고 보좌 앞과 어린양 앞에 서서",

㉮ "큰 소리로 외쳐 이르되 구원하심이 보좌에 앉으신 우리 하나님과 어

린양에게 있도다 하니 모든 천사가 보좌와 장로들과 네 생물의 주위에 서 있다가 보좌 앞에 엎드려 얼굴을 대고 하나님께 경배하여 이르되 아멘 찬송과 영광과 지혜와 감사와 존귀와 권능과 힘이 우리 하나님께 세세토록 있을 지어다 아멘 하더라"(계 7:9-12) 합니다.

소명과 사명

㉠ 이사야는 높이 들린 보좌에 앉으신 주를 뵈옵고는, "그 때에 내가 말하되 화로다 나여 망하게 되었도다 나는 입술이 부정한 사람이요 나는 입술이 부정한 백성 중에 거주하면서 만군의 여호와이신 왕을 뵈었음이로다"(6:5) 하고 고백하기에 이릅니다. 어찌하여 많은 지체 중 "입술이 부정한 사람"이라고 고백하는가? 영광스러운 복음을 대언하라고 세움을 입은 자이기 때문입니다.

㉮ "그 때에 그 스랍 중의 하나가 부젓가락으로 제단에서 집은바 핀 숯을 손에 가지고 내게로 날아와서 그것을 내 입술에 대며 이르되 보라 이것이 네 입에 닿았으니 네 악이 제하여졌고 네 죄가 사하여졌느니라"(6-7) 하고 말합니다.

㉡ 이렇게 하신 후에 "내가 누구를 보내며 누가 우리를 위하여 갈꼬 하시니 그 때에 내가 이르되 내가 여기 있나이다 나를 보내소서 하였더니 여호와께서 이르시되 가서 이 백성에게 이르기를 너희가 듣기는 들어도 깨닫지 못할 것이요 보기는 보아도 알지 못하리라"(6:8-9) 하고, 이사야는 선지자로써의 소명(召命)과 사명(使命)을 받고 보냄을 받게 됩니다.

㉮ 이 말씀을 대하는 형제의 깨달음이 무엇입니까? 우리는 2700년 전 이

샤야의 이야기를 하고 있는 것이 아니라, 이것이 우리의 소명이요, 사명이라는 형제의 이야기를 하고 있는 것입니다. 문제는 나는 무엇을 중언하라고 세움을 입었는가 하는 각성입니다.

㈏ 욥과 세 친구의 변론을 듣고 계시던 하나님께서는, "데만 사람 엘리바스에게 이르시되 내가 너와 네 두 친구에게 노하나니 이는 너희가 나를 가리켜 말한 것이 내 종 욥의 말 같이 옳지 못함이니라"(욥 42:7) 하십니다. "너희가 나를 가리켜 말한 것"이란 설교인데 그 설교가 옳지 못하다는 것입니다. 그래서 "노하나니" 하십니다. 이런 일이 우리와는 무관하다 할 것인가?

너희는 나를 누구라 하느냐?

㉠ 사명을 받고 보냄을 받은 이사야 선지자가 증언한 중심주제는 메시아 곧 그리스도인데 두 주제로 요약이 됩니다. 첫째는 메시아가 누구신가 하는 메시아의 정체성이고, 둘째는 그런 분이 무엇을 위하여 오시는가 하는 사명입니다.

㈎ 이점이 복음서의 두 주제이기도 합니다. 주님께서는, "너희는 나를 누구라 하느냐" 하고 물은 후에, "이때로부터, 많은 고난을 받고 죽임을 당하고 제 삼일에 살아나야 할 것을 제자들에게 비로소 나타내시니"(마 16:15, 21), 즉 그리스도시오 살아계신 하나님의 아들이 육신을 입고 오신 목적이 무엇인가를 말씀하셨던 것입니다.

㉡ 그러면 첫째로 메시아는 어떤 분이신가? "그러므로 주께서 친히 징조를 너희에게 주실 것이라 보라 처녀가 잉태하여 아들을 낳을 것이요 그의 이름을 임

마누엘이라 하리라"(7:14),

㉮ "이는 한 아기가 우리에게 났고 한 아들을 우리에게 주신 바 되었는데 그의 어깨에는 정사를 메었고 그의 이름은 기묘자라, 모사라, 전능하신 하나님이라, 영존하시는 아버지라, 평강의 왕이라 할 것임이라 그 정사와 평강의 더함이 무궁하며 또 다윗의 왕좌와 그의 나라에 군림하여 그 나라를 굳게 세우고 지금 이후로 영원히 정의와 공의로 그것을 보존하실 것이라 만군의 여호와의 열심이 이를 이루시리라"(사 9:6-7) 합니다.

㉯ "이새의 줄기에서 한 싹이 나며 그 뿌리에서 한 가지가 나서 결실할 것이요 그의 위에 여호와의 영 곧 지혜와 총명의 영이요 모략과 재능의 영이요 지식과 여호와를 경외하는 영이 강림하시리니"(11:1-2) 합니다.

무엇을 위하여 오시는가?

㉠ 그러면 둘째로, "그의 이름은 기묘자라, 모사라, 전능하신 하나님이라, 영존하시는 아버지라, 평강의 왕이라" 한, 그런 분이 어찌하여 한 아기로 오신단 말인가? "그는 실로 우리의 질고를 지고 우리의 슬픔을 당하였거늘 우리는 생각하기를 그는 징벌을 받아 하나님께 맞으며 고난을 당한다 하였노라 그가 찔림은 우리의 허물 때문이요 그가 상함은 우리의 죄악 때문이라 그가 징계를 받으므로 우리는 평화를 누리고 그가 채찍에 맞으므로 우리는 나음을 받았도다",

㉮ "우리는 다 양 같아서 그릇 행하여 각기 제 길로 갔거늘 여호와께서는 우리 모두의 죄악을 그에게 담당시키셨도다 그가 곤욕을 당하여 괴로

울 때에도 그의 입을 열지 아니하였음이여 마치 도수장으로 끌려가는 어린양과 털 깎는 자 앞에서 잠잠한 양 같이 그의 입을 열지 아니 하였도다",

ⓕ "그는 곤욕과 심문을 당하고 끌려갔으나 그 세대 중에 누가 생각하기를 그가 살아 있는 자들의 땅에서 끊어짐은 마땅히 형벌 받을 내 백성의 허물 때문이라 하였으리요 그는 강포를 행하지 아니하였고 그의 입에 거짓이 없었으나 그의 무덤이 악인들과 함께 있었으며 그가 죽은 후에 부자와 함께 있었도다" (53:4-9) 한, 대속제물이 되시기 위해서 오신다고 예언합니다.

ⓖ "나를 때리는 자들에게 내 등을 맡기며 나의 수염을 뽑는 자들에게 나의 뺨을 맡기며 모욕과 침 뱉음을 당하여도 내 얼굴을 가리지 아니 하였느니라" (50:6) 한 고난의 종으로 오신다고 증언합니다.

ⓛ 그러면 그리스도의 고난을 통해서 우리에게 무엇을 주시려는가? 두 가지 문제에 대한 해답을 주시기 위해서인데 첫째는, "여호와께서 그에게 상함을 받게 하시기를 원하사 질고를 당하게 하셨은즉 그의 영혼을 속건제물로 드리기에 이르면 그가 씨를 보게 되며"(10) 한 "씨"가 퍼지게 된다는 것입니다. 이는 "너희가 거듭난 것은 썩어질 씨로 된 것이 아니요 썩지 아니할 씨로 된 것이니"(벧전 1:23) 하신 거듭남, 즉 "반드시 죽으리라"에 대한 해답을 주시기 위해서요,

㉮ 둘째는 "그가 자기 영혼의 수고한 것을 보고 만족하게 여길 것이라 나의 의로운 종이 자기 지식으로 많은 사람을 의롭게 하며" (11) 한 "의롭게 함" 인데, 이는 "내가 벗었음으로 두려워하여 숨었나이다" 에 대한

해답이었던 것입니다. 그리스도께서는 이를 위하여 고난을 당하신다는 것입니다.

이런 날이 온다

㉠ 선지자는 복음시대를 바라보면서 비전을 제시하고 있는데, "말일에 여호와의 전의 산이 모든 산 꼭대기에 굳게 설 것이요 모든 작은 산 위에 뛰어나리니 만방이 그리로 모여들 것이라 많은 백성이 가며 이르기를 오라 우리가 여호와의 산에 오르며 야곱의 하나님의 전에 이르자 그가 그의 길을 우리에게 가르치실 것이라 우리가 그 길로 행하리라 하리니 이는 율법이 시온에서부터 나올 것이요 여호와의 말씀이 예루살렘에서부터 나올 것임이니라"(사 2:2-3) 하고, "이런 날이 온다"고 예언을 합니다.

㉡ "그 날에 네가 말하기를 여호와여 주께서 전에는 내게 노하셨사오나 이제는 주의 진노가 돌아섰고 또 주께서 나를 안위하시오니 내가 주께 감사하겠나이다 할 것이니라 보라 하나님은 나의 구원이시라 내가 신뢰하고 두려움이 없으리니 주 여호와는 나의 힘이시며 나의 노래시며 나의 구원이심이라",

㉮ "그러므로 너희가 기쁨으로 구원의 우물들에서 물을 길으리로다 그 날에 너희가 또 말하기를 여호와께 감사하라 그의 이름을 부르며 그의 행하심을 만국 중에 선포하며 그의 이름이 높다 하라 여호와를 찬송할 것은 극히 아름다운 일을 하셨음이니 이를 온 땅에 알게 할지어다 시온의 주민아 소리 높여 부르라 이스라엘의 거룩하신 이가 너희 중에서 크심이니라 할 것이니라"(12장) 하고, 이런 날이 온다고 예언을 했는데, 신

약의 성도들은 예언이 성취된 이후를 살아가고 있는 것입니다.

ⓒ "만군의 여호와께서 이 산에서 만민을 위하여 기름진 것과 오래 저장하였던 포도주로 연회를 베푸시리니 곧 골수가 가득한 기름진 것과 오래 저장하였던 맑은 포도주로 하실 것이며 또 이 산에서 모든 민족의 얼굴을 가린 가리개와 열방 위에 덮인 덮개를 제하시며 사망을 영원히 멸하실 것이라 주 여호와께서 모든 얼굴에서 눈물을 씻기시며 자기 백성의 수치를 온 천하에서 제하시리라 여호와께서 이같이 말씀하셨느니라"(25:6-8),

㉮ "그 날에 말하기를 이는 우리의 하나님이시라 우리가 그를 기다렸으니 그가 우리를 구원하시리로다 이는 여호와시라 우리가 그를 기다렸으니 우리는 그의 구원을 기뻐하며 즐거워하리라 할 것이며"(9) 하십니다.

㉯ "그 날에 유다 땅에서 이 노래를 부르리라 우리에게 견고한 성읍이 있음이여 여호와께서 구원을 성벽과 외벽으로 삼으시리로다 너희는 문들을 열고 신의를 지키는 의로운 나라가 들어오게 할지어다"(26:1-2).

㉰ "그 날에 여호와께서 그의 견고하고 크고 강한 칼로 날랜 뱀 리워야단 곧 꼬불꼬불한 뱀 리워야단을 벌하시며 바다에 있는 용을 죽이시리라 그 날에 너희는 아름다운 포도원을 두고 노래를 부를지어다 나 여호와는 포도원지기가 됨이여 때때로 물을 주며 밤낮으로 간수하여 아무든지 이를 해치지 못하게 하리로다"(27:1-3).

㉣ "보라 내가 새 하늘과 새 땅을 창조하나니 이전 것은 기억되거나 마음에 생각나지 아니할 것이라, 이리와 어린 양이 함께 먹을 것이며 사자가 소처럼 짚을

먹을 것이며 뱀은 흙을 양식으로 삼을 것이니 나의 성산에서는 해함도 없겠고 상함도 없으리라 여호와께서 말씀하시니라"(65:17, 25) 하고, 이런 날이 온다고 예언합니다. 이사야 선지자는 이를 증언케 하기 위해서 세움을 받았으며, 이사야서는 이를 후대에 전해주기 위해서 기록하게 하신 것입니다.

㉮ 그렇다면 나는 무엇을 위하여 세움을 입었는가? "좋은 소식을 전하며 평화를 공포하며 복된 좋은 소식을 가져오며 구원을 공포하며 시온을 향하여 이르기를 네 하나님이 통치하신다 하는 자의 산을 넘는 발이 어찌 그리 아름다운가"(52:7) 하고, 형제의 사명을 말씀하십니다.

㉯ "전능하신 하나님이라, 영존하시는 아버지라, 평강의 왕"께서 육신을 입고 오셔서, "우리 무리의 죄악을 대신 담당하셨다"는 복음을 증언하라고 세움을 입었다는 말씀입니다. 선지서에서 이보다 더 중요하고 기쁜 소식이 달리 무어이란 말인가?

예레미야 선지자

"아몬의 아들 유다 왕 요시야가 다스린 지 십삼 년에 여호와의 말씀이 예레미야에게 임하였고 요시야의 아들 유다의 왕 여호야김 시대부터 요시야의 아들 유다의 왕 시드기야의 십 일년 말까지 곧 오월에 예루살렘이 사로잡혀 가기까지 임하니라"(렘 1:2–3).

전도자의 사명의 양면성

㉠ 이렇게 해서 예레미야는 예루살렘이 멸망을 당하는 어려운 시기에 선지자로 세움을 받습니다. 그렇다면 예레미야는 무엇을 대언하기 위하여 선지자로 세움을 입었으며, 하나님께서는 무엇을 말씀하시려고 예레미야서를 기록하여 후대에 전해주게 하셨는가?

㉮ "여호와의 말씀이 내게 임하니라 이르시되 내가 너를 모태에 짓기 전에 너를 알았고 네가 배에서 나오기 전에 너를 성별하였고 너를 여러 나라의 선지자로 세웠노라 하시기로 내가 이르되 슬프도소이다 주 여호와여 보소서 나는 아이라 말할 줄을 알지 못하나이다"(1:4-6) 합니다.

㉡ 선지자의 사명에는 양면성(兩面性)이 있음을 말씀하시는데, "여호와께서 그의 손을 내밀어 내 입에 대시며 여호와께서 내게 이르시되 보라 내가 내 말을 네

입에 두었노라 보라 내가 오늘 너를 여러 나라와 여러 왕국 위에 세워 네가 그 것들을 뽑고 파괴하며 파멸하고 넘어뜨리며 건설하고 심게 하였느니라"(1:9-10) 하십니다.

    ㉮ 첫째 사명은, "뽑고 파괴하며 파멸하고 넘어뜨리며" 하신 것인데 이는 죄를 책망하고, 심판을 경고하는 사명을 의미하고, 둘째로 "건설하고 심게 하였느니라" 하신 것은 멸망 후에 "돌아오게 하리라"는 회복을 의미합니다.

㉢ 그러면 선지자가 무엇으로 "뽑고 파괴하며 파멸하고 넘어뜨리며 건설하고 심게" 하는가? 대언(代言)하는 말씀을 통해서입니다. 이처럼 설교에는 양면성이 있는데, "하나님의 진노가 나타납니다" 하는 것은, 파멸하는 심판이요, "하나님의 의가 나타났습니다"(롬 1:17, 18) 하는 것은, 건설하는 복음입니다.

    ㉮ "뽑고 파괴하며 파멸하고 넘어뜨림"을 당하게 되는 것은 자신들이 범한 죄에 대한 대가입니다. 그렇다면 어떻게 해서 "건설하고 심게" 하는 것이 가능하여지는가? 이는 하나님께서 행해주셔야만 가능하여지는데, 자기 아들의 대속을 통해서 행해주신다는 말씀입니다. 선지서의 중심주제가 여기에 맞춰져 있는 것입니다.

㉣ 그러면 형제는 상반된 두 사명 중 해답이 어디에 있다고 생각하십니까? 예루살렘의 멸망을 막은 선지자는 한 사람도 없습니다. 이는 선지자들이 무능해서 그런 것이 아닙니다. 하나님께서는 예루살렘의 멸망을 통해서 자력구원의 불가능성을 드러내고, 바벨론 포로의 귀환을 통해서 사탄의 포로 귀환을 계시하시려는 것입니다.

㉮ 극단적으로 말씀을 드린다면 선지자들에게 주어진 사명은 예루살렘의 멸망을 막으라는 것이 아니라, 멸망을 당한 후에 돌아오게 하라리는 점을 증언하라고 세우셨다는 말씀입니다. 왜냐하면 의롭다함을 얻는 것이 인간의 행위로 가능하여 진다면 복음은 필요 없는 것이 되고, 하나님의 은혜는 폐하여 지는 것이 되기 때문입니다.

돌아오게 하리라

㉠ "여호와께서 이와 같이 말씀하시니라 바벨론에서 칠십 년이 차면 내가 너희를 돌보고 나의 선한 말을 너희에게 성취하여 너희를 이곳으로 돌아오게 하리라 여호와의 말씀이니라 너희를 향한 나의 생각을 내가 아나니 평안이요 재앙이 아니니라 너희에게 미래와 희망을 주는 것이니라"(렘 29:10-11) 하십니다.

㉮ 29장 이후에는 주로 "건설하며 심게" 하는 회복에 관한 말씀인데, "돌아오게 하리라"는 약속과, "너희는 내 백성이 되겠고 나는 너희 하나님이 되리라"는 소망을 주는 말씀입니다.

㉡ "이것은 여호와의 말씀이니라 나는 너희들을 만날 것이며 너희 포로 된 중에서 다시 돌아오게 하되 내가 쫓아 보내었던 나라들과 모는 곳에서 모이 사로잡혀 떠났던 그 곳으로 돌아오게 하리라 이것은 여호와의 말씀이니라" 하고, 돌아오게 하시겠다는 말씀을 한두 번이 아니라 29:10, 14, 30:3, 10, 31:23, 32:44, 33:7, 26절 등 반복적으로 말씀하십니다.

㉮ 이는 마치 포로로 끌려가는 자기 백성들을 향해서 보이지 않을 때까지 손을 흔들며, "돌아오게 하리라, 돌아오게 하리라" 하시는 어버이의 심

정같이 표현이 되어 있습니다.

ⓒ 그리하여 "너희는 내 백성이 되겠고 나는 너희들의 하나님이 되리라"(30:22, 31:1, 33, 32:38) 하십니다. 이 주제는 계시록 마지막에 이르러, "내가 들으니 보좌에서 큰 음성이 나서 이르되 보라 하나님의 장막이 사람들과 함께 있으매 하나님이 그들과 함께 계시리니 그들은 하나님의 백성이 되고 하나님은 친히 그들과 함께 계셔서"(계 21:3) 하고 완성이 될 성경의 중심축(中心軸)을 이루는 주제입니다.

㉮ "돌아오게 하리라, 너희는 내 백성이 되고 나는 너희 하나님이 되리라" 하심이 하나님께서 이루시려는 구원계획인데, 문제는 이것이 어떤 방도로 가능하여지는가 하는 점이 "하나님 속에 감추어졌던 지혜" 였던 것입니다.

새 언약을 통해서 돌아오게 하리라

㉠ "여호와의 말씀이니라 보라 날이 이르리니 내가 이스라엘 집과 유다 집에 새 언약을 맺으리라 이 언약은 내가 그들의 조상들의 손을 잡고 애굽 땅에서 인도하여 내던 날에 맺은 것과 같지 아니할 것은 내가 그들의 남편이 되었어도 그들이 내 언약을 깨뜨렸음이라 여호와의 말씀이니라"(31:31-32) 하고, "새 언약"을 세우셔서 돌아오게 해주시겠다는 놀라운 말씀을 듣게 됩니다.

㉮ 그리고 새 언약은, "저녁 먹은 후에 잔도 그와 같이 하여 이르시되 이 잔은 내 피로 세우는 새 언약이니 곧 너희를 위하여 붓는 것이라"(눅 22:20) 하신 그리스도의 피, 즉 죽으시고 다시 사심을 통해서 성취하여

주신 언약인 것입니다.

ⓒ 이점이 "여호와의 말씀이니라 보라 때가 이르리니 내가 다윗에게 한 의로운 가지를 일으킬 것이라 그가 왕이 되어 지혜롭게 다스리며 세상에서 정의와 공의를 행할 것이며 그의 날에 유다는 구원을 받겠고 이스라엘은 평안히 살 것이며 그의 이름은 여호와 우리의 공의라 일컬음을 받으리라"(23:5-6) 하신 말씀을 통해서도 계시되어 있습니다.

㉮ "다윗에게 한 의로운 가지를 일으킬 것이라" 한 말씀은, 다윗의 자손으로 그리스도를 보내셔서 "돌아오게" 하시겠다는 메시아 예언이 분명합니다.

ⓒ 에스겔 선지자를 통해서도, "내 종 다윗이 그들의 왕이 되리니 그들 모두에게 한 목자가 있을 것이라" 하시면서, "내가 그들과 화평의 언약을 세워서 영원한 언약이 되게 하고, 나는 그들의 하나님이 되고 그들은 내 백성이 되리라"(겔 37:24, 26, 27) 하십니다.

㉮ 선지서에서 이보다 더 중요한 기쁜 소식이 무엇이 있단 말인가? 예레미야 선지자는 이를 증언하라고 세움을 입은 것입니다.

그렇다면 나는 무엇을 증언하라고 세움을 입었는가 하고 자문하게 하면서, 그동안 행한 자신의 설교를 성찰하게 합니다.

에스겔 선지자

"서른 째 해 넷째 달 초닷새에 내가 그발 강 가 사로잡힌 자 중에 있을 때에 하늘이 열리며 하나님의 모습이 내게 보이니 여호야긴 왕이 사로잡힌 지 오년 그달 초닷새라 갈대아 땅 그발 강가에서 여호와의 말씀이 부시의 아들 제사장 나 에스겔에게 특별히 임하고 여호와의 권능이 내 위에 있으니라"(겔 1:1-3).

애가(哀歌)와 애곡(哀哭)과 재앙

㉠ 에스겔은 여호야긴 왕과 함께 제2차로 바벨론으로 끌려간 포로 중에 선지자로 세움을 받았습니다. 그러면 에스겔은 무엇을 대언하라고 선지자로 세움을 입었는가? 에스겔은 "그가 내게 이르시되 인자야 너는 발견한 것을 먹으라 너는 이 두루마리를 먹고 가서 이스라엘 족속에게 말하라"(3:1)는 사명을 받게 됩니다.

㉮ "내가 보니 보라 한 손이 나를 향하여 퍼지고 보라 그 안에 두루마리 책이 있더라 그가 그것을 내 앞에 펴시니 그 안팎에 글이 있는데 그 위에 애가(哀歌)와 애곡(哀哭)과 재앙(災殃)의 말이 기록되었더라"(2:9-10) 합니다. 이는 심판을 당하리라는 경고인데 이것이 에스겔 선지자가 1차적으로 대언해야할, "뽑고 파괴하며 파멸하고 넘어뜨리며" 한 심판

의 경고입니다.

ⓛ 그런데 "예루살렘에서부터 도망하여 온 자가 내게 나아와 말하기를 그 성이 함락되었다" 하는 전갈을 받게 되는 33:21절이 증언의 분기점이 되는데, 그 전까지는 "애가(哀歌)와 애곡(哀哭)과 재앙(災殃)의 말"을 대언하였으나 저들은 경청하지를 않았던 것입니다. 그런데 경고한 대로 멸망을 당하고야 만 것입니다.

㉮ 그러면 멸망을 당한 후에도 "애가와 재앙"을 대언해야 하는가? 아닙니다. "그 도망한 자가 내게 나아오기 전날 저녁에 여호와의 손이 내게 임하여 내 입을 여시더니 다음 아침 그 사람이 내게 나아올 그 때에 내 입이 열리기로 내가 다시는 잠잠하지 아니하였노라"(33:22) 합니다.

㉯ 왜 선지자가 입을 다물었는가? 듣지를 않았기 때문입니다. 그런데 전령이 오기 전날 저녁에 하나님께서 선지자의 입을 여셨다는 것은, 이제부터는 애곡과 재앙이 아니라 "건설하며 심게 하리라"는 회복을 대언하라는 뜻인 것입니다.

골짜기에 가득한 마른 뼈

㉠ 이점을 "여호와께서 권능으로 내게 임재하시고 그의 영으로 나를 데리고 가시골짜기 가운데 두셨는데 거기 뼈가 가득하더라 나를 그 뼈 사방으로 지나가게 하시기로 본즉 그 골짜기 지면에 뼈가 심히 많고 아주 말랐더라"(37:1-2) 한, "마른 뼈"의 환상을 통해서 계시하십니다.

㉮ 선지자에게 보여주신 마른 뼈는 무엇을 의미하는가? 1차적으로는 "또 내게 이르시되 인자야 이 뼈들은 이스라엘 온 족속이라 그들이 이르기

를 우리의 뼈들이 말랐고 우리의 소망이 없어졌으니 우리는 다 멸절되었다"(11) 하고, 절망 상태에 있는 바벨론 포로를 가리킵니다.

ⓒ "그러므로 너는 대언하여 그들에게 이르기를 주 여호와께서 이같이 말씀하시기를 내 백성들아 내가 너희 무덤을 열고 너희로 거기에서 나오게 하고 이스라엘 땅으로 들어가게 하리라"(12), 즉 돌아가게 하리라 하고 대언하라는 말씀입니다. 그런데 여기에 복합적(複合的)인 계시가 있는 것입니다.

㉮ 다시 상기시킵니다만 주님께서 "내 아버지께서 이제까지 일하시니 나도 일한다"(요 5:17) 하신 말씀입니다. 하나님께서 하시는 일은 "출 바벨론"의 일이 아닌 것입니다. 하나님께서는 이를 예표로 하여 사탄의 포로 된 자들을 돌아오게 하실 것을 계시하시려는 것입니다.

ⓒ 이점이 "내가 또 내 영을 너희 속에 두어 너희가 살아나게 하고 내가 또 너희를 너희 고국 땅에 두리니 나 여호와가 이 일을 말하고 이룬 줄을 너희가 알리라"(37:14) 하신 말씀에 분명히 나타납니다. "내 영(靈)을 너희 속에 두어 너희가 살아나게" 하시겠다는 것은 거듭남을 가리키는 복음이지 의문에 속한 말이 아닌 것입니다.

㉮ 36장에서도 "또 새 영을 너희 속에 두고 새 마음을 너희에게 주되 너희 육신에서 굳은 마음을 제거하고 부드러운 마음을 줄 것이며 또 내 영을 너희 속에 두어 너희로 내 율례를 행하게 하리니 너희가 내 규례를 지켜 행할지라"(36:26-27) 하십니다.

다윗이 왕과 목자가 되리라

㉠ 결정적인 증거는, "내 종 다윗이 그들의 왕이 되리니 그들 모두에게 한 목자가 있을 것이라"(37:24) 하신, 다윗이 "왕과 목자"가 되리라는 말씀입니다. 죽은 지 수백 년이나 된 다윗이 왕과 목자가 되리라 하심은 다윗의 자손으로 오실 그리스도에 대한 명백한 계시인 것입니다.

㉮ "내 종 다윗이 영원히 그들의 왕이 되리라(25), 내가 그들과 화평의 언약을 세워서 영원한 언약이 되게 하고 또 그들을 견고하고 번성하게 하며 내 성소를 그 가운데에 세워서 영원히 이르게 하리니 내 처소가 그들 가운데에 있을 것이며 나는 그들의 하나님이 되고 그들은 내 백성이 되리라"(26-27) 하십니다.

㉡ 34장에서는, "목자가 없으므로 그것들이 흩어지고 흩어져서 모든 들짐승의 밥이 되었도다 내 양 떼가 모든 산과 높은 멧부리에 마다 유리되었고 내 양 떼가 온 지면에 흩어졌으되 찾고 찾는 자가 없었도다"(34:5-6) 하시면서,

㉮ "내가 한 목자를 그들 위에 세워 먹이게 하리니 그는 내 종 다윗이라 그가 그들을 먹이고 그들의 목자가 될지라 나 여호와는 그들의 하나님이 되고 내 종 다윗은 그들 중에 왕이 되리라 나 여호와의 말이니라"(23-24) 하십니다.

여호와인줄 알리라

㉠ 에스겔서의 핵심적인 말씀 중 하나가 "나를 여호와인줄 알리라"는 말씀인데 무려 60회 이상이나 등장합니다. 성경은 궁극적으로, "나를 여호와인줄 알게" 하

시려는 하나님의 자기계시입니다. 이런 맥락에서 설교자의 사명도 "하나님을 알게 하는" 것이라 할 수가 있습니다. 피조물이요, 타락한 인간은 하나님께서 계시(啓示)하여주심을 통해서만이 하나님을 알 수가 있는 것입니다.

㉮ "또 너희가 죽임을 당하여 엎드러지게 하여 내가 여호와인 줄을 너희가 알게 하려 함이라"(6:7), 즉 예루살렘이 멸망하는 것을 허용하신 목적도 여호와인줄을 알게 하시기 위해서요,

㉯ "내가 그들을 이방인 가운데로 흩으며 여러 나라 가운데에 헤친 후에야 내가 여호와인 줄을 그들이 알리라"(12:15), 즉 포로가 되도록 내어주심도 "나를 여호와인줄을 알게 하기" 위해서요,

㉰ "그러나 내가 그 중 몇 사람을 남겨 칼과 기근과 전염병에서 벗어나게 하여 그들이 이르는 이방인 가운데에서 자기의 모든 가중한 일을 자백하게 하리니 내가 여호와인 줄을 그들이 알리라"(12:16), 즉 남은 자가 있게 하심도 "나를 여호와인줄을 알게 하기" 위해서요,

㉱ "그 선지자들이 허탄한 묵시를 보며 거짓 것을 점쳤으니 내 손이 그들을 쳐서 내 백성의 공회에 들어오지 못하게 하며 이스라엘 족속의 호적에도 기록되지 못하게 하며 이스라엘 땅에도 들어가지 못하게 하리니 너희가 나를 여호와인 줄 알리라"(13:9), 즉 백성들에게 영합하는 말을 하여 멸망에 이르게 한 거짓선지자들을 징벌하심도 "나를 여호와인줄을 알게 하기" 위해서요,

㉲ "내가 네게 내 언약을 세워 내가 여호와인 줄 네가 알게 하리니 이는 내가 네 모든 행한 일을 용서한 후에 네가 기억하고 놀라고 부끄러워서 다

시는 입을 열지 못하게 하려 함이니라"(16:62-63), 즉 언약을 세워주시고 용서하여주심도 "나를 여호와인줄을 알게 하기" 위해서요,

㉕ "내가 내 손을 들어 너희 조상들에게 주기로 맹세한 땅 곧 이스라엘 땅으로 너희를 인도하여 들일 때에 너희는 내가 여호와인 줄 알고 거기에서 너희의 길과 스스로 더럽힌 모든 행위를 기억하고 이미 행한 모든 악으로 말미암아 스스로 미워하리라 이스라엘 족속아 내가 너희의 악한 길과 더러운 행위대로 하지 아니하고 내 이름을 위하여 행한 후에야 내가 여호와인 줄 너희가 알리라 주 여호와의 말씀이니라"(20:42-44), 즉 포로에서 돌아오게 하심도 "나를 여호와인 줄을 알게 하기" 위해서요,

㉖ "그들이 그 가운데에 평안히 살면서 집을 건축하며 포도원을 만들고 그들의 사방에서 멸시하던 모든 자를 내가 심판할 때에 그들이 평안히 살며 내가 그 하나님 여호와인 줄을 그들이 알리라"(28:26), 즉 돌아와서 평안히 거하게 하심도, "나를 여호와인줄을 알게 하기" 위해서요,

㉗ "이같이 내가 애굽을 심판하리니 내가 여호와인 줄을 그들이 알리라 하셨다 하라"(30:19), 즉 대적하던 자들을 심판하심도, "나를 여호와인 줄을 알게 하기" 위해서요,

㉘ "여러 나라 가운데에서 더럽혀진 이름 곧 너희가 그들 가운데에서 더럽힌 나의 큰 이름을 내가 거룩하게 할지라 내가 그들의 눈 앞에서 너희로 말미암아 나의 거룩함을 나타내리니 내가 여호와인 줄을 여러 나라 사람이 알리라 주 여호와의 말씀이니라"(36:23), 즉 우리가 더럽힌 여호와의 이름을 거룩하게 하심도, "나를 여호와인 줄을 알게 하기" 위해

서라고 말씀합니다.

ⓛ 제가 이 책을 쓰는 첫째 목적도 하나님을 알게 하려는 것이고 둘째는, 자신을 알게 하려는 것입니다. 그렇다면 나 자신은 "여호와 하나님"을 어떤 분으로 알고 믿고 있는가 하고 자문을 하게 되면서, 나는 무엇을 위하여 세움을 입었는가 하고 각성을 하게 됩니다.

다니엘 선지자

"유다 왕 여호야김이 다스린 지 삼년이 되는 해에 바벨론 왕 느부갓네살이 예루살렘에 이르러 성을 에워쌌더니 주께서 유다 왕 여호야김과 하나님의 전 그릇 얼마를 그의 손에 넘기시매 그가 그것을 가지고 시날 땅 자기 신들의 신전에 가져다가 그 신들의 보물 창고에 두었더라"(단 1:1-2).

칠십년 만에 그치리라

㉠ 이것이 바벨론이 예루살렘에 대한 제 1차 침공인데 이때 다니엘이 포로로 끌려온 자 중에 있었습니다. 느부갓네살이 "왕족과 귀족 몇 사람"을 선발해서 갈대아 사람의 학문과 언어를 가르치게 하였는데, "그들 가운데는 유다 자손 곧 다니엘과 하나냐와 미사엘과 아사랴가 있었더니"(1:6) 합니다.

㉮ 다니엘은 포로 중에 선지자로 부름을 입어 구속사의 무대에 등장을 하게 됩니다. 그렇다면 다니엘은 무엇을 위하여 세움을 입었는가? 다니엘서를 이해하는 열쇠는, "나 다니엘이 책을 통해 여호와께서 말씀으로 선지자 예레미야에게 알려 주신 그 연수(年數)를 깨달았나니 곧 예루살렘의 황폐함이 칠십년 만에 그치리라 하신 것이니라"(단 9:1-2) 한 말씀이라 할 수가 있습니다.

ⓛ 이를 깨닫게 된 다니엘은, "내가 금식하며 베옷을 입고 재를 덮어쓰고 주 하나님께 기도하며 간구하기를 결심하고"(3), 기도에 돌입을 하게 됩니다. 그러면 이것이 어떻게 해서 다니엘서를 이해하는 열쇠가 되는가? 그리고 우리에게 적실성이 있는가?

㉮ 다니엘과 당시의 선지자들은 70년이 차면 선지자로 예언케 하신 무지개 빛과 같은 이상이 다 성취가 될 것으로 여겼던 것입니다. 이점에서 다시 상기해야할 점은 주님께서 "내 아버지께서 이제까지 일하시니 나도 일한다"(요 5:17) 하신, 하나님께서 하시는 일은 "출 바벨론"이 아니라는 점입니다.

ⓒ 주님 당시의 제자들도 "그들이 이 말씀을 듣고 있을 때에 비유를 더하여 말씀하시니 이는 자기가 예루살렘에 가까이 오셨고 그들은 하나님의 나라가 당장에 나타날 줄로 생각함이더라"(눅 19:11) 합니다. 죽으시고 다시 사신 십자가 사건이 있은 후에도, "주께서 이스라엘 나라를 회복하심이 이때니이까"(행 1:6) 하고 물었습니다. 그러나 하나님께서 이루시고자 하는 것은 이스라엘을 회복하는 일이 아니었던 것입니다.

주님의 답변은, "때와 시기는 아버지께서 자기의 권한에 두셨으니 너희가 알 바 아니요 오직 성령이 너희에게 임하시면 너희가 권능을 받고 예루살렘과 온 유대와 사마리아와 땅 끝까지 이르러 내 증인이 되리라"(7-8) 하십니다.

㉮ 이런 답변이 다니엘서를 통해서도 나타나는데 다니엘이, "내가 듣고도 깨닫지 못한지라 내가 이르되 내 주여 이 모든 일의 결국이 어떠하겠

나이까" 하고 묻자, "그가 이르되 다니엘아 갈지어다 이 말은 마지막 때까지 간수하고 봉함할 것임이니라"(단 12:8-9) 하고 말씀합니다.

다시 말하면 하나님의 나라는 70년이 차면, 즉 바벨론의 포로가 귀환함으로 이루어지는 것이 아니라는 말씀입니다. 그러므로 다니엘서는 크게 두 부분으로 나누어지는데 앞부분(1-6장)은 환상을 통한 계시이고, 뒷부분(7-12장)에서는 예언을 통해서 계시하십니다.

금 신상을 통한 계시

㉠ 다니엘은, "왕이여 왕이 한 큰 신상을 보셨나이다 그 신상이 왕의 앞에 섰는데 크고 광채가 매우 찬란하며 그 모양이 심히 두려우니 그 우상의 머리는 순금이요 가슴과 두 팔은 은이요 배와 넓적다리는 놋이요 그 종아리는 쇠요 그 발은 얼마는 쇠요 얼마는 진흙이었나이다"(2:31-33) 하고, 느부갓네살 왕이 꿈에 본 신상을 말합니다.

㉮ 이점에서 분명해야할 점은 느부갓네살의 꿈을 통하여 계시하신 분은, "손대지 아니한 돌이 산에서 나와서 쇠와 놋과 진흙과 은과 금을 부서뜨린 것을 왕께서 보신 것은 크신 하나님이 장래(將來) 일을 왕께 알게 하신 것이라 이 꿈은 참되고 이 해석은 확실하니이다"(45) 한, 하나님이시라는 점입니다.

㉡ 그러면 하나님께서 알게 하신 "장래(將來) 일"이란 무엇인가? 하나님의 나라는 70년 만에 마치는 것이 아니라, "바벨론─바사─헬라─로마"로 이어져서, "또 왕이 보신즉 손대지 아니한 돌이 나와서 신상의 쇠와 진흙의 발을 쳐서 부

서뜨리매"(34) 하는 일이 일어나게 된다는 것입니다.

㉮ 사람의 손을 대지 아니한 돌이 신상의 "발을 쳐서 부서뜨린다"는 계시는, 로마가 종주국으로 있을 때에 그리스도께서 나타나셔서 죽으시고 다시 사심을 통해서 "뱀의 머리"를 상하게 하실 것을 의미합니다.

㉢ 그래서 "그 때에 쇠와 진흙과 놋과 은과 금이 다 부서져 여름 타작마당의 겨같이 되어 바람에 불려 간곳이 없었고 우상을 친 돌은 태산을 이루어 온 세계에 가득하였나이다"(35) 하는 것입니다. 그런데 로마를 신상의 "발"에 비유한 것은, 이때가 계시사적(啓示史的)으로 종말이요, 그러므로 이때부터 말세(末世)가 시작이 되기 때문입니다.

㉮ 이런 맥락에서 그 이후 시대는, "우상을 친 돌은 태산을 이루어 온 세계에 가득하였나이다" 한, 하나님의 나라가 확장되어나가는 시기인 것입니다. 이점을 주님께서는, "땅 끝까지 이르러 내 증인이 되리라" 하고 말씀하셨던 것입니다. 그러니까 70년이 차면 완성이 되는 것이 아니라는 말씀입니다.

한 나라를 세우시리니

㉠ 그러므로 다니엘서의 중심주제는, "이 여러 왕들의 시대에 하늘의 하나님이 한 나라를 세우시리니 이것은 영원히 망하지도 아니할 것이요 그 국권이 다른 백성에게로 돌아가지도 아니할 것이요 도리어 이 모든 나라를 쳐서 멸망시키고 영원히 설 것이라"(2:44) 한, "한 나라"를 건설(建設)하신다 는데 있습니다.

㉮ 다니엘서에는 "나라"라는 말이 60회 정도나 등장하는데, 예루살렘을 정복한 적장 느부갓네살도, "지극히 높으신 하나님이 내게 행하신 이적과 놀라운 일을 내가 알게 하기를 즐겨 하노라 참으로 크도다 그의 이적이여, 참으로 능하도다 그의 놀라운 일이여, 그의 나라는 영원한 나라요 그의 통치는 대대에 이르리로다"(4:2-3) 하고, 하나님께서 세우시고자 하는 "그의 나라는 영원한 나라"라고 찬양합니다.

㉯ 다리오 왕도, "내가 이제 조서를 내리노라 내 나라 관할 아래에 있는 사람들은 다 다니엘의 하나님 앞에서 떨며 두려워할지니 그는 살아 계시는 하나님이시요 영원히 변하지 않으실 이시며 그의 나라는 멸망하지 아니할 것이요 그의 권세는 무궁할 것이며"(6:26) 하고 찬양합니다.

㉡ 그런데 이 영원한 나라가 사람의 "손대지 아니한 돌이 나와서 신상의 쇠와 진흙의 발을 쳐서 부서뜨리매 그 때에 쇠와 진흙과 놋과 은과 금이 다 부서져 여름 타작마당의 겨 같이 되어 바람에 불려 간 곳이 없었고 우상을 친 돌은 대산을 이루어 온 세계에 가득하게"(2:34-35) 하심으로 세워진다는 점입니다.

㉢ 이점을 예언 부분에서는, "내가 또 밤 환상 중에 보니 인자 같은 이가 하늘 구름을 타고 와서 옛적부터 항상 계신 이에게 나아가 그 앞으로 인도되매 그에게 권세와 영광과 나라를 주고 모든 백성과 나라들과 다른 언어를 말하는 모든 자들이 그를 섬기게 하였으니 그의 권세는 소멸되지 아니하는 영원한 권세요 그의 나라는 멸망하지 아니할 것이니라"(7:13-14) 하고, 그리스도의 재림으

로 완성이 된다고 말씀합니다.

 ㉮ "지극히 높으신 이의 성도들이 나라를 얻으리니 그 누림이 영원하고 영원하고 영원하리라(18), 옛적부터 항상 계신 이가 와서 지극히 높으신 이의 성도들을 위하여 원한을 풀어 주셨고 때가 이르매 성도들이 나라를 얻었더라"(22) 합니다.

㉣ 27절에서도, "나라와 권세와 온 천하 나라들의 위세가 지극히 높으신 이의 거룩한 백성에게 붙인 바 되리니 그의 나라는 영원한 나라이라 모든 권세 있는 자들이 다 그를 섬기며 복종하리라" 합니다.

 ㉮ 그러므로 유념해야할 점은 다니엘서는 바벨론 느부갓네살을 위하여 기록이 된 것이 아니라 1차적으로는, 포로 중에 있는 하나님의 백성들을 위하여 주어진 것입니다. 이 말씀을 받는 포로 중에 있던 저들은 얼마나 용기를 얻고 소망을 가졌을 것인가! 그리고 후대를 위해서 기록하게 하신 것인데 곧 그리스도를 증언하기 위해서입니다.

70x7로 기한을 정하였다

㉠ 앞부분에서 신상(神像)이라는 모형을 통해서 보여주신 환상을, 뒷부분에서는 예언을 통해서 계시하시는데, "네 백성과 네 거룩한 성을 위하여 일흔 이레를 기한으로 정하였나니 허물이 그치며 죄가 끝나며 죄악이 용서되며 영원한 의가 드러나며 환상과 예언이 응하며 또 지극히 거룩한 이가 기름 부음을 받으리라"(9:24) 하십니다.

 ㉮ "지극히 거룩한 이가 기름 부음을 받으리라" 하심은 그리스도를 가리

키고, "허물이 그치며 죄가 끝나며 죄악이 용서되며 영원한 의가 드러나며" 하심은, 그리스도의 대속적인 죽음을 통해서만이 가능하여질 수가 있는 문제들입니다. 그러므로 다니엘서의 중심점은 "한 나라"에 있지만 핵심은, "허물이 그치며 죄가 끝나며" 한 그리스도의 구속에 있다는 점을 명심해야만 합니다.

ⓛ 그래서 "예순두 이레 후에 기름 부음을 받은 자가 끊어져 없어질 것이며"(26) 하는 것입니다. 그러므로 "70년"이 차면 모든 것이 이루어지는 것이 아니라 "70번씩 7번", 즉 "이제 내가 마지막 날에 네 백성이 당할 일을 네게 깨닫게 하러 왔노라 이는 이 환상이 오랜 후의 일임이라"(10:14) 하신, "오랜 후"에 완성이 될 일이라 하십니다.

㉮ 이런 맥락에서 다니엘서에서 붙잡아야할 중심점은 "그리스도를 통한 구속"에 있는 것이지 "일흔 이레"와 같은 숫자에 있는 것이 아니라는 점입니다. 신약성경에서는 숫자놀이를 하고 있지 아니합니다. 그러므로 70x7은 문자적인 의미가 아니라 "일곱 번씩 일흔 번이라도 용서하라" 하신, 오랜 후에 되어 질 일로 보아야만 할 것입니다.

ⓒ "땅의 티끌 가운데에서 자는 자 중에서 많은 사람이 깨어나 영생을 받는 자도 있겠고 수치를 당하여서 영원히 부끄러움을 당할 자도 있을 것이며"(12:2) 하시면서, "너는 가서 마지막을 기다리라 이는 네가 평안히 쉬다가 끝 날에는 네 몫을 누릴 것임이라"(13) 하고 마치고 있는 것입니다.

㉮ 다니엘은 포로 중에 세움을 입은 자입니다. 그런 환난의 시기에 하나님께서는 다니엘을 들어서 비전을 보여주시고 복음을 계시하심으로

소망을 주셨던 것입니다. 그렇다면 나는 무엇을 위하여 세움을 입었는가 하고 자문하게 합니다.

호세아 선지자

"웃시야와 요담과 아하스와 히스기야가 이어 유다 왕이 된 시대 곧 요아스의 아들 여로보암이 이스라엘 왕이 된 시대에 브에리의 아들 호세아에게 임한 여호와의 말씀이라"(호 1:1).

행위 계시

㉠ 남 유다 왕국에서 이사야, 미가가 선지자로 활동할 시기에 호세아는 북 이스라엘을 위하여 하나님의 말씀을 대언하라고 세움을 입은 선지자입니다. "여호와께서 처음 호세아에게 말씀하실 때 여호와께서 호세아에게 이르시되 너는 가서 음란한 여자를 맞이하여 음란한 자식들을 낳으라"(1:2) 하고 명하시는 것이 아닌가? 호세아서를 이해하는 열쇠는 이렇게 명하시는 하나님의 의도가 무엇인가를 인식하는데 있습니다.

㉡ "이 나라가 여호와를 떠나 크게 음란함이니라"(2하), 즉 호세아와 음란한 여자 고멜의 관계를 통해서, 하나님과 우상을 숭배하는 이스라엘 관계를 계시하시려는 것입니다. 이를 행동으로 보여주는 것이라 하여 행위(行爲)계시라 하는데 선지서에는 종종 나타납니다.

㉮ 에스겔 선지자에게도, "인자야 내가 네 눈에 기뻐하는 것을 한 번 쳐서 빼앗으리니 너는 슬퍼하거나 울거나 눈물을 흘리거나 하지 말며"(겔 24:16), 즉 사랑하는 아내를 취하여 가시겠다는 것입니다. "내가 아침에 백성에게 말하였더니 저녁에 내 아내가 죽었으므로"(18) 합니다. 이를 통해서 말씀하시려는 바가 무엇이겠습니까? 예루살렘을 바벨론에 내어주신다는 것은 마치 사랑하는 아내를 죽음에 내어주는 것과 같은 마음이라는 점을 나타내는 것입니다.

㉯ 예레미야 선지자에게는, "너는 베냐민 땅 아나돗에 있는 나의 밭을 사라 하리니"(32:7) 하고, 밭을 사라고 명하십니다. 나라가 패망한 상황에 밭을 살 사람이 누가 있단 말인가? 하나님께서는 이를 통해서 자기 백성을 돌아오게 하리라는 소망을 심어주셨던 것입니다.

네게 장가들어 영원히 살리라

㉠ 하나님께서는 "너희 어머니와 논쟁하고 논쟁하라 그는 내 아내가 아니요 나는 그의 남편이 아니라"(호 2:2) 하십니다. 하나님께서 언약하심으로 성민을 삼아 주셨는데 이 언약을 파하고 우상을 숭배하는 행음을 했음으로 내 아내가 아니라는 말씀입니다.

㉡ 그런데 여기서 끝이신 것이 아니라, "내가 네게 장가들어 영원히 살되 공의와 정의와 은총과 긍휼히 여김으로 네게 장가들며 진실함으로 네게 장가들리니 네가 여호와를 알리라"(2:19–20) 하시는 것이 아닌가!

㉮ 하나님께서는 예레미야 선지자로 말씀하시기를, "그들이 말하기를 가

령 사람이 그의 아내를 (행음함으로) 버리므로 그가 그에게서 떠나 타인의 아내가 된다 하자 남편이 그를 다시 받겠느냐 그리하면 그 땅이 크게 더러워지지 아니하겠느냐 하느니라", 그런데 "네가 많은 무리와 행음하고서도 내게로 돌아오려느냐" (렘 3:1) 하십니다.

㉯ 그런데 호세아서에서는 "내가 네게 장가들어 영원히 살되" 하시는 놀라운 말씀을 듣게 됩니다. 그러면 의로우신 하나님께서 음부와 같은 우리에게 장가드심, 즉 화목(和睦)하는 것이 어떻게 가능하여진다는 것인가? "공의와 정의와 은총과 긍휼히 여김으로 장가들리니" 하십니다. 여기 하나님의 두 가지 속성이 나타나는데, "공의와 정의"는 하나님의 의로우심을 나타내고, "은총과 긍휼히 여김"은 사랑의 속성을 의미합니다. 주님께서 담당하신 십자가에는 하나님의 이 두 가지 속성이 동시에 나타났던 것입니다.

ⓒ 이점이 "여호와께서 내게 이르시되 이스라엘 자손이 다른 신을 섬기고 건포도 과자를 즐길지라도 여호와가 그들을 사랑하나니 너는 또 가서 타인의 사랑을 받아 음녀가 된 그 여자를 사랑하라 하시기로 내가 은 열다섯 개와 보리 한 호멜 반으로 나를 위하여 그를 사고"(3:1-2) 한 말씀에, 하나님의 사랑의 속성이 분명히 나타납니다.

㉮ 호세아의 아내 고멜은 옛 버릇을 버리지 못하고 또다시 "타인의 사랑을 받아 음녀"가 된 것입니다. 그를 값을 주고 사왔다는 것입니다. 하나님께서 음부와 같은 우리에게 장가드심도 그리스도의 구속, 즉 값을 주고 사심으로 가능하여진다는 점을 계시하시는 것입니다.

ⓔ 하나님의 사랑은, "에브라임이여 내가 어찌 너를 놓겠느냐 이스라엘이여 내가 어찌 너를 버리겠느냐 내가 어찌 너를 아드마 같이 놓겠느냐 어찌 너를 스보임 같이 두겠느냐 내 마음이 내 속에서 돌이키어 나의 긍휼이 온전히 불붙듯 하도다"(11:8) 말씀하시고,

 ㉮ 하나님의 공의는, "내가 그들의 반역을 고치고 기쁘게 그들을 사랑하리니 나의 진노가 그에게서 떠났음이니라"(14:4) 하시는 말씀에 나타납니다. 왜냐하면 우리에게서 "진노가 떠날 수" 있었던 것은 우리 대신 자기 아들에게 진노를 쏟으심으로만이 가능하여지기 때문입니다.

ⓜ "장가들리라" 하심은 두 몸이 합하여 한 몸을 이루는 최고의 신비인 연합교리를 가리킵니다. 떨어질 수도 없고 떼어놓을 수도 없다는 점을 나타냅니다. 호세아 선지자는 의로우신 하나님께서 음부와 같은 우리를 영접해주시고, 자녀 삼아주심이 어떻게 가능하여지는가를 증언하기 위하여 세움을 입은 자입니다.

 ㉮ 이를 기록하게 해서서 우리에게 전해주심으로 먼저는 나 자신이 그리스도의 신부라는 정체성을 깨닫게 하시고, 그렇다면 나는 무엇을 증언하라고 세움을 입었는가 하고 자신의 사명을 깨닫게 하십니다.

요엘 선지자

"브두엘의 아들 요엘에게 임한 여호와의 말씀이라"(욜 1:1).

여호와의 날

㉠ 요엘이 선지자로 세움을 입은 것은 가뭄과 메뚜기의 재앙이 있었던 재앙의 날이었습니다. 이런 시기에 요엘은 무엇을 증언하기 위하여 세움을 입었는가? 요엘서에 5번(1:15, 2:1, 11, 31, 3:14) 등장하는 "여호와의 날"(The Day of the Lord)을 경고하기 위해서입니다. "여호와의 날"은 모든 선지자들이 공통적으로 증언하는 주제이기도 합니다. 그런데 여호와의 날이 3중인 복합적으로 계시되어 있다는 점입니다.

㉮ 첫째는 당면한 메뚜기 재앙이요, 둘째는 불원에 닥칠 적군의 침공이요, 셋째로 성경이 경고하는 궁극적인 여호와의 날은, "여호와의 크고 두려운 날이 이르기 전에 해가 어두워지고 달이 핏빛 같이 변하려니와 누구든지 여호와의 이름을 부르는 자는 구원을 얻으리니"(욜 2:31-32)

한 최후심판의 날인 것입니다.

ⓒ 이점을 3장에서는, "사람이 많음이여, 심판의 골짜기에 사람이 많음이여, 심판의 골짜기에 여호와의 날이 가까움이로다 해와 달이 캄캄하며 별들이 그 빛을 거두도다"(3:14-15) 합니다.

그러므로 궁극적인 구원도 메뚜기나, 대적으로부터의 구원이 아니라, "누구든지 여호와의 이름을 부르는 자는 구원을 얻으리니" (2:32) 한 영원한 구원이 참 구원인 것입니다.

큰일을 행하심

㉠ 이런 맥락에서 요엘 선지자는, "땅이여 두려워하지 말고 기뻐하며 즐거워할 지어다 여호와께서 큰일을 행하셨음이로다"(2:21) 하고 증언합니다. 그러면 여호와께서 행해주신 "큰 일"이 무엇인가? 성경이 말씀하는 궁극적인 큰일이란 첫째는 마리아가, "능하신 이가 큰일을 내게 행하셨으니 그 이름이 거룩하시며 긍휼하심이 두려워하는 자에게 대대로 이르는도다"(눅 1:49-50) 한 임마누엘 사건이요,

㉮ 둘째는 "그 후에 내가 내 영을 만민에게 부어 주리니 너희 자녀들이 장래 일을 말할 것이며 너희 늙은이는 꿈을 꾸며 너희 젊은이는 이상을 볼 것이며 그 때에 내가 또 내 영을 남종과 여종에게 부어 줄 것이며" (2:28-29) 한, 성령을 보내주신 일입니다.

이점을 사도행전에서는, "우리가 다 우리의 각 언어로 하나님의 큰일을 말함을 듣는도다 하고 다 놀라며 당황하여 서로 이르되 이 어찌 된 일

이냐"(행 2:11-12) 하고 말합니다.

 ⓛ 그런데 성경은 성령을 보낼 주실 것을, "그 후에" 보내주신다고 말씀한다는 점입니다. 그러면 "그 후"란 어떤 일이 일어난 후인가? 구속사의 넓은 문맥으로 보면 주님께서 십자가상에서 "다 이루었다" 하고 선언하신 "그 후"에, "사도와 함께 모이사 그들에게 분부하여 이르시되 예루살렘을 떠나지 말고 내게서 들은바 아버지께서 약속하신 것을 기다리라"(행 1:4) 하신 그 후인 것입니다.

 ㉮ 이점을 주님께서는, "그러하나 내가 너희에게 실상(實狀)을 말하노니 내가 떠나가는 것이 너희에게 유익(有益)이라 내가 떠나가지 아니하면 보혜사(保惠師)가 너희에게로 오시지 아니할 것이요 가면 내가 그를 너희에게로 보내리니"(요 16:7), 즉 주님께서 십자가를 통해서 "다 이루었다" 하고, 구속사역을 이루어 놓으신 "그 후에" 성령께서는 이를 증언하기 위해서 강림하신다는 말씀입니다.

요엘은 이를 증언케 하기 위하여 선지자로 세움을 입은 것입니다. 그렇다면 나는 무엇을 증언하기 위하여 세움을 입었는가 하고 자문하게 합니다.

아모스 선지자

"유다 왕 웃시야의 시대 곧 이스라엘 왕 요아스의 아들 여로보암의 시대 지진 전 이년에 드고아 목자 중 아모스가 이스라엘에 대하여 이상으로 받은 말씀이라"(암 1:1).

내게로 돌아오지 아니 하였느니라

㉠ 아모스는 북이스라엘의 13대 왕인 여로보암 2세 당시에 심판을 경고하기 위해서 세움을 입은 선지자입니다. 당시는 정치적으로는 번영을 누리고 있었지만 영적으로는 여로보암 1세가 세운 금송아지 우상을 섬기고 있던 암흑기였습니다.

㉮ 아모스는 자신을, "나는 선지자가 아니며 선지자의 아들도 아니라 나는 목자요 뽕나무를 재배하는 자로서 양 떼를 따를 때에 여호와께서 나를 데려다가 여호와께서 내게 이르시기를 가서 내 백성 이스라엘에게 예언하라 하셨나니"(암 7:14-15) 하고 말합니다. 그러면 목자요, 농부인 아모스는 무엇을 증언하기 위하여 선지자로 세움을 입었는가?

㉡ 아모스는 주로 지도계급, 즉 "왕, 제사장, 권세 자, 재판관, 부자" 등을 책망하

기 위하여 세움을 받았습니다. 왜냐하면 어느 시대를 막론하고 심판을 받아 멸망을 당하게 된 책임은 백성들을 바른 길로 인도하지 않은 지도자들에게 있기 때문입니다.

㉮ 이 사명을 위해서 하나님께서는 직업적인 선지자가 아닌 겁 없이 말씀을 대언할 농부를 택하여 세우셨던 것입니다. 이런 맥락에서 아모스는 "여호와께서 말씀하신다" 하는 것이 아니라, "여호와께서 시온에서부터 부르짖으신다"(1:2) 하고, 외쳤던 것입니다.

㉡ 아모스 4장에는 "──하였으나, 너희가 내게로 돌아오지 아니 하였느니라"는 말씀이 5번(6, 7, 9, 10, 11)이나 반복적으로 강조되어 있습니다. "흉년으로, 가뭄으로, 태풍으로, 전염병으로, 지진으로" 경고하셨으나, "너희가 내게로 돌아오지 아니 하였느니라" 하십니다.

㉮ "그러므로 이스라엘아 내가 이와 같이 네게 행하리라 내가 이것을 네게 행하리니 이스라엘아 네 하나님 만나기를 준비하라"(암 4:12), 즉 심판받을 각오를 하라 하십니다.

무너진 장막을 일으키시는 하나님

㉠ 선지서의 구조(構造)는 앞부분에서 문제(범죄)를 지적하신 후에, 뒷부분에서 해답을 제시하는 구조로 되어 있습니다. 문제는 사람이 일으키고, 해답은 하나님께서 자기 아들을 통해서 해결해주시는데, 그래서 하나님의 은혜요, 복음인 것입니다.

㉮ 아모스서에서도, "보라 주 여호와의 눈이 범죄(犯罪)한 나라를 주목하

노니 내가 그것을 지면에서 멸하리라 그러나 야곱의 집은 온전히 멸하지는 아니하리라 여호와의 말씀이니라"(9:8) 하십니다. 왜냐하면 아브라함과 다윗에게 언약하신 메시아언약을 이루시기 위해서인 것입니다.

㉮ "보라 내가 명령하여 이스라엘 족속을 만국 중에서 체질하기를 체로 체질함 같이 하려니와 그 한 알갱이도 땅에 떨어지지 아니하리라"(9) 하십니다. 형제도 그 중의 "한 알갱이"요, 결코 잃지 않으리라 하심을 찬양하십시다.

㉡ "그 날에 내가 다윗의 무너진 장막을 일으키고 그것들의 틈을 막으며 그 허물어진 것을 일으켜서 옛적과 같이 세우고"(9:11) 하십니다. "다윗의 장막"이란 다윗에게 "여호와가 너를 위하여 집을 이루고"(삼하 7:11) 하신 메시아언약을 가리킵니다. 그런데 어찌하여 "무너진 장막"이라 하시는가? 메시아언약을 배신함으로 말미암아 다윗의 위에 있는 왕과 백성들이 바벨론으로 포로로 끌려갔기 때문입니다.

㉮ 사탄은 "죽이고 멸망시키고, 무너뜨리려 하나" 그러나 하나님께서는, "내가 다윗의 무너진 장막을 일으키고 그것들의 틈을 막으며 그 허물어진 것을 일으켜서 옛적과 같이 세우고", 즉 다시 회복하여주시겠다 하십니다. 사도행전에서는 이를 인용하여 이 예언이 그리스도로 말미암아 성취되었음을 증언(행 15:16) 하고 있습니다.

㉢ "내가 내 백성 이스라엘이 사로잡힌 것을 돌이키리니 그들이 황폐한 성읍을 건축하여 거주하며 포도원들을 가꾸고 그 포도주를 마시며 과원들을 만들고 그

열매를 먹으리라 내가 그들을 그들의 땅에 심으리니 그들이 내가 준 땅에서 다시 뽑히지 아니하리라 네 하나님 여호와의 말씀이니라"(14-15) 하십니다.

아모스서는 이를 후대에 전해주기 위해서 기록이 되었으며, 아모스는 이를 증언하라고 세움을 받은 것입니다. 그렇다면 나는 무엇을 증언하라고 세움을 입었는가 하고 각성하게 됩니다.

오바댜 선지자

"오바댜의 묵시라 주 여호와께서 에돔에 대하여 이와 같이 말씀하시니라"(옵 1:1).

만국을 벌할 날이 온다

㉠ 오바댜는 바벨론이 예루살렘을 침공했을 당시 바벨론과 합세했던 "에돔"에 대한 심판을 경고하기 위해서 선지자로 세움을 입은 자입니다. "에돔"은 에서의 별명인데 시편 137:7절에는, "여호와여 예루살렘이 멸망하던 날을 기억하시고 에돔 자손을 치소서 그들의 말이 헐어 버리라 헐어 버리라 그 기초까지 헐어 버리라 하였나이다" 하는 호소가 있습니다. 이것이 에돔이 심판을 당하게 된 이유인데,

㉮ 첫째는, "너의 마음의 교만이 너를 속였도다 바위틈에 거주하며 높은 곳에 사는 자여 네가 마음에 이르기를 누가 능히 나를 땅에 끌어내리겠느냐 하니"(3) 한 교만입니다.

㉯ 둘째는, "네가 네 형제 야곱에게 행한 포학으로 말미암아 부끄러움을 당하고

영원히 멸절되리라"(10) 한, 선민 이스라엘을 박해한 일입니다.

㉮ 그러면 오바댜는 "에돔"의 심판을 경고하기 위해서 세움을 입었단 말인가? 1차적으로는 그렇다고 말할 수 있으나 이는 에돔에 국한된 문제만이 아니었던 것입니다. 그래서 "여호와께서 만국을 벌할 날이 가까웠나니 네가 행한 대로 너도 받을 것인즉 네가 행한 것이 네 머리로 돌아갈 것이라"(15) 하고, "만국"을 심판하신다고 말씀하는 것입니다.

시온에서 피할 자가 있다

㉠ 그런데 오바댜서의 중심점은, "오직 시온 산에서 피할 자가 있으리니"(17) 한 "피할 자"가 있다는데 있습니다. 즉 최후심판 날에도 "피할 자"가 있을 것을 말씀합니다. 그러면 어떻게 해서 "남은 자, 피할 자"가 될 수가 있는가?

㉮ "누구든지 여호와의 이름을 부르는 자는 구원을 얻으리니 이는 나 여호와의 말대로 시온 산과 예루살렘에서 피할 자가 있을 것임이요 남은 자 중에 나 여호와의 부름을 받을 자가 있을 것임이니라"(욜 2:32) 한 "주의 이름을 부르는 자" 곧 그리스도를 믿는 자입니다. 이것이 해답입니다.

㉡ 그리하여 "구원 받은 자들이 시온 산에 올라와서 에서의 산을 심판하리니 나라가 여호와께 속하리라"(옵 1:21) 합니다. 지구상에 많은 나라, 많은 족속이 있어도 모든 사람들은, "시온 산에 설 자와, 에서의 산에 설자", 두 부류로 갈라지게 되리라 하십니다. 오바댜는 이를 증언하라고 세움을 입은 자입니다. 그렇다면 나는 무엇을 증언하라고 이 시대에 세움을 입었는가 하고 각성하게 합니다.

요나 선지자

"여호와의 말씀이 아밋대의 아들 요나에게 임하니라 이르시되 너는 일어나 저 큰 성읍 니느웨로 가서 그것을 향하여 외치라 그 악독이 내 앞에 상달되었음이니라"(욘 1:1–2).

심판을 경고함

㉠ 요나가 선지자로 세움을 받은 시대는 여로보암 2세가 북이스라엘의 왕으로 있을 때(왕하 14:25)입니다. 같은 시기에 세움 받은 선지자가 아모스(암 1:1)입니다. 당시는 정치적으로는 번영을 누리고 있었지만 영적으로는 여로보암 1세가 세운 금송아지 우상을 섬기고 있던 암흑기였습니다.

㉡ 이런 시기에 하나님께서 "아모스"는 이스라엘로 보내시고, 요나는 니느웨로 보내셔서, 다같이 심판(審判)을 경고케 하셨던 것입니다. "그러나 요나가 여호와의 얼굴을 피하려고 일어나 다시스로 도망하려 하여 욥바로 내려갔더니"(3) 하고, 선지자가 불순종을 하고 도망을 했다고 말씀합니다. 그러면 선지자가 불순종한 이유가 무엇인가? 적국 앗수르의 수도 니느웨가 구원을 얻는 것을 싫어했기(4:1) 때문입니다.

㉮ 하나님께서는 강권적으로, "일어나 저 큰 성읍 니느웨로 가서 내가 네게 명한 바를 그들에게 선포하라 하신지라 요나가 여호와의 말씀대로 일어나서 니느웨로 가니라"(3:2-3) 합니다.

㉯ "요나가 그 성읍에 들어가서 하루 동안 다니며 외쳐 이르되 사십 일이 지나면 니느웨가 무너지리라 하였더니 니느웨 사람들이 하나님을 믿고 금식을 선포하고 높고 낮은 자를 막론하고 굵은 베 옷을 입은지라"(4-5) 합니다.

㉮ 백성들만이 아니라, "그 일이 니느웨 왕에게 들리매 왕이 보좌에서 일어나 왕복을 벗고 굵은 베 옷을 입고 재 위에 앉으니라"(6) 하고, 왕까지 회개하기에 이릅니다. 어떻게 해서 이런 불가사이한 일이 일어났는가?

요나가 표적이 됨과 같이

㉠ 주님께서는, "요나가 니느웨 사람들에게 표적이 됨과 같이 인자도 이 세대에 그러하리라"(눅11:30) 하고, 말씀하십니다. 그러면 요나가 니느웨 사람들로 하여금 회개하지 않을 수 없도록 한 "표적"이 무엇이란 말인가? "여호와께서 이미 큰 물고기를 예비하사 요나를 삼키게 하셨으므로 요나가 밤낮 삼 일을 물고기 뱃속에 있으니라"(1:17) 한, 표적입니다.

㉮ 요나가 "40일이 지나면 니느웨가 무너지리라"(욘 3:4) 하고 외쳤을 때에 조롱을 하고, 악담하는 자로 핍박을 하고, 미친 자의 말로 여겼을 것입니다. 그런데 증인이 나타난 것입니다. 그리하여 요나에게 일어난 일을 증언(證言)했습니다. 이를 니느웨 사람들에게 전해준 증인들은 요나와 함께 배를 탔던 사람 중의 누구들일 것입니다.

㉯ 요나를 목격하게 된 그들도 놀랐을 것이 분명합니다. 왜냐하면 요나가 분명히 죽은 줄로 알고 있었기 때문입니다. 니느웨 사람들은 이들의 증언을 통해서 자초지종을 들었을 것이요, 그렇다면 "40일이 지나면 니느웨가 무너지리라" 하고 외치는 요나의 말을 미친 사람의 말로 여길 수가 있단 말인가?

ⓒ 이 표적은 "인자도 이 세대에 그러하리라" 하신, 그리스도에게서 성취될 그림자였던 것입니다. 요나의 불순종이라는 악을 들어서 니느웨가 회개하지 않을 수 없는 "표적이 되게 하신 하나님은 얼마나 위대하신가!

㉮ 더욱이나 이 표적을 예표로 하여 그리스도의 죽으시고 다시 사심을 계시하심으로 온 인류가 회개할 표적으로 삼으시다니, 참으로 하나님께서 하시는 일은 측량할 길이 없는 것입니다.

㉯ 이렇게 증언한 사람이 있는데 그는 바울이었습니다. "바울이 자기의 관례대로 그들에게로 들어가서 세 안식일에 성경을 가지고 강론하며 뜻을 풀어 그리스도가 해를 받고 죽은 자 가운데서 다시 살아나야 할 것을 증언하고 이르되 내가 너희에게 전하는 이 예수가 곧 그리스도라" (행 17:2-3) 하고 증언했던 것입니다.

㉰ 그리고 "알지 못하던 시대에는 하나님이 간과하셨거니와 이제는 어디든지 사람에게 다 명하사 회개하라 하셨으니 이는 정하신 사람으로 하여금 천하를 공의로 심판할 날을 작정하시고 이에 그를 죽은 자 가운데서 다시 살리신 것으로 모든 사람에게 믿을 만한 증거(證據)를 주셨음이니라" (30-31) 하고, 증거를 제시했던 것입니다. 우리도 이렇게 증언

하라고 세움을 입은 사람들인 것입니다.

돌아오지 아니 하였느니라

㉠ 이점에서 이스라엘과 니느웨의 상반된 반응을 주목해야만 합니다. 이방 니느웨는 왕으로부터 백성들과 짐승에 이르기까지 금식을 하며 회개하였으나, 선민 이스라엘은 "너희가 내게로 돌아오지 아니 하였느니라 이는 여호와의 말씀이니라" 하시기를 5번이나 하십니다.

㉡ 요나서는 "하물며 이 큰 성읍 니느웨에는 좌우를 분변하지 못하는 자가 십이만여 명이요 가축도 많이 있나니 내가 어찌 아끼지 아니하겠느냐"(4:11) 하고 마치고 있습니다. 하나님께서는 선민 이스라엘을 더욱 아끼셨습니다. 그러나 그들은 니느웨가 회개하는 것을 보면서도 돌아오지 않다가 끝내 멸망을 당하고 말았던 것입니다. 요나서는 이를 증언하기 위해서 기록이 된 것입니다.

㉮ "심판 때에 니느웨 사람들이 일어나 이 세대 사람을 정죄하리니 이는 그들이 요나의 전도를 듣고 회개하였음이거니와 요나보다 더 큰 이가 여기 있느니라" (눅 11:32) 하십니다.

형제여, 형제가 보냄을 받은 도성에는, "좌우를 분변하지 못하는 자"가 몇 명이나 됩니까? 형제는 "요나의 표적"보다도 더욱 큰 표적인, 그리스도의 죽으시고 다시 사심을 증언할 자로 세움을 입은 것입니다.

미가 선지자

"유다의 왕들 요담과 아하스와 히스기야 시대에 모레셋 사람 미가에게 임한 여호와의 말씀 곧 사마리아와 예루살렘에 관한 묵시라"(미 1:1).

3차에 걸친 심판의 경고

㉠ 첫 절의 활동 연대를 보면 미가 선지자는 이사야와 같은 시기에 세움을 입은 선지자입니다. 그러면 미가는 무엇을 증언하라고 세움을 입었는가? "여호와께서 그의 처소에서 나오시고 강림하사 땅의 높은 곳을 밟으실 것이라 그 아래에서 산들이 녹고 골짜기들이 갈라지기를 불 앞의 밀초 같고 비탈로 쏟아지는 물 같을 것이니 이는 다 야곱의 허물로 말미암음이요 이스라엘 족속의 죄로 말미암음이라"(1:3-5) 하고, 심판을 경고합니다.

㉡ 심판을 경고하는 선지자는, "이러므로 내가 애통하며 애곡하고 벌거벗은 몸으로 행하며 들개 같이 애곡하고 타조 같이 애통하리니 이는 그 상처는 고칠 수 없고 그것이 유다까지도 이르고 내 백성의 성문 곧 예루살렘에도 미쳤음이니라"(8-9) 하고, 눈물을 펑펑 흘리면서 외치고 있

는 것입니다. 그러면 심판을 당하게 된 "죄와 허물"을 선지자의 경고로, 교훈으로, 인간의 자력으로, 또는 율법의 행위로 해결할 수가 있었단 말인가?

ⓒ 다른 선지서도 마찬가지입니다만 미가서의 구조(構造)는 심판의 경고와, 회복에 대한 소망이 3번 반복이 되는 구조로 되어 있습니다.

㉮ 1차 심판의 경고(1:1-2:11)와, 회복의 약속(2:12-13),

㉯ 2차 심판의 경고(3:1-12)와, 회복의 약속(4-5장),

㉰ 3차 심판의 경고(6:1-7:6)와, 회복의 약속(7:7-20), 어찌하여 이처럼 반복적으로 말씀하시는가? 인간의 불신앙 때문입니다. 이를 분별하지를 못하면 선지자가 이랬다, 저랬다 횡설수설하는 것으로 여기게 됩니다.

주와 같은 신이 어디 있으리이까

㉠ 그런데 뒷부분에 이르러, "주와 같은 신이 어디 있으리이까 주께서는 죄악과 그 기업에 남은 자의 허물을 사유하시며 인애를 기뻐하시므로 진노를 오래 품지 아니하시나이다 다시 우리를 불쌍히 여기셔서 우리의 죄악을 발로 밟으시고 우리의 모든 죄를 깊은 바다에 던지시리이다"(7:18-19) 하고 감격해 하고 있는 것이 아닌가!

㉮ 그러면 의로우신 하나님께서, "허물을 사하시고, 죄악을 발로 밟으시고, 모든 죄를 깊은 바다에 던지시듯" 하시는 것이 어떻게 가능하여지는가 하는 점입니다. 하나님은 죄를 묵과하실 수가 없으신 분이십니다. 그러므로 자기 아들의 대속을 통해서만이 가능하여진다는 점을 잊

지를 말아야만 합니다.

ⓛ 그러므로 미가서에 두 주제가 등장하는데 첫째는, 그리스도가 누구신가 하는 점인데, "베들레헴 에브라다야 너는 유다족속 중에 작을지라도 이스라엘을 다스릴 자가 네게서 내게로 나올 것이라 그의 근본은 상고에, 영원에 있느니라" (5:2) 합니다. 그리스도는 이러한 분이십니다.

㉮ 둘째는 왜 이렇게 행해주시는가 하는 점인데, "주께서 옛적에 우리 조상들에게 맹세하신 대로 야곱에게 성실을 베푸시며 아브라함에게 인애(仁愛)를 더하시리이다"(20), 즉 아브라함, 이삭, 야곱에게 세워주신 언약을 성실하게 이루어주시기 위해서라고 말씀합니다.

㉯ 미가서는 이를 예언하기 위해서 기록이 되었고, 미가 선지자는 이 복음을 증언하기 위해서 세움을 입은 것입니다. 그렇다면 나는 무엇을 증언하기 위하여 세움을 입었는가 하고 각성하게 합니다.

나훔 선지자

"니느웨에 대한 경고 곧 엘고스 사람 나훔의 묵시의 글이라"(나 1:1).

보복하시는 하나님

㉠ 나훔 선지자는 하나님께서 북이스라엘을 심판하는 몽둥이로 사용되었던 앗수르의 심판을 경고하기 위해서 세움을 입은 선지자입니다. 요나서를 통해서는 "니느웨"를 회개의 예표로 삼으셨는데, 나훔서를 통해서는 "심판"의 예표로 세우셨던 것입니다.

㉮ "여호와는 질투하시며 보복하시는 하나님이시니라 여호와는 보복하시며 진노하시되 자기를 거스르는 자에게 여호와는 보복하시며 자기를 대적하는 자에게 진노를 품으시며" (2) 하고, 맹렬히 심판을 경고합니다.

2절 한 절 안에는 "보복"이라는 말이 3번, "진노"라는 말도 2번이나 등장합니다. 이런 말을 대할 때 사람들은 의아해하고, 심지어 거부감을 드러내기도 합니다.

㉡ 그런데 "보복"이 무엇과 결부되어 있는가를 주목해보시기를 바랍니다. "여호와는 질투하시며 보복하시는 하나님이시니라" 하고, "질투"와 결부되어 있다는 점을 간과해서는 아니 됩니다. 보복은 "질투", 즉 사랑이 배신당했을 때에 나타나는 의로운 분노요, 그러므로 보복이 먼저가 아니라 "질투", 즉 사랑하심이 먼저임을 명심해야만 합니다.

㉠ 어찌하여 저들이 "보복"을 당하게 되는가? "너는 다른 신에게 절하지 말라 여호와는 질투라 이름 하는 질투의 하나님임이니라"(출 34:14) 하신, 하나님의 사랑을 배신하고 우상을 숭배했기 때문입니다. 이점이 십계명을 주시면서도 "그것들에게 절하지 말며 그것들을 섬기지 말라 나 네 하나님 여호와는 질투하는 하나님"(출 20:5)이라 하시는 데서도 드러납니다.

㉢ 하나님은 사랑의 하나님이십니다. 그런데 "사랑과, 질투"는 동전 앞뒤와 같은 것입니다. 사랑은 아름다운 것이지만 진실성이 없다면 그것은 사악한 것입니다. 그러므로 "보복"이란 하나님의 사랑을 거부하고 배신한 자들에게 쏟으시는 진실한 분노인 것입니다.

선하신 하나님

㉠ 그러므로 나훔서에는 진노만 있는 것이 아니라, "여호와는 선하시며 환난 날

에 산성이시라 그는 자기에게 피하는 자들을 아시느니라"(1:7) 한, "선하심과, 구원"도 있는 것입니다. "볼지어다 아름다운 소식을 알리고 화평을 전하는 자의 발이 산 위에 있도다"(15) 하는, 복음전도자의 모습도 보입니다.

ⓛ 나훔서는, "네 상처는 고칠 수 없고 네 부상은 중하도다 네 소식을 듣는 자가 다 너를 보고 손뼉을 치나니 이는 그들이 항상 네게 행패를 당하였음이 아니더냐"(3:19) 하는 말씀으로 끝나고 있는데, "네 상처는 고칠 수 없다"는 데서 오래 참고 기다리심이 나타나고, 심판을 당하는 "너를 보고 손뼉을 치나니" 한데서, 저들이 얼마나 포악했는가 하는 점이 드러납니다.

ⓒ 그 위에 하나님의 진노가 임한다는 것은 너무나 합당한 것입니다. "그 때에 사람의 말이 진실로 의인에게 갚음이 있고 진실로 땅에서 심판하시는 하나님이 계시다 하리로다"(시 58:11), 즉 하나님은 의로우시다 하게 되리라 하십니다. 나훔서는 이를 증언하기 위해서 기록이 되었습니다. 형제도 기쁜 소식과 함께 심판의 경고도 증언하라고 세움을 입은 자임을 명심하시기를 바랍니다.

하박국 선지자

"선지자 하박국이 묵시로 받은 경고라"(합 1:1).

선지자의 질문

하박국 선지자는 바벨론 느부갓네살 왕이 예루살렘을 침공하기 직전에 선지자로 세움을 받은 자입니다. 이런 시기에 무엇을 증언하기 위해서 세움을 입었는가? "여호와여 내가 부르짖어도 주께서 듣지 아니하시니 어느 때까지리이까 내가 강포로 말미암아 외쳐도 주께서 구원하지 아니 하시나이다"(합 1:2) 합니다. 하박국서는 특이한 구조로 되어 있는데 선지자의 질문에 하나님께서 답변하시는 구조로 되어 있습니다.

㉠ 선지자 : "율법이 해이하고 공의가 아주 시행되지 못하고"(1:4) 있다고 호소합니다. 예루살렘이 심판을 당할 직전의 상태가 그러했던 것입니다. 그런대도 하나님은 침묵(沈默)만 하고 계시는 듯했습니다. 그래서 선지자는 불평을 하고 있는 것입니다.

㉮ 하나님: "보라 내가 사납고 성급한 백성 곧, 갈대아 사람을 일으켰나니"(1:6) 하십니다. 즉 바벨론을 들어서 "율법이 해이하고 공의가 아주 시행되지 못하고" 있는 유다를 징벌하시겠다는 것입니다. 이 답변은 선지자로 하여금 또 다른 의문(疑問)을 일으키게 했습니다.

㉯ 선지자: "주께서 눈이 정결하심으로 악을 참아 보지 못하시거늘 어찌하여 궤휼한 자들을 방관하시며 악인이 자기보다 의로운 사람을 삼키되 잠잠 하시나이까"(1:13) 하고, 두 번째 질문을 하게 됩니다. 이런 뜻입니다. 아무리 유다가 타락했다 하더라도 바벨론보다야 낫지 않느냐는 것입니다. 그런데 보다 악한 이방 바벨론을 들어서 유다를 징벌하신다는 것이 하나님의 공의에 맞는 일이냐는 것입니다.

하나님의 답변

㉠ 두 번째 질문을 하고는, "내가 파수하는 곳에 서며 성루에 서리라 그가 내게 무엇이라 말씀하실지 기다리고 바라보며 나의 질문에 대하여 어떻게 대답하실지 보리라"(2:1) 합니다. 선지자 하박국의 갈등은 당시에 국한 된 것이 아니라 모든 시대의 경건한 자들이 안고 있는 풀리지 않는 숙세였던 것입니다.

㉮ 아삽이, "하나님이 참으로 이스라엘 중(中) 마음이 정결(淨潔)한 자(者)에게 선(善)을 행(行)하시나 나는 거의 실족(失足)할 뻔하였고 내 걸음이 미끄러질 뻔하였으니 이는 내가 악인(惡人)의 형통(亨通)함을 보고 오만(傲慢)한 자(者)를 질시(疾視)하였음이로다"(시 73:1~3) 한

것도 같은 갈등이었던 것입니다.

ⓒ 하나님: "너는 이 묵시를 기록하여 판에 명백히 새기되 달려가면서도 읽을 수 있게 하라 이 묵시는 정한 때가 있나니 그 종말(終末)이 속히 이르겠고 결코 거짓되지 아니하리라 비록 더딜지라도 기다리라 지체되지 않고 정녕 응하리라" (2:2-3) 하십니다.

그러면 달려가면서도 읽을 수 있게 새기라는 "묵시"의 내용(內容)이 무엇인가? 이는 "그 종말(終末)이 속히 이르겠고 결코 거짓되지 아니하리라" 하신 종말적인 말씀인데, "보라 그의 마음은 교만하며 그의 속에서 정직하지 못하니라 그러나 나의 의인은 그 믿음으로 말미암아 살리라" (2:4) 하신 말씀입니다.

㉮ 하나님의 답변 속에는 두 부류가 있는데, "그의 마음은 교만하며" 한 "교만"한 자와, "나의 의인은" 한 경건한 자입니다.

이런 뜻입니다. 첫째로 바벨론을 위시하여 마음이 교만한 자, 즉 하나님을 믿지 아니하는 자는 반드시 심판을 받을 것이나 당장은 아니라는 점과, 둘째는 그 기간 동안 나의 의인, 즉 믿는 자는 "믿음으로 말미암아 살리라", 즉 믿음으로 사는 기간이라는 말씀입니다.

㉯ 이점을 계시록에서는, "불의를 행하는 자는 그대로 불의를 행하고 더러운 자는 그대로 더럽고 의로운 자는 그대로 의를 행하고 거룩한 자는 그대로 거룩하게 하라 보라 내가 속히 오리니 내가 줄 상이 내게 있어 각 사람에게 그가 행한 대로 갚아 주리라" (계 22:11-12) 하십니다.

믿음으로 살리라

㉠ 핵심은 "믿음으로 살리라"는 말씀에 있는데 이는 하박국서의 핵심이요, 성경 전체의 중심주제 중 하나입니다. 왜냐하면 이 말씀 안에는 "의인, 믿음, 살리라"는, 신앙과 결부된 요소가 다 들어 있기 때문입니다.

　㉮ 문제는 "믿음으로 살리라" 한, "믿음"이 무엇을 믿는 믿음인가 하는 점입니다. 성경이 말씀하는 "믿음"이란 신념(信念)과 달라서, "하나님의 언약"을 믿는 것이요, 언약의 핵심은 아브라함과 다윗에게 세워주신 메시아언약이라는 점입니다.

㉡ 그러므로 "의인은 믿음으로 말미암아 살리라" 하는 말씀이 얼마나 중요한 의미를 함축하고 있느냐 하면 신약성경에서 세 번이나, 그것도 결정적으로 중요한 대목에서 인용하고 있다는 점이 말해줍니다.

　㉮ 로마서에서는 복음이 무엇인가 하는 "복음"을 증언하는 문맥에서 인용이 되었고(롬 1:17),

　㉯ 갈라디아서에서는 복음을 변증하는 대목에서 인용이 되었고(갈 3:11),

　㉰ 히브리서에서는 끝까지 인내해야 한다는 믿음을 격려하는 문맥에서 인용이 되고(히 10:38) 있습니다. 이처럼 "의인은 믿음으로 말미암아 살리라"는 말씀이 "복음 증거(證據)를 세웠고, 복음을 보수(保守)하게 했고, 복음으로 승리(勝利)하게 했던 것입니다.

㉢ 또한 "의인은 믿음으로 말미암아 살리라"는 말씀을 "루터, 칼빈" 등에게 조명하여주심으로 복음을 잃어버린 중세에 종교개혁(宗敎改革)을 일으켜 복음을

다시 세우게 하셨던 것입니다. 그러면 어떻게 사는 것이 "믿음으로 사는" 삶인가?

비록 무화과나무가 무성치 못하며,
포도나무에 열매가 없으며,
감람나무에 소출이 없으며,
밭에 식물이 없으며,
우리에 양이 없으며,
외양간에 소가 없을지라도(17) 합니다.

㉣ 5번이나 "없으며, 없으며" 하는데 그러면 그에게 있는 것이 무엇이란 말인가? "나는 여호와를 인하여 즐거워하며 나의 구원의 하나님을 인하여 기뻐하리로다"(18) 한, 구원입니다. 하나님입니다. 즉 하나님 한 분만으로 기뻐할 수가 있다고 고백하기에 이른 "믿음"입니다. 이것이 "믿음으로 사는 삶"입니다.

㉮ 그리하여 갈등으로 시작이 된 하박국서의 결론은, "주 여호와는 나의 힘이시라 나의 발을 사슴과 같게 하사 나로 높은 곳에 다니게 하시리로다"(19) 하고, 최후승리를 바라보는 것으로 마치고 있습니다.

㉯ 이것이, "그러나 의인은 그 믿음으로 말미암아 살리라" 하신 "믿음"으로 사는 방식입니다. 하박국 선지자는 어려운 시기에 이를 증언케 하기 위하여 세움을 입은 선지자입니다.

그렇다면 우선적으로 나 자신은 믿음으로 살고 있는가 점검하게 하면서, 나는 무엇을 증언하라고 세움을 입었는가 하고 각성하게 합니다.

스바냐 선지자

"아몬의 아들 유다 왕 요시야의 시대에 스바냐에게 임한 여호와의 말씀이라 스바냐는 히스기야의 현손이요 아마랴의 증손이요 그다랴의 손자요 구시의 아들이었더라"(습 1:1).

심판을 경고함

㉠ 스바냐 선지자가 세움을 입은 배경을 "요시야" 시대라고 말씀하는데 그 시기는 종교개혁이 일어난 시기입니다. 그러나 그것은 표면적이요, 잠시 동안이었을 뿐, "그러나 여호와께서 유다를 향하여 내리신 그 크게 타오르는 진노를 돌이키지 아니하셨으니 이는 므낫세가 여호와를 격노하게 한 그 모든 격노 때문이라"(왕하 23:26) 한, 하나님의 진노를 만회할 수 없게 된(대하 36:16) 시기였던 것입니다.

㉯ 그러므로 스바냐 선지자는, "여호와께서 이르시되 내가 땅 위에서 모든 것을 진멸하리라 내가 사람과 짐승을 진멸하고 공중의 새와 바다의 고기와 거치게 하는 것과 악인들을 아울러 진멸할 것이라 내가 사람을 땅 위에서 멸절하리라 나 여호와의 말이니라"(습 1:2-3) 하는 무서운 경

고를 발했던 것입니다.

㉮ 이 말씀은 홍수심판 당시, "이르시되 내가 창조한 사람을 내가 지면에서 쓸어버리되 사람으로부터 가축과 기는 것과 공중의 새까지 그리하리니 이는 내가 그것들을 지었음을 한탄함이니라"(창 6:7) 하신 말씀을 연상하게 합니다. 그러므로 스바냐의 경고는 예루살렘의 심판을 통해서 최후심판을 전망하는 말씀인 것입니다.

ⓒ 이점이 "여호와의 큰 날이 가깝도다 가깝고도 빠르도다 여호와의 날의 소리로다 용사가 거기서 심히 슬피 우는도다"(습 1:14) 한 말씀에도 나타납니다. 이런 맥락에서 불과 세 장에 불과한 짧은 스바냐서 안에는,

㉮ "여호와의 심판의 날"(1:18)과,

㉯ "여호와의 구원의 날"(3:17)이라는 상반(相反)된 주제가 첨예(尖銳)하게 대조(對照)되어 나타나고 있는 것입니다.

ⓒ 그러면 우선적으로 누구들이 하나님을 이처럼 노여우시게 했으며, 무슨 잘못으로 인하여 이런 심판을 당하게 되는가 하는 점입니다. "패역하고 더러운 곳, 포학한 그 성읍이 화 있을진저 그가 명령을 듣지 아니하며 교훈을 받지 아니하며 여호와를 의뢰하지 아니하며 자기 하나님에게 가까이 나아가시 아니 하였도다"(3:1-2) 합니다.

㉮ "패역하고 더러운 곳, 포학한 그 성읍이 화 있을 진저" 한, "성읍"은 예루살렘을 가리키는데, 거룩한 도성이라 일컫던 예루살렘을 가리켜 "패역하고 더러운 곳" 이라 하다니 이는 참으로 예루살렘 성을 번쩍 들어서 던져버리듯 하는 엄청난 말씀입니다.

㉭ 이는 스바냐 선지자만이 아니라 이사야도, "신실하던 성읍이 어찌하여 창기(娼妓)가 되었는고 정의가 거기에 충만하였고 공의가 그 가운데에 거하였더니 이제는 살인자들뿐이로다"(사 1:21) 하고 책망하였고,

㉮ 미가 선지자는, "시온을 피로, 예루살렘을 죄악으로 건축하는도다"(미 3:10) 하고, 선지자들은 이구동성으로 멸망을 외쳤던 것입니다.

㉯ 그러므로 하나님께서는 예레미야 선지자에게 명하시기를, "너는 여호와의 집 문에 서서, 너희는 이것이 여호와의 성전이라, 여호와의 성전이라, 여호와의 성전이라 하는 거짓말을 믿지 말라"(렘 7:4) 하고 외치게 하셨습니다.

지도자의 책임

㉠ 이렇게 된 것이 누구들의 책임인가? "그 가운데 방백들은 부르짖는 사자요 그의 재판장들은 이튿날까지 남겨 두는 것이 없는 저녁 이리요 그의 선지자들은 경솔하고 간사한 사람들이요 그의 제사장들은 성소를 더럽히고 율법을 범하였도다"(습 3:3-4) 한 지도자들의 책임이라 하십니다.

㉮ 이점을 미가 선지자도, "시온을 피로, 예루살렘을 죄악으로 건축하는도다 그들의 우두머리들은 뇌물을 위하여 재판하며 그들의 제사장은 삯을 위하여 교훈하며 그들의 선지자는 돈을 위하여 점을 치면서도 여호와를 의뢰하여 이르기를 여호와께서 우리 중에 계시지 아니하냐 재앙이 우리에게 임하지 아니하리라 하는도다 이러므로 너희로 말미암

아 시온은 갈아엎은 밭이 되고 예루살렘은 무더기가 되고 성전의 산은 수풀의 높은 곳이 되리라"(미 3:10-12) 하고 책망했던 것입니다.

ⓛ 그런데 문제는 이런 악순환이 반복되고 있다는 점입니다. 스바냐 선지자는, "패역하고 더러운 곳, 포학한 그 성읍이 화 있을진저" 했는데 이 "화"는, "화 있을진저 외식하는 서기관들과 바리새인들이여 너희는 천국 문을 사람들 앞에서 닫고 너희도 들어가지 않고 들어가려 하는 자도 들어가지 못하게 하는도다"(마 23:13) 하고, 7번이나 "화 있을진저" 하신 주님의 진노하심과 상통하고 있는 것입니다.

㉮ 그런데 형제여, 더욱 심각하고 두려운 것은 이런 역사적인 사실과 경고의 말씀을 누구보다도 잘 알고 가르치는 현대교회 지도자들도 이에 무감각하여 이런 일을 되풀이 하고 있다는 점입니다.

전심으로 기뻐하며 즐거워할 지어다

㉠ 그런데 너무나 경이로워 눈을 부비고 다시 보아야할 말씀이 있는데, "시온의 딸아 노래할 지어다 이스라엘아 기쁘게 부를 지어다 예루살렘 딸아 전심으로 기뻐하며 즐거워할 지어다"(3:14) 하고 말씀하기 때문입니다.

㉮ 어찌하여 "전심으로 기뻐하며 즐거워할 지어다" 하시는가? "여호와가 네 형벌을 제거하였고 네 원수를 쫓아냈기" 때문이라는 것입니다. 서두에서 "내가 땅 위에서 모든 것을 진멸하리라 내가 사람과 짐승을 진멸하고 공중의 새와 바다의 고기와 거치게 하는 것과 악인들을 아울러 진멸할 것이라 내가 사람을 땅 위에서 멸절하리라"(습 1:2-3) 하고 시작

이 된 스바냐서가 어떻게 해서 이처럼 반전(反轉)이 되는 것이 가능하여 질수가 있단 말인가? 이것이 율법을 행함으로 가능하여진다는 것인가? 아니면 선지자의 교훈으로 가능하여진다는 것인가?

ⓒ 아닙니다. "여호와가 네 형벌을 제거하였고 네 원수를 쫓아냈기" 때문에 가능하여진다고 말씀합니다. 그러므로 스바냐서의 핵심은 "이스라엘 왕 여호와가 네 가운데 계시니 네가 다시는 화를 당할까 두려워하지 아니할 것이라"(습 3:15) 하시는, "임마누엘"에 있는 것입니다. 15절에서도 "이스라엘 왕 여호와가 네 가운데 계시니" 합니다.

㉮ "너의 하나님 여호와가 너의 가운데에 계시니 그는 구원을 베푸실 전능자이시라"(17상) 합니다. 그리고 "그는 구원(救援)을 베푸실 전능자이시라" 하심은, "인자가 온 것은 섬김을 받으려 함이 아니라 도리어 섬기려 하고 자기 목숨을 많은 사람의 대속물로 주려 함이니라"(마 20:28) 하신, 대속으로만이 가능하여진다는 점입니다.

ⓒ "그가 너로 말미암아 기쁨을 이기지 못하시며 너를 잠잠히 사랑하시며 너로 말미암아 즐거이 부르며 기뻐하시리라"(17하) 하십니다. 여기 "그가" 한 "그"는 누구이며, "너로 말미암아" 한 "너"는 누구입니까?

㉮ 아담이 깊은 잠에서 깨어나 눈을 뜨고 처음으로 하와를 보았을 때의 감격을 생각해보시기를 바랍니다. 이 장면은 신랑 되시는 그리스도께서 신부인 형제를 사랑스럽게 바라보시는 장면인 것입니다.

㉯ 이사야 53:11절에서, "그가 자기 영혼의 수고한 것을 보고 만족(滿足)하게 여길 것이라" 한 말씀도 이를 의미합니다. 그리고 "나의 의로운

종이 자기 지식으로 많은 사람을 의롭게 하며 또 그들의 죄악을 친히 담당하리로다" 하신, "의롭게 하며"는 마치 신부에게 세마포 드레스로 아름답게 꾸밈과 같이 의의 옷을 입혀주심을 가리킵니다.

㉣ "그 때에 내가 너를 괴롭게 하는 자를 다 벌하고 저는 자를 구원하며" 하고, 3:19-20절 안에는 "그 때에"라는 말이 3번이나 강조되어 있는데, "내가 그 때에 너희를 이끌고 그 때에 너희를 모을지라 내가 너희 목전에서 너희의 사로잡힘을 돌이킬 때에 너희에게 천하 만민 가운데서 명성과 칭찬을 얻게 하리라 여호와의 말이니라"(20) 하십니다.

㉮ 형제여, "너희에게 천하 만민 가운데서 명성(名聲)과 칭찬을 얻게 하리라" 하십니다. 그래서 16절에서는 그러므로 "두려워하지 말라 시온아 네 손을 늘어뜨리지 말라" 하십니다. 스바냐서는 이를 후대에 전해주게 하기 위해서 기록이 되었으며, 스바냐는 이를 증언하기 위하여 세움을 입은 것입니다.

그렇다면 기록하신 성경을 맡겨주시고, 성령을 내주케 하신 나는 무엇을 증언하기 위하여 세움을 입었는가 하는 각성과 결의를 다짐하게 합니다.

학개 선지자

"다리오 왕 제 이년 여섯째 달 곧 그 달 초하루에 여호와의 말씀이 선지자 학개로 말미암아 스알디엘의 아들 유다 총독 스룹바벨과 여호사닥의 아들 대제사장 여호수아에게 임하니라"(학 1:1).

나무를 가져다가 성전을 건축하라

㉠ "다리오 왕 2년"이라 하면 이는 포로 귀환 이후를 가리킵니다. 학개, 스가랴, 말라기 선지자는 포로 귀환 이후에 세움을 받은 선지자들입니다. 그러면 학개 선지자를 통해서 하시고자 하는 말씀이 무엇이기에 학개서를 기록하게 하셨는가? "여호와의 말씀이 선지자 학개에게 임하여 이르시되 이 성전이 황폐하였거늘 너희가 이때에 판벽한 집에 거주하는 것이 옳으냐"(학 1:3-4) 하고 책망하십니다.

㉮ 그리고 "너희는 산에 올라가서 나무를 가져다가 성전을 건축하라 그리하면 내가 그것으로 말미암아 기뻐하고 또 영광을 얻으리라"(8) 하고, 건축하다가 방해에 부딪쳐서 약 15년 동안이나 중단된 채 방치되어 있는 성전을 건축하라 하십니다.

㉯ 그러면 학개서를 통해서 말씀하시려는 바가 "성전을 건축하라"는 독려인가? 1차적으로는 그렇다고 말할 수가 있습니다. 그러나 그것은 실체가 아닌 그림자일 뿐입니다. 그런데 미련한 우리는 실체는 보지를 못하고, "그리하면 내가 그것으로 말미암아 기뻐하고 또 영광을 얻으리라" 하신 말씀을 곡해하여 예배당 건축을 독려하는데 적용을 시키고 있는 실정입니다.

나중 영광이 이전 영광보다 크리라

㉠ 하나님께서는 "은도 내 것이요 금도 내 것이니라 만군의 여호와의 말이니라" (학 2:8) 하십니다. 무슨 뜻인가? 저들은 재건하는 성전이 솔로몬의 성전에 비해 너무나 초라해서 대성통곡(스 3:12)을 했던 것입니다. "아니다. 은과 금으로 지으면 내가 기뻐할 줄 아느냐? 나 여호와는 금과 은도 창조한 하나님이니라" 하는 뜻입니다.

㉮ 이런 의중이 "너희는 산에 올라가서 나무를 가져다가 성전을 건축하라"(1:8) 하고, "나무"라고 지적하시는 데서도 드러납니다.

㉯ 학개서를 통해서 말씀하시려는 핵심은, "이 성전의 나중 영광이 이전 영광보다 크리라"(학 2:9) 하신 말씀인데, "이 성전의 나중 영광"이란, 성전의 실체로 오실 그리스도를 가리키는 말씀입니다. 그래서 "모든 나라의 보배가 이르리니 내가 이 성전에 영광이 충만하게 하리라"(2:7) 하고, 성전의 실체(實體)이신 그리스도가 오실 것을 말씀하십니다.

㉡ 그렇다면 "나무를 가져다가 성전을 건축하라 그리하면 내가 그것으로 말미암

아 기뻐하고 또 영광을 얻으리라"(1:8) 하신 뜻은 무엇인가? 첫째로 선민 이스라엘의 구심점은 "임마누엘"을 상징하는 성전(聖殿)에 있었던 것입니다. 그런데 저들은 "이 성전이 황폐하였거늘 너희가 이때에 판벽한 집에 거주하는 것이 옳으냐"(1:4) 한, 하나님중심에서 자기중심이 되어갔던 것입니다.

㉠ 둘째로 하나님께서는 조석으로 상번제를 드리라 명하셨습니다. 왜냐하면 이를 통해서 메시아언약을 망각하지 않고, 대망(待望)하게 하기 위해서입니다. 그런데 성전건축이 중단됨으로 저들은 메시아언약을 점점 잊어가고 있었던 것입니다. 하나님께서 기뻐하시고 영광을 얻으심은 오직 메시아언약 안에서 뿐이라는 점에 확고해야만 합니다.

㉢ 학개서는 "전을 건축하라"는 말씀으로 시작하였으나, "만군의 여호와가 말하노라 스알디엘의 아들 내 종 스룹바벨아 여호와가 말하노라 그 날에 내가 너를 세우고 너를 인장으로 삼으리니 이는 내가 너를 택하였음이니라 만군의 여호와의 말이니라"(2:23) 하고, 스룹바벨을 "인장(印章)으로 삼으시겠다", 즉 왕으로 삼으시겠다(렘 22:24)는 말씀으로 마치고 있습니다.

㉠ 이는 "그 날에 내가 너를 인장(印章)으로 삼으리니" 하신, 미래(未來)에 이루실 예언입니다. 이점에서 스룹바벨은 다윗의 자손으로 예수님의 족보에도 올라 있는 그리스도를 예표하는 인물이라는 점을 유념해야만 합니다. 성전으로 시작한 학개서는 성전이 완공되었다는 언급은 없이, "스룹바벨"이라는 예표의 인물로 마치고 있는 것입니다.

㉣ 왜냐하면 하나님의 나라건설은 성전이라는 물리적인 "건물"로 이루시는 것이 아니라, "그리스도"라는 "한 사람"으로 말미암아 건설이 되기 때문입니다. 하

나님께서는 "오직 나를 위하여 한 몸을 예비하셨도다"(히 10:5) 하고 말씀하십니다.

㉠ 학개서는 이를 후대에 전해주시려고 기록하게 하셨고, 학개 선지자는 이를 증언하라고 세움을 입은 자입니다.

그렇다면 나는 무엇을 증언하라고 세움을 입었는가 하고 각성하게 합니다. 형제가 "그리스도의 영광의 복음"을 담대히 증언하는 곳에 하나님의 나라는 건설이 되어가고, 하나님께서는 기뻐하시고 영광을 받으시게 된다는 점을 확신하시기를 바랍니다.

스가랴 선지자

"다리오 왕 제 이년 여덟째 달에 여호와의 말씀이 잇도의 손자 베레갸의 아들 선지자 스가랴에게 임하니라 이르시되"(슥 1:1).

너희의 조상들에게 심히 진노하였다

㉠ 스가랴는 학개보다 두 달 뒤에 세움을 입은 선지자입니다. 그렇다면 스가랴는 무엇을 위하여 세움을 입었는가? 에스라 6:14절에서는, "유다 사람의 장로들이 선지자 학개와 잇도의 손자 스가랴의 권면을 따랐으므로 성전 건축하는 일이 형통한지라" 합니다. 그러면 스가랴 선지자는 성전건축을 독려하기 위해서 세움을 입었는가?

㉮ 아닙니다. 학개서가 성전이 완공이 되었다는 증언이 아닌 "스룹바벨"로 끝을 맺고 있듯이 스가랴서도 성전(聖殿)의 실체(實體)이신 그리스도를 증언하기 위하여 기록하게 하신 것입니다.

㉡ 첫 마디가 "여호와가 너희의 조상들에게 심히 진노하였느니라"(슥 1:2) 하시면서, "그러므로 너는 그들에게 말하기를 만군의 여호와께서 이처럼 이르시되 너

희는 내게로 돌아오라 만군의 여호와의 말이니라 그리하면 내가 너희에게로 돌아가리라"(3) 하고, "돌아오라"고 말씀하십니다.

㉮ 이상하다는 생각이 들지 않습니까? 이들은 포로에서 돌아온 자들입니다. 그럼에도 불구하고 "내게로 돌아오라" 하심은 포로에서 귀환한 후에 난관에 봉착하게 되자 또다시 하나님께로부터 멀어져갔음을 나타냅니다. 이점이 "이 성전이 황폐하였거늘 너희가 이때에 판벽한 집에 거주하는 것이 옳으냐"(학 1:3-4) 하신 책망에 나타납니다.

그러면 어떻게 하는 것이 하나님께로부터 멀어져가는 것이며, 또한 하나님께로 돌아가는 것인가? 이점은 우리에게도 더욱 적실성이 있는 점입니다.

㉰ 호세아는 "너는 말씀을 가지고 여호와께로 돌아와서 아뢰기를 모든 불의를 제거하시고 선한 바를 받으소서 우리가 수송아지를 대신하여 입술의 열매를 주께 드리리이다"(호 14:2) 하고 권면합니다. "말씀", 즉 메시아언약 안으로 들어오는 것이 하나님 앞으로 돌아오는 것이요, 복음에서 이탈하는 것이 하나님과 멀어지는 것입니다.

㉮ 저들은 포로에서 귀환한 후에도 그들의 조상들처럼 또다시 메시아언약을 망각하여갔던 것입니다. 이점을 말라기서에서 보게 될 것입니다. 현대교회의 근본적인 문제가 여기에 있는 것입니다.

기름 부음 받은 자 둘이니

㉠ 스가랴서를 해석하는 열쇠는, "이는 기름 부음 받은 자 둘이니 온 세상의 주 앞에 서 있는 자니라"(슥 4:14) 한 말씀입니다. 주 앞에 모셔 섰는 "두 사람"이란 1차적으로는, "대제사장 여호수아(3장)와, 총독 스룹바벨"(4장)을 가리킵니다.

㉮ 그런데 "대제사장과, 왕"(총독) 직이 메시아를 예표하는 직분이라는 점입니다. 그래서 "기름 부음 받은 자"라 하시는 것입니다.

㉡ 이점이 "만군의 여호와께서 이같이 말씀하시되 보라 싹이라 이름 하는 사람이 자기 곳에서 돋아나서 여호와의 전을 건축하리라 그가 여호와의 전을 건축하고 영광도 얻고 그 자리에 앉아서 다스릴 것이요 또 제사장이 자기 자리에 있으리니 이 둘 사이에 평화의 의논이 있으리라"(13) 하십니다.

㉮ "이 둘 사이에", 즉 제사장과 왕 사이에 "평화의 의논이 있으리라" 하는 것은 하나가 될 것을 가리킵니다. 그리스도는 왕이시면서 또한 제사장으로 오셨던 것입니다.

㉯ 그리하여 제사장으로서는 자신을 대속제물로 드려주심으로 우리의 죄를 구속하여주셨는데, 이점을 3장을 통해서 보여주고 있고, 13장에서는 "칼아 깨어서 내 목자, 내 짝 된 자를 치라" 하시면서 "죄와 더러움을 씻는 샘이 다윗의 족속과 예루살렘 주민을 위하여 열리리라"(13:1, 7) 하고 말씀합니다.

㉰ 왕으로서는, "큰 산아 네가 무엇이냐 네가 스룹바벨 앞에서 평지가 되리라"(4:7), 즉 "네가 철장으로 그들을 깨뜨림이여 질그릇 같이 부수리라"(시 2:9, 계 2:27) 하신 권세자로 오셨는데 이점을 4장을 통해서 보여

주십니다.

ⓒ "스룹바벨의 손이 이 성전의 기초를 놓았은즉 그의 손이 또한 그 일을 마치리라"(4:9) 하신 성전(聖殿)은, 1차적으로는 스룹바벨 성전을 가리킨다 하여도 궁극적으로는, "그는 내 이름을 위하여 집을 건축(建築)할 것이요 나는 그의 나라 왕위를 영원히 견고하게 하리라"(삼하 7:13) 하신 그리스도에게서 성취될 말씀입니다.

㉮ 그래서 "기초를 놓았은즉 그의 손이 또한 그 일을 마치리라" 하시는 것입니다. 이점을 사도 바울은, "너희 안에서 착한 일을 시작하신 이가 그리스도 예수의 날까지 이루실 줄을 우리는 확신하노라"(빌 1:6) 말씀하고, 주님께서는 "나는 알파와 오메가요 처음과 마지막이요 시작과 마침이라"(계 22:13) 하십니다.

시온의 딸아 크게 기뻐하라

㉠ 이런 맥락에서 스가랴 선지자는 이사야 다음으로 메시아 예언을 많이 증언한 선지자입니다. 열네 장에 불과한 스가랴서 안에는 그리스도의 초림으로부터 재림에 이르기까지의 그리스도의 모든 사역이 다 계시되어 있습니다. 그래서 메시아예언의 정수(精粹)라 하는 것입니다. "시온의 딸아 크게 기뻐할 지어다 예루살렘의 딸아 즐거이 부를 지어다"(슥 2:10, 9:9) 합니다.

㉮ 무슨 기쁜 일이 있기에 이처럼 크게 기뻐하라 하시는가? "보라 네 왕이 네게 임하나니 그는 공의로우시며 구원을 베풀며", 구원을 베푸시기 위해서 왕이 오신다는 것입니다. 그래서 크게 기뻐하고 즐거워하라는

것입니다. 그러면 왕, 즉 그리스도가 오신다는 것이 어찌하여 기쁜 소식이 되는가?

ⓛ 스가랴서에는, "내 종 순을 나게 하리라"(3:8) 하신 그리스도의 탄생으로부터 시작하여,

㉮ "나귀새끼를 타고"(9:9) 입성하셔서,

㉯ "은 삼십"(11:12)에 팔리실 것과,

㉰ "내 목자 내 짝된 자를 치라"(13:7) 한 고난을 당하실 것과,

㉱ 그리하여 "죄와 더러움을 씻는 샘"(13;1)이 열리게 될 것과,

㉲ "은총과 간구하는 심령을 부어주실"(12:10상) 성령강림과,

㉳ "찌른바 그를 바라보고 애통하는"(12:10하) 회개의 운동이 일어날 것과,

㉴ "나의 하나님 여호와께서 임하실 것이요"(14:5) 한 재림과,

㉵ "여호와께서 천하의 왕이 되시리니 그 날에는 여호와께서 홀로 하나이실 것이요"(14:9) 하고 통치하실 메시아왕국의 전체적인 비전이 계시되어 있습니다.

ⓒ 스가랴서는 마지막 장에서, "그 왕 만군의 여호와께 숭배하며 초막절(草幕節)을 지킬 것이라"(14:16) 하고, "초막절"로 마치고 있는데, 나그네 생활을 마치고 약속의 땅에 입성하게 되는 것을 기념하는 초막절은 주님의 재림(再臨)으로 성취가 될 예표인데, 이것이 스가랴서의 결론입니다.

㉮ 스가랴서는 이를 후대에 전해주기 위해서 기록이 되었으며, 스가랴 선지자는 이를 증언하기 위해서 세움을 입은 자입니다. 오직 여기에 소망

이 있기 때문입니다. 그렇다면 나는 무엇을 증언하라고 세움을 입었는가 하고 각성을 하게 합니다.

말라기 선지자

말라기는 포로에서 귀환한 약 100년 후에 선지자로 세움을 받았는데, "여호와께서 말라기를 통하여 이스라엘에게 말씀하신 경고라"(말 1:1) 하고 시작이 됩니다. 그러면 누구에게 하시는 경고(警告)인가?

내 이름을 멸시하는 제사장들아

㉠ 첫 말씀이 "여호와께서 이르시되 내가 너희를 사랑하였노라" 하십니다. 그러나 "너희는 이르기를 주께서 어떻게 우리를 사랑하셨나이까"(2) 하고 불평불만을 한다는 것입니다. 말라기서는 독특한 구조로 되어 있는데 하나님께서 잘못을 지적하시면 번번이, "언제 그러했나이까" 하고 반발을 하는 구조로 되어 있습니다.

㉮ 이는 자신의 잘못을 모르고 있을 뿐만이 아니라, 지적을 해줘도 받아드리지 않는다는 완악함을 나타냅니다. 누구들이 이러한 줄 아십니까? "내 이름을 멸시하는 제사장들아" 하신, 지도자들이 그러했다는 것입니다. 그러므로 "이스라엘에게 말씀하신 경고라"(1) 한, 경고는 당시의 지도자들에게 하시는 경고요, 현대교회 지도자들에게 하시는 경고

로 적용이 된다는 점을 순전한 마음으로 받아야 하는 것입니다.

ⓒ "만군의 여호와가 너희에게 이르기를 아들은 그 아버지를, 종은 그 주인을 공경하나니 내가 아버지일진대 나를 공경함이 어디 있느냐 내가 주인일진대 나를 두려워함이 어디 있느냐" 하고, 제사장들이 하나님을 공경하지 않을 뿐만이 아니라, 두려운 줄도 모르고 있다고 말씀합니다.

 ㉮ 그런데 저들은 "우리가 어떻게 주의 이름을 멸시하였나이까"(6) 하고, 받아들이지를 않고 거부를 합니다.

ⓒ 말라기서는 크게 두 가지 주제를 말씀하고 있는데 먼저는 저들의 잘못에 대한 경고인데 이에 대해 그들은 말끝마다,

 ㉮ "어떻게 사랑하셨나이까?"(1:2),

 ㉯ 어떻게 멸시하였나이까?(1:6),

 ㉰ 어떻게 괴로우시게 하였나이까?(2: 17),

 ㉱ 어떻게 돌아가리이까?(3:7),

 ㉲ 어떻게 도적질하였나이까?(3:8),

 ㉳ 무슨 말로 대적하였나이까?"(3:13), 즉 "우리가 언제 그랬습니까" 하고 항변(抗辯)을 하고 있습니다.

치명적인 잘못

㉮ 제사장들이 하나님을 멸시한 치명적인 잘못이 무엇인가를 주목해보시기를 바랍니다. "너희가 더러운 떡을 나의 제단에 드리고도 말하기를 우리가 어떻게 주를 더럽게 하였나이까 하는도다 이는 너희가 여호와의 식탁은 경멸히 여길

것이라 말하기 때문이라 만군의 여호와가 이르노라 너희가 눈 먼 희생제물을 바치는 것이 어찌 악하지 아니하며 저는 것, 병든 것을 드리는 것이 어찌 악하지 아니하냐 이제 그것을 너희 총독에게 드려 보라 그가 너를 기뻐하겠으며 너를 받아 주겠느냐"(7-8) 하신 말씀에 나타납니다.

㉮ 하나님께서 책망하시는 요점은 정성(精誠)이 부족하다는 교훈(敎訓)이 아니라, 복음을 망각했다는 신학(神學)적인 문제라는 점을 명심해야만 합니다. 하나님께서 명하신 "희생제물"은 그리스도께서 자신을 대속물로 드려주실 것에 대한 그림자로 메시아언약을 망각하지 않게 하시려고 세우신 그림자입니다.

㉯ 그런데 "저는 것, 병든 것, 눈먼 것"으로 드렸다는 것은 저들이 메시아언약을 망각했다는 명백한 증거입니다. 복음을 잃어버리게 되자 하나님 두려운 줄 모르고 "멸시"하는 데까지 이르게 되었던 것입니다.

㉠ "만군의 여호와가 이르노라 너희가 내 제단 위에 헛되이 불사르지 못하게 하기 위하여 너희 중에 성전 문을 닫을 자가 있었으면 좋겠도다 내가 너희를 기뻐하지 아니하며 너희가 손으로 드리는 것을 받지도 아니하리라"(10), 얼마나 타락했으면 "성전 문을 닫을 자가 있었으면 좋겠도다" 하시겠는가?

㉮ 말라기서는 구약성경의 마지막 책입니다. 이때쯤 이르러서는 신앙이 얼마나 성숙해졌는가? 도리어 죄악이 눈 덩어리처럼 더욱더 커져만 갔던 것입니다. 이것은 무엇을 말씀해주고 있는가? 자력구원의 불가능성입니다. 율법은 우리에게 구원만을 주지 못한 것이 아니라, 성화(聖化)도 이루게 하지 못한다는 점을 명심해야만 합니다.

의로운 해가 떠올라서

㉠ 말라기서의 두 번째 주제는 그럼에도 불구하고, "만군의 여호와가 이르노라 해 뜨는 곳에서부터 해 지는 곳까지의 이방 민족 중에서 내 이름이 크게 될 것이라 각처에서 내 이름을 위하여 분향하며 깨끗한 제물을 드리리니 이는 내 이름이 이방 민족 중에서 크게 될 것임이니라"(말 1:11) 하신 말씀에 나타납니다.

  ㉮ 이는 주님께서 "그러므로 내가 너희에게 이르노니 하나님의 나라를 너희는 빼앗기고 그 나라의 열매 맺는 백성이 받으리라"(마 21:43) 하신, 복음이 이방인들에게로 옮겨지게 될 것을 가리킵니다.

㉡ "만군의 여호와가 이르노라 보라 내가 내 사자를 보내리니 그가 내 앞에서 길을 준비할 것이요" 하고, 길 예비자를 보내실 것과, "또 너희가 구하는 바 주가 갑자기 그의 성전에 임하시리니 곧 너희가 사모하는바 언약의 사자가 임하실 것이라"(3:1) 하십니다. 이는 주님의 초림과 재림이 겹쳐진 복합적인 계시입니다.

㉢ 그리하여 "내 이름을 경외하는 너희에게는 공의로운 해가 떠올라서 치료하는 광선을 비추리니 너희가 나가서 외양간에서 나온 송아지 같이 뛰리라"(4:2) 하십니다. "의로운 해"란 그리스도에 대한 상징이요, "치료하는 광선을 비추리니" 한 말씀은, "그리스도의 영광의 복음의 광채"(고후 4:4)를 가리킵니다.

  ㉮ 이점을 누가복음에서는, "이는 우리 하나님의 긍휼로 인함이라 이로써 돋는 해가 위로부터 우리에게 임하여 어둠과 죽음의 그늘에 앉은 자에게 비치고 우리 발을 평강의 길로 인도하시리로다"(눅 1:78-79) 하고 말씀합니다.

ㄹ) 그런데 말라기서, 즉 구약성경은 "그가 아버지의 마음을 자녀에게로 돌이키게 하고 자녀들의 마음을 그들의 아버지에게로 돌이키게 하리라 돌이키지 아니하면 두렵건대 내가 와서 저주로 그 땅을 칠까 하노라"(4:6) 하고, "저주"(咀呪)로 마치고 있다는 점입니다.

말라기서는 이를 후대에 전해주기 위해서 기록이 되었고, 말라기 선지자는 이를 증언케 하기 위해서 세움을 받은 자입니다.

나의 소명, 나의 사명

* 자, 이제 이 책의 처음 진술로 돌아가야만 하겠습니다.

〈제가 이 책을 쓰게 된 동기(動機)는 십자가를 앞에 놓으신 주님께서, "지금 내 마음이 괴로우니 무슨 말을 하리요 아버지여 나를 구원하여 이 때를 면하게 하여 주옵소서 그러나 내가 이를 위하여 이때에 왔나이다" (요 12:27) 하신 말씀을 대하면서, 그렇다면 "나는 무엇을 위하여 이때에 세움을 입었는가" 하는 각성(覺醒)과 도전(挑戰)을 받게 되었기 때문입니다.

나아가 성경에 등장하는 인물(人物)들은 무엇을 위하여 각각 그 시대에 세움을 입었는가 하고 관찰하게 되었습니다. 먼저 확고해야할 점은 성경에 등장하는 인물들은, "하늘이 하나님의 영광을 선포하고 궁창이 그의 손으로 하신 일을 나타내는도다" (시 19:1) 한 대로, 하나님의 하시는 일을 나타내고, 하나님의 영광을 위하여 세움을 입은 자들이라는 점입니다.

사람들만이 아니라, "뿔이 수풀에 걸려 있던 산양(창 22장), 울면서 벳세메스로 직행한 암소들(삼상 6장), 주님을 태우고 입성한 나귀새끼(요 12장), 요나를 삼켜 니느웨로 인도한 큰 물고기와, 심지어 말씀에 순종한 바람과 파도, 박 넝쿨, 벌레까지도 하나님의 구원계획을 이루시는데 쓰임을 받기 위해서 그 때에 그곳에 있었던 것을 생각하게 되었습니다.〉

나는 무엇을 위하여 세움을 받았는가?

㉠ 이것이 서두에서 말씀 드린 이 책을 기록하게 된 동기입니다. 그리하여 이제까지 우리는 하나님께서 구약성경에 등장하는 여러 인물들을 무엇을 위해서 세우셨는가를 살펴보았습니다. 구약시대에 세움을 받은 인물들도, "내 증인이 되리라" 하신, 그리스도를 증언케 하기 위해서 세움을 입었다는 점을 확인하게 되었습니다.

㉮ 이를 드러내고 있는 이 책의 목적은 이를 통해서 "나의 소명, 나의 사명"에 대한 각성을 하자는 뜻에서입니다.

㉡ 이제 우리의 결단이 무엇입니까? 한마디로 "그리스도와, 복음"을 증언하라고 세움을 입은 자들이라는 각성입니다. 이점에는 모든 그리스도인들, 설교자들이 동의하는 바입니다. 그런데 문제는 "복음"이 무엇인가 하는 점에 분명치가 않다는 점입니다. 그리하여 복음을 망각하고 있으면서도 자신은 복음을 증언하고 있는 것으로 착각(錯覺)을 하고 있다는 것입니다.

㉮ 그것은 착각이 아니라 기만(欺瞞)을 당하고 있다는 것이 더 정확한 표현일 것입니다. 왜냐하면 본인은 복음을 전하고 있는 줄로 알고 있으나 실상은 복음을 전하고 있는 것이 아니기 때문입니다. 그 원인이 무엇인가? 이점을 사도 바울은, "그들로 깨어 마귀의 올무에서 벗어나 하나님께 사로잡힌바 되어 그 뜻을 따르게 하실까 함이라"(딤후 2:26), 즉 사탄에게 속고 있다고 말씀합니다.

복음 전도자

㉠ 사도행전에는 설교의 모델들이 있는데 오늘날 유행하는 그런 유의 설교는 단 한 편도 없습니다. 성령강림 후에 행한 베드로의 첫 설교의 주제는, "죽으시고 다시 사심"을 미리 기록하게 하신 성경을 들어서 입증한 일입니다.

㉮ 10장에는 베드로가 고넬료의 가정에 보냄을 받는 장면이 나옵니다. 보냄을 받아 무엇을 증언했는가? 자신의 간증을 했는가? 축복 받으라는 말을 했는가? "우리는 유대인의 땅과 예루살렘에서 그가 행하신 모든 일에 증인이라 그를 그들이 나무에 달아 죽였으나 하나님이 사흘 만에 다시 살리사 나타내시되"(행 10:39-40) 하고, 죽으시고 다시 사심을 증언했습니다.

㉡ 이점을 "그에 대하여 모든 선지자도 증언하되 그를 믿는 사람들이 다 그의 이름을 힘입어 죄 사함을 받는다 하였느니라" 하고 선지서를 들어 입증을 했습니다. 그러자 어떤 일이 일어났는가?

㉮ "베드로가 이 말을 할 때에 성령이 말씀 듣는 모든 사람에게 내려오시

니"(10:43-44) 하고, 성령으로 거듭나는 역사가 일어났던 것입니다. 우리는 이렇게 하라고 부름을 받은 자들이라는 점을 강조하기 위한 것이 이 책의 목적입니다.

ⓒ 바울이 데살로니가에 가서 어떻게 증언했는가? "바울이 자기의 관례대로 그들에게로 들어가서 세 안식일에 성경을 가지고 강론하며 뜻을 풀어 그리스도가 해를 받고 죽은 자 가운데서 다시 살아나야 할 것을 증언하고 이르되 내가 너희에게 전하는 이 예수가 곧 그리스도라"(행 17:2-3) 하고, 주의 죽으심과 다시 사심을 성경을 들어서 증언했던 것입니다.

㉮ 이점을 데살로니가교회에 보낸 서신서에서는, "이는 우리 복음이 너희에게 말로만 이른 것이 아니라 또한 능력과 성령과 큰 확신으로 된 것임이라"(살전 1:5), 즉 거듭나는 역사가 일어났다고 말씀합니다.

복음이 무엇인가?

㉠ 그렇다면 복음이 무엇인가? "복음에는 하나님의 의가 나타나서 믿음으로 믿음에 이르게 하나니 기록된바 오직 의인은 믿음으로 말미암아 살리라 함과 같으니라"(롬 1:17) 하고, "하나님의 의가 나타났다"는 소식이, "온 백성에게 미칠 큰 기쁨의 좋은 소식" 곧 복음이라고 말씀합니다. 왜냐하면 이 의를 받아 입기만 하면 하나님께 나아갈 수가 있기 때문입니다.

㉮ "이제는 우리 구주 그리스도 예수의 나타나심으로 말미암아 나타났으니 그는 사망을 폐하시고 복음(福音)으로써 생명과 썩지 아니할 것을 드러내신지라"(딤후 1:10), 이것이 "복음"이라고 말씀합니다.

ⓒ 그런 후에 "내가 이 복음(福音)을 위하여 선포자와 사도와 교사로 세우심을 입었노라"(딤후 1:11) 하고, 자신의 사명을 말합니다. 주목해 보셨습니까? 바울은 자신이 사도(使徒)라는 점보다 "선포(宣布)자"라는 말을 앞세우고 있습니다.

㉮ 디모데전서에서도, "이를 위하여 내가 전파하는 자와 사도로 세움을 입은 것은 참말이요 거짓말이 아니니"(2:7) 하고, 역시 사도보다 "전파(傳播)하는 자"를 앞에다 놓고 있습니다. 왜냐하면 "복음"이 누가, 어떻게 해서 이루신, 얼마나 영광스러운 것인가를 생각했기 때문에 "전파하는 자"를 앞세우고 있는 것입니다.

ⓒ 이를 알았기에, "오직 성령이 각 성에서 내게 증언하여 결박과 환난이 나를 기다린다 하시나 내가 달려갈 길과 주 예수께 받은 사명 곧 하나님의 은혜의 복음(福音)을 증언하는 일을 마치려 함에는 나의 생명조차 조금도 귀한 것으로 여기지 아니하노라"(행 20:23-24) 하고 말씀합니다.

믿음의 근거

㉠ "그 안에서 너희도 진리의 말씀 곧 너희의 구원의 복음(福音)을 듣고 그 안에서 또한 믿어 약속의 성령으로 인치심을 받았으니"(엡 1:13) 하고, 복음만이 허물과 죄로 죽었던 자를 살리실 수 있다고 말씀합니다. 모든 설교가 거듭나게 하는 것은 아니요, 모든 교인이 거듭난 것은 아닙니다. "구원의 복음"을 증언할 때에 성령께서 듣는 자들에게 믿음을 주시고 "거듭남"을 주시는 것입니다.

㉮ 이를 알았기에 바울 사도는, "내 말과 내 전도함이 설득력 있는 지혜의 말로 하지 아니하고 다만 성령의 나타나심과 능력으로 하여 너희 믿음

이 사람의 지혜에 있지 아니하고 다만 하나님의 능력에 있게 하려 하였노라" (고전 2:4-5) 합니다.

ⓛ 문제는 교인들의 "믿음의 근거"가 어디에 있느냐 하는 점입니다. 교회 프로그램이나 "축복 받으라"는 것으로도 사람을 교회로 모을 수는 있다는 것입니다. 그러나 "다만 하나님의 능력에 있게 하려 하였노라", 즉 성령으로 거듭난 믿음이 되게 하기 위해서 말로 설득하려 하지 않고 "성령의 나타나심과 능력"만을 의지하여 십자가 복음만을 전했다는 것입니다.

㉮ 거듭남을 줄 수 있는 것은, "진리의 말씀 곧 구원의 복음"이라고 말씀합니다. 모든 설교가 구원의 복음은 아닙니다. "예수는 우리가 범죄한 것 때문에 내줌이 되고 또한 우리를 의롭다 하시기 위하여 살아나셨느니라" (롬 4:25), 이것이 구원의 복음인 것입니다.

ⓒ "듣지도 못한 이를 어찌 믿으리요 전파하는 자가 없이 어찌 들으리요"(롬 10:14) 합니다. 복음 전도자란 무엇보다 "구원의 복음"을 먼저 전하는 자요, 그리고 무엇보다 더 많이, 자주자주 전해주는 자입니다. 왜냐하면 "이 세상 신이 믿지 아니하는 자들의 마음을 혼미하게 하여 그리스도의 영광의 복음의 광채가 비치지 못하게"(고후 4:4) 대적하기 때문입니다.

㉮ "오직 성령이 너희에게 임하시면 너희가 권능을 받고–땅 끝까지 이르러 내 증인이 되리라" (행 1:8) 하신 주님의 최후 분부대로 우리는 성령과 동역을 하고 있는 것입니다. 우리는 이렇게 하라고 세움을 입은 증언자들인 것입니다.

맺는 말

성령께서는 형제 안에 내주하여 계시고, 형제의 손에는 성경이 주어졌습니다. 그렇다면 나는 무엇을 위하여 부름을 받았으며, 나의 사명은 무엇인가 하는 점은 명백해진 것입니다. 형제여, 우리가 세움을 받은 이 시대는, "때가 이르리니 사람이 바른 교훈을 받지 아니하며 귀가 가려워서 자기의 사욕을 따를 스승을 많이 두고 또 그 귀를 진리에서 돌이켜 허탄한 이야기를 따르리라"(딤후 4:3-4) 한 시대입니다. 그리하여 현대교회는 하나님의 아들 그리스도께서 "죽으시고 다시 사심"을 통해서 이루어놓으신 복음을 옆으로 밀어 놓고 있는 상황이요, 주님은 문밖에 서서 문을 두드리고 계시는 처지입니다.

형제도 사도 바울같이, "예수 그리스도와 그가 십자가에 못 박히신 것 외에는 아무 것도 알지 아니하기로 작정하였음이라(고전 2:2), 내게는 우리 주 예수 그리스도의 십자가 외에 결코 자랑할 것이 없노라"(갈 6:14) 하고 결단하지 않으시렵니까?

나의 소명, 나의 사명 끝